土地矿产典型案例评析与法律实务操作指南

（第七辑）

国土资源部不动产登记中心
（国土资源部法律事务中心） 编著

中国法制出版社
CHINA LEGAL PUBLISHING HOUSE

《土地矿产典型案例评析与法律实务操作指南》
编委会

目　　录

一、土地征收

问题1　用于安置的留用地是否必须为国有建设用地 …………………………（1）

问题2　承包地发生流转的，征地补偿款应当支付给谁 …………………………（5）

问题3　集体土地上房屋强征能否适用《国有土地上房屋征收与补偿条例》 …（6）

问题4　集体土地征收后能否给予二次征地补偿 …………………………………（8）

问题5　征转用报批的土地用途是否可以改变 …………………………………（9）

问题6　在转包期间发生土地征收，补偿款由谁取得 …………………………（11）

问题7　户口迁出未退还承包地，征地时能否取得安置补助费 ………………（14）

二、国有土地利用

问题8　因公司分立导致土地使用权转移是否适用《城市房地产
管理法》第三十九条的规定 …………………………………………（17）

问题9　公司以土地作价入股是否适用《城市房地产管理法》
第三十九条的规定 …………………………………………………（20）

问题10　司法查封的土地能否认定为闲置土地 ………………………………（22）

问题11　房屋和土地分别抵押，效力如何 ……………………………………（24）

问题12　国土部门是否可以收回被预查封但未全额缴纳出让金的土地 ……（26）

问题13　公司拍卖取得土地后是否可以由其新成立的公司签订出让合同 …（27）

问题14　土地查封对象错误应当如何处理 ……………………………………（29）

问题15　小区人防工程地下停车位产权归属如何确定 ………………………（31）

问题16　军队划拨土地使用权是否可以转让 …………………………………（33）

问题17　出让土地申请改变用途，政府是否必须收回重新招拍挂 …………（36）

问题18　自然人竞得住宅用地后是否可成立新公司开发 ……………………（38）

问题19　土地出让合同是否属于政府信息公开的范畴 ………………………（40）

问题20　土地一级开发批复可否作为国有土地使用批准文件 ………………（42）

问题21　逾期缴纳土地出让金产生的违约金是否应有上限 …………………（45）

问题22　房屋买卖中出卖人未办理《土地分割证明》是否构成违约 ……… （48）

问题23　国有农场的农用地能否抵押 …………………………………… （50）

问题24　国有农场能否收回承包出去的土地 …………………………… （52）

问题25　养老服务设施用地以何种方式供地 …………………………… （54）

问题26　养老服务设施用地如何监管 …………………………………… （56）

问题27　利用存量建设用地建设养老服务设施有哪些支持政策 ……… （57）

三、集体土地利用

问题28　宅基地能否抵押 ………………………………………………… （59）

问题29　城镇居民购买农民房屋被征收如何补偿 ……………………… （61）

问题30　农民住房是否可以出售给城镇居民 …………………………… （63）

问题31　居民是否可以购买"小产权房" ……………………………… （65）

问题32　本村的村民之间能否互换宅基地 ……………………………… （67）

问题33　"村改居"后原集体剩余的少量土地的权属性质如何确定 … （68）

问题34　基本农田里是否能建蔬菜大棚 ………………………………… （70）

问题35　城市居民能否到农村购买大棚房 ……………………………… （72）

问题36　增减挂钩项目中建新面积是否可以大于拆旧面积 …………… （74）

问题37　养老服务设施用地能否使用集体土地 ………………………… （76）

四、土地登记

问题38　进城打工落户城镇的农民原在农村取得的宅基地能否登记发证 … （78）

问题39　仅受让方一方申请土地转让登记的，如何办理 ……………… （80）

问题40　保险公司的资金投资抵押合同应否予以登记 ………………… （81）

问题41　为担保企业间借贷而形成的土地使用权抵押能否进行登记 … （83）

问题42　典当土地能否办理抵押登记 …………………………………… （86）

问题43　经法院判决取得房屋所有权的能否办理土地证 ……………… （88）

问题44　房地产转让登记申请能否由继承人撤回 ……………………… （90）

问题45　父母处分未成年人名下房产如何办理登记 …………………… （92）

问题46　公证机构因公证错误导致房屋错误登记如何担责 …………… （94）

问题47　对土地进行承包管护等行为能否作为确权登记的依据 ……… （96）

问题48　宅基地上房屋抵债能否办理变更登记 ………………………… （98）

问题49　一人有限责任公司申请将其名下的土地变更到股东名下，

　　　　如何办理登记 ……………………………………………（99）

　问题50　未办理土地使用证是否影响房屋所有权 ……………（102）

　问题51　民事案件当事人能否查询对方当事人房屋登记信息 …（104）

　问题52　未缴纳出让金的已登记国有土地能否办理变更登记 …（105）

　问题53　办理土地登记是否必须提交建设用地规划许可证 ……（107）

五、矿产资源管理

　问题54　外商能否投资开采石灰岩矿 ……………………………（110）

　问题55　矿业权抵押与建设用地使用权抵押有哪些不同 ………（112）

　问题56　矿业公司未经股东会决议而与第三人签订的保证合同是否

　　　　必然无效 …………………………………………………（115）

　问题57　合作探矿、采矿协议是否因无相关资质而无效 ………（116）

　问题58　法院能否在判决中确定矿业权归属 ……………………（118）

　问题59　无证破坏性开采矿产资源如何定罪处罚 ………………（120）

　问题60　增设条件的探矿权挂牌出让行为是否合法 ……………（122）

六、执法监察

　问题61　判定违法用地地类依据现状还是规划 …………………（125）

　问题62　如何判定违法责任主体 …………………………………（127）

　问题63　如何判断违法用地是否符合土地利用总体规划 ………（129）

　问题64　违法转让土地类行为应否处罚受让方 …………………（130）

　问题65　违法占地行为因占用土地类型不同应当分别如何处罚 …（132）

　问题66　查处违法勘查行为时应当注意哪些事项 ………………（133）

　问题67　查处违法开采行为时应当注意哪些事项 ………………（134）

　问题68　查处违法转让矿业权或者矿产资源行为时应当注意哪些事项 …（136）

附　　录

一、国务院文件

　国务院关于加快棚户区改造工作的意见 ……………………………（138）

　（国发〔2013〕25 号）

国务院关于加快发展养老服务业的若干意见 …………………（142）

　　（国发〔2013〕35 号）

国务院关于进一步推进户籍制度改革的意见 …………………（148）

　　（国发〔2014〕25 号）

国务院办公厅关于继续做好房地产市场调控工作的通知 …………（152）

　　（国办发〔2013〕17 号）

国务院办公厅关于进一步加强棚户区改造工作的通知 …………（155）

　　（国办发〔2014〕36 号）

中共中央办公厅、国务院办公厅印发《关于引导农村土地经营权

有序流转发展农业适度规模经营的意见》 …………………（159）

二、部门规章

国土资源行政处罚办法 …………………………………（165）

　　（国土资源部令第 60 号）

节约集约利用土地规定 …………………………………（170）

　　（国土资源部令第 61 号）

三、部门规范性文件

国土资源部关于进一步规范矿产资源补偿费征收管理的通知 ………（176）

　　（国土资发〔2013〕77 号）

国土资源部关于进一步加快农村地籍调查推进集体土地确权登记

发证工作的通知 …………………………………………（179）

　　（国土资发〔2013〕97 号）

国土资源部、国务院侨务办公室关于做好华侨农场土地保护和开

发利用工作的意见 ………………………………………（182）

　　（国土资发〔2013〕116 号）

国土资源部关于强化管控落实最严格耕地保护制度的通知 ………（186）

　　（国土资发〔2014〕18 号）

国土资源部关于停止执行《关于印发〈矿业权出让转让管理暂行

规定〉的通知》第五十五条规定的通知 …………………（191）

　　（国土资发〔2014〕89 号）

国土资源部关于印发《国土资源违法行为查处工作规程》的通知 ……… (191)

　　（国土资发〔2014〕117 号）

国土资源部关于推进土地节约集约利用的指导意见 ………………… (218)

　　（国土资发〔2014〕119 号）

国土资源部办公厅关于发布《国有建设用地使用权出让地价评估

　　技术规范（试行）》的通知 …………………………………… (225)

　　（国土资厅发〔2013〕20 号）

国土资源部办公厅关于下放部分建设项目用地预审权限的通知 ………… (226)

　　（国土资厅发〔2013〕44 号）

国土资源部办公厅关于印发《养老服务设施用地指导意见》的通知 …… (227)

　　（国土资厅发〔2014〕11 号）

国土资源部办公厅关于印发国土资源部政府信息公开工作规范的通知 … (230)

　　（国土资厅发〔2014〕28 号）

国土资源部办公厅关于进一步做好市县征地信息公开工作有关问题

　　的通知 ………………………………………………………… (236)

　　（国土资厅发〔2014〕29 号）

四、司法解释

最高人民法院关于审理涉及农村土地承包经营纠纷调解仲裁案件适

　　用法律若干问题的解释 ………………………………………… (240)

　　（法释〔2014〕1 号）

后　记 …………………………………………………………… (242)

一、土地征收

问题1
用于安置的留用地是否必须为国有建设用地

【问题】

甲市在推进城镇化改革的过程中，对城区周边的 A 村和较远的 B 村土地进行征收，为了安置被征地的农民，特进行了留地安置。但是 A 村留地安置的土地性质为国有建设用地，而 B 村留地安置的土地为农村集体土地，B 村的村民认为受到了不公正待遇。那么，留地安置的土地必须是国有建设用地吗？

【解答】

各地为保障被征地农民长远生计，切实拓宽被征地农民安置渠道，在土地征收安置补偿的过程中探索采取了留地的安置方式，取得了良好效果。目前，留地安置作为一项改革探索，尚未形成明确统一的规范，各地在留用地的性质、安排和使用方面并不一致。

一、经济发达地区或城乡结合部原则上留用地为国有土地

目前，关于留地安置的全国性规范主要是国土资源部的部门规范性文件，法律、行政法规和部门规章中都还没有规定。《国土资源部关于加强征地管理工作的通知》（国土资发〔1999〕480 号）中规定："各级土地行政主管部门要积极探索货币安置、社会保险方式安置等途径，形成以市场为导向的多种途径安置机制。经济发达地区或城乡结合部，可按照规划用途预留一定比例的国有土地，确定给被征地的农村集体经济组织使用，发展农业生产或从事多种经营。有条件的地区可允许被征地的农村集体经济组织以土地补偿费入股，兴办企业。"据此，经济发达地区和

城乡结合部原则上留用地为国有建设用地。

二、各地对留用地性质的规定不完全一致，既可以是国有土地，也可以是集体土地

实践中，各地结合自身的实际情况对留用地的性质作出了不同规定。目前来看，留用地既有国有建设用地，也有集体建设用地，各地做法并不完全一致。

一是留用地全部国有模式。例如，《上海市关于本市实施农村集体征地留用地制度暂行意见》中规定，"征地留用地应依法征为国有，并通过出让方式由村集体经济组织取得土地使用权。村集体经济组织应依法办理土地使用权的初始登记。"根据该规定，上海市留用地的性质应为国有建设用地。

二是留用地国有和集体并存模式。采用该种模式的以广东和海南为代表。例如，《广东省征收农村集体土地留用地管理办法（试行）》第六条规定："留用地应当依法转为建设用地。留用地原则上保留集体土地性质；在城镇规划区范围内的留用地可征收为国有土地。"《海南省征地安置留用地管理办法》第八条规定："留用地在本村集体所有土地范围内选址的，可以保留集体土地性质，或者根据群众意愿及留用地选址等情况将集体土地征收为国有土地。留用地在本村集体所有土地范围外选址的，应当征收为国有土地。已安排的集体土地性质留用地，被征地农村集体经济组织要求征收为国有土地的，可以按本办法及有关规定办理。留用地涉及农用地转用和征收土地的，应当依法办理农用地转用和征收土地审批手续。农用地转用和土地征收所发生的费用由市、县、自治县人民政府承担。"

三、各地在留地安置方面的经验做法

除留用地性质存在不同以外，实践中，留用地的适用情形、留地比例、留用地的出让方式、开发利用方式等方面也存在不同，具体如下：

一是适用范围"凡征必留"、"因势而留"、"因意而留"并存。"凡征必留"，是指所有征地项目都安排留用地，或给予相应的留地指标，以广东为代表。"因势而留"，是指对留地安置设定一定的条件，只有满足该条件时才予以适用。例如，海南省以被征地面积累计达到60%以上，且安置补偿无法保障被征地农民原有生活水平，就业困难等作为了留地安置的适用条件。"因意而留"，是指是否采取留地安置，由征地当事人协商确定。例如，南宁市设立了留地安置、实物补助、自谋职业补助三种安置形式，是否选择留地安置，由征地机构和被征地农民协商确定。

二是留用地规模按被征地比例和被征地人口数量确定，各地差别较大。确定留用地的规模一般有两种方式：一是按照征地数量的一定比例安排，2.8%至15%不等；二是按照被征地农民的数量安排，人均 $15m^2$ 至 $80m^2$ 不等。各地留地比例参见下表：

部分地区留用地安排比例

省（直辖市）	留地规模	省（直辖市）	留地比例
广东省	10%－15%	上海市	5%－10%
浙江省	不超过10%	重庆市	$20m^2$－$30m^2$／人
海南省	不超过8%	云南省	不超过15%
安徽省	10%－15%	湖南省	不超过8%
辽宁省	6%－10%		
市（县、地区）	留地规模	市（县、地区）	留地规模
南宁市	不超过$40m^2$／人	西安市	8%－10%，航天基地项目2.8%
宜昌市	不超过15%	杭州市	10%
宁波市	10%	厦门市	$15m^2$／人
桂林市	10%	石家庄市	$66.7m^2$／人
福州市	10%	武汉市	城区$80m^2$／人，其他项目10%
邢台市	10%	湖州市	5%－7%
江门市	10%－15%	阳江市	10%－15%
清远市	10%	茂名市	10%－15%
惠州市	10%	郴州市	不高于8%
株洲市	10%－15%	衡阳市	10%或15%
赣州市	5%－10%	吉安市	8%
兴国县	8%	贵港市	7%
固始县	5%		

三是供地方式划拨、协议、"招拍挂"一应俱全。广东与海南都是采取无偿划拨的方式将国有性质的留用地供应给被征地农民。上海市则适用国有土地出让的程序，在操作中协议出让和"招拍挂"同时采用。南宁市则同时采取划拨、协议出让和"招拍挂"，但是在适用"招拍挂"时会设置一定的安置条件。采取出让供地

方式的，政府会对出让金予以部分或者全部返还。

四是留用地指标有实际开发、折抵和货币回购多种实现方式。以浙江为例，留用地除允许实际开发外，还可以将指标折抵并按综合成本价转让公建配套服务用房、非农建设用地和地上非住宅建筑物，或者通过回购的方式由政府出资购买留用地指标。

五是开发利用方式自主经营、合作经营、政府主导多种形式并行。自主经营模式，多适用于经济实力较强、组织结构较为完整、村干部号召能力较强的农村集体经济组织。这种模式下，被征地农民自主建设标准厂房、农贸市场、商铺、酒店等物业进行出租经营。合作开发模式，即集体经济组织以留用地入股，与其他企业合作开发，获取长期稳定收益。政府主导模式，即留用地的开发主要是政府投资完成，向农民提供长期固定收益，主要有物业回购和政府返租两种类型。

从实施效果来看，留地安置改变了以往单纯的货币补偿的模式，为被征地农民提供了可以产生长期收益的产业，既提供了工作岗位，又可以提供稳定的分红收益，更有利于解决被征地农民的长远生活。同时，将被征地农民参与到了征地拆迁过程中来，使得其直接分享到了项目建设发展成果，获得了产出更高、效益更好的发展机会和发展资源，使得征地行为更容易得到被征地农民的理解与支持。因此，这种做法具有积极意义。但是，我们也应当同时看到，留地安置与当地的经济发展水平、规划管理、集体经济组织的经营能力以及政府的产业扶植等因素密切相关，因此，还需要进一步加强探索和研究。

综上，留地安置作为一项制度探索，在留用地性质以及具体的使用条件、出让程序等方面尚缺乏统一规定，实践中各地做法不同，因此应当结合当地出台的相关规范性文件进行详细查询。

（刘志强）

问题 2
承包地发生流转的，征地补偿款应当支付给谁

【问题】

某企业与一个村集体签订承包地流转合同30年，并在合同里明确规定"在合同期限内，如果土地被征收，征地补偿款归公司所有"，并且该村集体村民全部签名按手印。该种情况下，土地补偿款应当给谁？

【解答】

一、土地补偿费应当归集体经济组织所有

《土地管理法实施条例》第二十六条第一款和第二款规定："土地补偿费归农村集体经济组织所有；地上附着物及青苗补偿费归地上附着物及青苗的所有者所有。征收土地的安置补助费必须专款专用，不得挪作他用。需要安置的人员由农村集体经济组织安置的，安置补助费支付给农村集体经济组织，由农村集体经济组织管理和使用；由其他单位安置的，安置补助费支付给安置单位；不需要统一安置的，安置补助费发放给被安置人员个人或者征得被安置人员同意后用于支付被安置人员的保险费用。"因此，法律法规对于各项征地补偿费用的归属有明确的规定，土地补偿费应当归集体经济组织所有，政府不能将其直接支付给企业。

二、对于土地补偿费的分配应当尊重村民自治

关于承包土地的征地补偿费如何分配，一些地方根据自身实际情况已经作出了规定。例如，《辽宁省人民政府办公厅关于实施征地区片综合地价标准的通知》中规定，"依法征收农民家庭承包土地的，征地补偿费的80%归被征地农户，20%归集体经济组织；征收集体经济组织未发包以及实行其他方式承包的土地，征地补偿费归集体经济组织，依法分配或使用。"《河北省人民政府关于实行征地区片价的通知》中规定，"土地补偿费的20%归集体经济组织，80%归被征地的土地使用权

人或者按照家庭承包方式承包土地的农户；被征土地没有土地使用权人和集体经济组织未发包以及实行其他方式承包的土地，土地补偿费全部归集体经济组织，由村集体经济组织依法分配或者使用。"因此，在地方对土地补偿费分配作出具体规定的情况下，应当按照有关规定实施。如果没有相关规定的，应该遵循村民自治的原则，由村集体经济组织进行分配。

本问题中，土地补偿费应当由政府直接支付给集体经济组织，政府直接支付给企业的只是地上附着物和青苗的补偿费。企业不能要求政府直接向其支付土地补偿费，如果企业与被征地农民集体就征地以及补偿款的分配进行了合法约定（如合同经过村民会议三分之二以上成员或者三分之二以上村民代表的同意），且按照国家承包地流转的政策，经国家有关部门批准或者备案，则企业可以要求农民集体履行合同义务。

（刘志强）

问题3

集体土地上房屋强征能否适用《国有土地上房屋征收与补偿条例》

【问题】

M村是某市市区内一个城中村，该市为了推进城镇化建设，依照城市建设规划，对M村依法进行了拆迁。因为M村在城区，该村的村民强烈要求按照《国有土地上房屋征收与补偿条例》进行拆迁补偿，否则拒绝拆迁。请问，集体土地上房屋拆迁是否可以参照《国有土地上房屋征收与补偿条例》执行？能否进行司法强制执行？

【解答】

一、集体土地上房屋征收应当适用《土地管理法》的规定

《国有土地上房屋征收与补偿条例》第二条明确规定："为了公共利益的需要，

征收国有土地上单位、个人的房屋，应当对被征收房屋所有权人（以下称被征收人）给予公平补偿。"因此，对于集体土地上的房屋征收，不适用该条例的规定。《土地管理法》第四十七条规定："被征收土地上的附着物和青苗的补偿标准，由省、自治区、直辖市规定。"对于集体土地上的房屋征收而言，房屋是作为地上附着物进行补偿的，具体标准由省、自治区、直辖市规定。由于两者适用的法律不同，因此在补偿标准、被征收人权利保护方面存在区别，具体如下：

一是补偿标准不同。对于集体土地上房屋的征收而言，一般采取重置成本进行补偿，实践中，各地普遍根据房屋的性质、结构、使用期限等因素确定具体的补偿标准。国有土地上的房屋征收补偿则采取由评估机构评估的市场价格进行补偿。

二是权利人救济渠道不同。对于集体土地上房屋征收而言，根据《土地管理法实施条例》第二十五条的规定，"对补偿标准有争议的，由县级以上地方人民政府协调；协调不成的，由批准征收土地的人民政府裁决。征地补偿、安置争议不影响征收土地方案的实施。"这是采取裁决的方式解决补偿纠纷。国有土地上房屋征收，根据《国有土地上房屋征收与补偿条例》，"被征收人对补偿决定不服的，可以依法申请行政复议，也可以依法提起行政诉讼。"

二、对于已经完成土地征收，但是未给予房屋补偿，且房屋所在地已经纳入城市规划区的原集体土地上的房屋可以参照《国有土地上房屋征收与补偿条例》的规定进行补偿

针对实践中遇到的土地征收已经完成，但是房屋补偿尚未完成的历史遗留问题，2011年最高人民法院出台了《最高人民法院关于审理涉及农村集体土地行政案件若干问题的规定》，其中第十二条第二款规定："征收农村集体土地时未就被征收土地上的房屋及其他不动产进行安置补偿，补偿安置时房屋所在地已纳入城市规划区，土地权利人请求参照执行国有土地上房屋征收补偿标准的，人民法院一般应予支持，但应当扣除已经取得的土地补偿费。"因此，如果土地征收结束时没有进行安置补偿或者未足额补偿的，并且房屋所在地纳入城市规划区的，当事人可以请求按照国有土地上房屋征收的补偿标准进行补偿。

三、各地方应根据实际情况做好集体土地上房屋征收工作

为了进一步规范征地行为，2011年3月17日，中央纪委、监察部印发了《中共中央纪委办公厅、监察部办公厅关于加强监督检查进一步规范征地拆迁行为的通知》（中纪办发〔2011〕8号），其中规定："在《土地管理法》等法律法规作出修订之前，集体土地上房屋拆迁，要参照新颁布的《国有土地上房屋征收与补偿条例》的精神执行。"根据该规定,各地可以结合自身情况,参照《国有土地上房屋征收与补偿条例》的相关规定,对现行集体土地房屋拆迁的相关工作予以改进。但是,该规定只是一种改革的方向,并不是普遍适用的做法。各地国土资源管理部门应当在依据《土地管理法》的规定细化房屋征收补偿标准的同时,结合本地的实际,积极与司法部门进行沟通协商,在此基础上,妥善做好集体土地上的房屋征收工作。

（刘志强）

问题4
集体土地征收后能否给予二次征地补偿

【问题】

在一些征地项目中,由于主要采取货币安置或实物补偿的方式,虽然被征地农民的现有生活条件得到了改善,但是后续生活缺少有力的保障。在这种情况下,对于前期的一些农村征地建设项目,能否对先期征地的农民进行二次补偿呢?

【解答】

一是对于征地补偿的相关费用必须一次性足额支付,不能分期支付。

《土地管理法实施条例》第二十五条第三款规定:"征收土地的各项费用应当自征地补偿、安置方案批准之日起3个月内全额支付。"根据该规定,征地补偿的相关费用应当一次性、及时、足额支付,不能拖欠。同时,《国务院关于深化改革严格土地管理的决定》（国发〔2004〕28号）中规定:"县级以上地方人民政府要采取切实措施,使被征地农民生活水平不因征地而降低。要保证依法足额和及时支付土地补偿费、安置补助费以及地上附着物和青苗补偿费。依照现行法律规定支付土地补偿费和安置补助费,尚不能使被征地农民保持原有生活水平的,不足以支付因征地而导致无地农民社会保障费用的,省、自治区、直辖市人民政府应当批准增加安置补助费。土地补偿费和安置补助费的总和达到法定上限，尚不足以使被征地农民保持原有生活水平的，当地人民政府可以用国有土地有偿使用收入予以补贴。"据此，对于土地补偿费用不足的情况，安置补助费可以经批准依法提高；超过补偿上限的，政府还可以予以补贴，但是这些费用都属于"征收土地的各项费用"，因此按照《土地管理法实施条例》的规定也应一次性足额支付。

二是对于法定补偿尚不能保障被征地农民生活的，政府可以进行适当补贴。

在支付完法定的征地补偿费用后，如果被征地农民的生活水平难以得到保障的，我们认为本着维护被征地合法权益的原则，政府可以结合本地的工作实际情况，进行一定程度的货币补贴。一方面，这符合征地制度改革的精神，如2004年《国务院关于深化改革严格土地管理的决定》就明确提出"土地补偿费和安置补助费的总和达到法定上限，尚不足以使被征地农民保持原有生活水平的，当地人民政府可以用国有土地有偿使用收入予以补贴"。给予被征地农民二次补偿确保了被征地农民"生活水平不降低，长远生计有保障"的要求，有利于社会稳定，应当鼓励和提倡；另一方面，这种补贴也应当坚持适度原则，明确补贴的对象和标准，防止在被征地农民主体间形成不公平。此外，从长远来看，各地应当着力在安置途径上加大探索，在满足法定保障的前提下，探索通过农业安置、加大就业培训、提高社会保障标准、探索实施留地安置、留物业安置等方式予以解决被征地农民后续保障不足的问题。

（刘志强）

问题5
征转用报批的土地用途是否可以改变

【问题】

2006年7月，A市政府在甲村发布《征收土地预公告》，公告内容：根据土地利用总体规划和土地利用年度计划，A市人民政府拟征收甲村耕地187亩，土地征收后拟作为工业和教育用地。当年12月，省人民政府批复了甲村的耕地转为建设用地，同时批准征收，用于该市城市建设。2007年5月，政府发布征地公告，国土部门开始实施征收，直到2013年1月，才完成该土地现场调查核实和补偿款发放工作。在2014年3月初，有开发商在耕地里圈地建办公室，村民发现已征收土地被政府卖给了开发商，不是之前公告的工业和教育用地。村民认为A市政府欺骗他们，因此村民拒绝腾地。请问：1. A市政府征转用报批的甲村土地用途是否可以改变？2. 在供地过程中土地用途如何确定？

【解答】

本案主要涉及两个方面的问题：一是征转用报批时申报土地用途与未来供地用途是否应该一致；二是政府供地过程中土地用途如何确定。

一、征转用报批时申报土地用途与未来供地用途是否可以不一致

单独选址项目征转用报批时申报土地用途与未来供地用途应当一致，城市建设用地批次用地供地用途可以依法调整。

《土地管理法》第四十四条规定："建设占用土地，涉及农用地转为建设用地的，应当办理农用地转用审批手续。省、自治区、直辖市人民政府批准的道路、管线工程和大型基础设施建设项目、国务院批准的建设项目占用土地，涉及农用地转为建设用地的，由国务院批准。在土地利用总体规划确定的城市和村庄、集镇建设用地规模范围内，为实施该规划而将农用地转为建设用地的，按土地利用年度计划分批次由原批准土地利用总体规划的机关批准。在已批准的农用地转用范围内，具体建设项目用地可以由市、县人民政府批准。"

此条款中包括两种情况，第一种是单独选址项目，此类项目已经国家或省发改委立项，土地用途在征转用报批时已经确定，这类用地在征转用报批后用途是不能改变的。即单独选址项目征转用报批时申报土地用途与未来供地用途应该一致；第二种是城市建设用地批次用地，是在土地利用总体规划范围内，为实施该规划而将农用地转为建设用地的，在征转用报批材料中，由市、县人民政府土地行政主管部门拟订"一书四方案"，即建设项目用地呈报说明书、农用地转用方案、补充耕地方案、征用土地方案和供地方案。"一书四方案"呈报时往往只涉及征收土地的总面积和被征收土地的四至范围等，并不涉及具体建设项目。市政府可以根据城市规划和土地利用年度计划在报批时申报该宗土地规划用途。因此，甲村的土地在征转用报批时申报的土地用途是规划土地用途。

二、政府供地过程中土地用途如何确定

依据城市建设用地批次用地批复，甲村集体所有的耕地被政府实施征收后，就转变为国有建设用地。政府要依据城市规划和土地利用年度计划，编制供地计划，确定该土地为何种用途，具体建设项目用地由市、县人民政府批准。因甲村的土地征转用报批是在 2006 年，按照当时的城市规划用途是工业和教育用地。而甲村土地征收在 2013 年初才完成，这期间存在城市规划调整的可能性，即此宗地规划用途从 6 年前工业和教育用地调整为目前的住宅用地，国有建设用地的土地用途是由城市规划部门依据城市规划确定的。因此，A 市政府依据实施中的城市规划可以把该宗地作为住宅用地供给开发商。

（王亚光）

问题 6
在转包期间发生土地征收，补偿款由谁取得

【问题】

1998 年，甲某在二轮土地承包中与村委会按照政策规定签订了 3.5 亩耕地的土地承包合同，后依法取得了土地承包经营权证。2002 年初，因全家外出打工，甲某与本村农民乙某签订了土地承包经营权转包合同，约定由乙某转承包甲农户的 3.5 亩耕地，期限为 10 年，乙某每年向甲农户支付转包款 700 元并交付口粮 3000 斤。2007 年 4 月，该村农民集体所有的 35 亩耕地被依法征收，甲农户的 3.5 亩耕地在被征土地范围之内。按照该省《土地管理法实施办法》的相关规定，应当将不少于 70% 的土地补偿费支付给被征地农户。因村内已经没有耕地可供调整给被征地农户承包经营，按照前述规定，经该村村民会议讨论，决定将土地补偿费中的 70% 用于被征地农户的补偿。经折算，3.5 亩耕地可获得补偿款 9.7 万元。甲某、乙某都主张获得该 9.7 万元补偿款，遂产生争议。请问，该补偿款应当如何分配？

【解答】

土地承包期间，承包经营权人可以将承包地的经营权流转给第三人，此时承包权法律关系不变，发生土地征收时根据法律法规应当分配的补偿款仍由承包权人取得。

一、农民承包的农村集体土地在承包期间可以转包他人

我国农村土地主要采取家庭承包方式，农民以户为单位取得集体所有的土地的承包经营权。根据《农村土地承包法》第三十二条的规定，"通过家庭承包取得的土地承包经营权可以依法采取转包、出租、互换、转让或者其他方式流转"，农村土地在承包期间可以采用转包方式流转。2014年11月20日中共中央办公厅、国务院办公厅联合下发《关于引导农村土地经营权有序流转发展农业适度规模经营的意见》，《意见》指出"伴随我国工业化、信息化、城镇化和农业现代化进程，农村劳动力大量转移，农业物质技术装备水平不断提高，农户承包土地的经营权流转明显加快，发展适度规模经营已成为必然趋势"，提出"规范引导农村土地经营权有序流转"。因此，在现阶段，我国农村土地流转主要是指承包经营权中的经营权流转。

但是，流转是有条件的，按照《农村土地承包法》、《关于引导农村土地经营权有序流转发展农业适度规模经营的意见》的规定，流转必须遵循以下原则：（1）坚持集体土地所有制，稳定农户承包权，放活土地经营权；（2）必须遵循平等、自愿、有偿原则，不得损害农民权益；（3）流转的期限不得超过承包期的剩余期限；（4）受让方必须具有农业生产经营能力；（5）本集体经济组织成员对转包有优先权；（6）转包应当订立书面合同；（7）坚持适度原则。《合同法》第十条规定："法律、行政法规规定采用书面形式的，应当采用书面形式。当事人约定采用书面形式的，应当采用书面形式。"

因此，本案中，甲在其土地承包期限内，自愿与本集体经济组织成员乙签订书面合同转包其所承包的土地的经营权是合法有效的。

二、土地经营权流转之后承包方与发包方的承包关系不变，即承包权法律关系不变

集体土地在承包期限内合法转包给第三方之后，根据《农村土地承包法》第三十九条"承包方可以在一定期限内将部分或者全部土地承包经营权转包或者出租给第三方，承包方与发包方的承包关系不变"以及《关于引导农村土地经营权有序流转发展农业适度规模经营的意见》要求"稳定承包权，放活经营权"的规定，本案中，甲仍然是土地的承包方，根据《物权法》享有集体土地承包权。本

案中的乙实际上只是通过转包合同取得了土地的经营权。

三、转包期间发生土地征收，征收补偿款可分配部分应当分配给土地承包权人

在土地转包期间发生土地征收，将产生土地征收补偿费。根据《土地管理法》第四十七条，《物权法》第四十二条的规定，征收集体所有的土地，应当依法足额支付土地补偿费、安置补助费、地上附着物和青苗的补偿费等费用，安排被征地农民的社会保障费用，保障被征地农民的生活，维护被征地农民的合法权益。

《土地管理法实施条例》第二十六条规定："土地补偿费归农村集体经济组织所有；地上附着物及青苗补偿费归地上附着物及青苗的所有者所有。"安置补助费由负责安置的集体或单位统一管理和使用。现实中，各省（区、市）实施"统一年产值"或"区片综合地价"方式计算土地征收补偿，统一支付给集体一笔费用，其中比较难区分土地补偿费和安置补助费。各省（区、市）在其工作文件中一般要求集体经济组织将补偿费的一定比例直接支付给农户。本案中，该省文件要求不少于70%的土地补偿费支付给被征地农户即由此而来。

土地征收中的"土地补偿费"和"安置补助费"实际上是对集体土地所有权和土地承包权的补偿（补助）。同时土地承包权资格的获得是以集体成员身份为前提的（四荒土地除外），因此集体土地所有权的补偿部分如果涉及分配，也应当分配给集体成员，即承包权人。根据《农村土地承包法》第三十九条和《关于引导农村土地经营权有序流转发展农业适度规模经营的意见》的规定，甲仍然享有土地承包权，应当被认定为该省《土地管理法实施办法》中所规定的"被征地农民"。因此，按照该省法律文件规定，用于分配的土地补偿费应当分配给土地承包权人甲。甲因政府征收行为不能继续履行"转包合同"，可以依据《合同法》第一百一十七条"因不可抗力不能履行合同的，根据不可抗力的影响，部分或者全部免除责任"来主张免除违约责任。

需要注意的是：（1）乙对流转的土地享有合法的经营权，在乙实际经营土地期间，青苗补偿费或者其他应当属于乙的地上附着物的补偿费应当由乙单独取得。（2）如果乙对土地进行改良，提高了土地的整体价值，影响了该幅土地的最终补偿价款（虽然各地实行区域性统一补偿标准，但在实践中还是存在地方政府在同一区域内根据地块条件的不同有小幅微调的情况），可以向甲请求一定补偿。

土地承包期间，承包经营权人可以基于自愿、平等、有偿原则将土地以书面合同形式转包给他人，该人取得土地的经营权，原承包经营权人保留土地的承包权。转包时本集体成员享有优先权，转包合同自成立时生效，土地经营权自合同生效时

发生转移。土地经转包后不改变原承包人与集体之间的权利义务关系，原承包人仍然享有土地承包权，但依照合同不再实际经营土地。同时，转包关系作为民事法律关系，双方可以根据自愿原则约定土地利益归属，比如可以约定如果发生土地征收，补偿款如何分配等问题。当然在民事领域，如果双方无特别有效约定，那就适用法律规定，本案征收补偿中可分配部分归土地承包权人即是如此。

因此，在土地转包过程中，双方一定要注意合同条款的设计，尽可能避免约定不清而发生纠纷。

（汪健松）

问题 7
户口迁出未退还承包地，征地时能否取得安置补助费

【问题】

段某于 1980 年 7 月出生于重庆某县某村五组，并取得该集体经济组织成员资格，户口登记为该村五组农业人口。1999 年 11 月 18 日，段某转为非农业户口，迁至镇上。段某的户口农转非后，一直未退还承包地，仍系该村五组土地承包经营权人，并且段某已缴纳相应的农业税、统筹和提留等。2011 年该村土地被市人民政府征收。县国土局根据批准的征地方案，拟订了该片区征地补偿安置方案，方案明确规定：符合安置条件的被征地农转非人员给予安置补助费，安置补助费标准为2.5 万元/人。在征地实施过程中，段某认为其户口虽已转为非农业户口，但其一直未退还承包地，并以耕种承包地为基本生存条件，且已缴纳相关农业税、统筹、提留；并且，法院生效判决已确认其享有集体经济组织成员资格。因此，段某应当属于征地农转非人员安置对象，遂于 2013 年 3 月 6 日向县国土局提出申请，要求支付其人员安置补助费 2.5 万元。县国土局认定段某不属于征地农转非人员安置对象，不能享受征地农转非人员安置补助费。请问，段某能否取得安置补助费？

【解答】

集体经济组织成员在土地承包期限内迁出集体经济组织并落户小城镇的，其承包的土地可以不退还集体，但发生土地征收时难以取得安置补助费。

一、集体经济组织成员迁出本集体经济组织，符合法定条件的，其承包的土地可以不退还集体

我国《农村土地承包法》第五条规定："农村集体经济组织成员有权依法承包由本集体经济组织发包的农村土地。任何组织和个人不得剥夺和非法限制农村集体经济组织成员承包土地的权利。"该法第二十六条规定："承包期内，发包方不得收回承包地。承包期内，承包方全家迁入小城镇落户的，应当按照承包方的意愿，保留其土地承包经营权或者允许其依法进行土地承包经营权流转。承包期内，承包方全家迁入设区的市，转为非农业户口的，应当将承包的耕地和草地交回发包方。承包方不交回的，发包方可以收回承包的耕地和草地。"

因此，按照我国现行的法律规定，土地承包人在承包期限内迁出集体经济组织，视迁入地情况不同对所承包的土地享有的权利也不同。（1）如果迁出方式为举家迁入小城镇并落户的，可以保留承包土地的权利并可以在法律规定的范围内流转。（2）如果迁出方式为举家迁入地级市以上城市，并转为非农户口的，应当向集体经济组织交回所承包的土地。法律规定中所指称的"落户"和"转为非农业户口"实际上是相同的，都是由农业户口转为非农业户口。也即，如果单纯举家迁入城镇或者城市居住，而在原籍保留户籍，不认定为本条所规定的迁出。法律之所以规定迁入小城镇和迁入设区的市后原土地承包人对承包土地所享有的权利不同是出于对迁出者生计的保障。因受现阶段我国城市发展水平所限制，一般地级市以上的城市有较好的社会保障体系，而小城镇一般缺乏这种保障体系。如果规定迁入小城镇也必须交还承包地，可能无法保障这些迁入居民的生活水平，也影响到其迁入城镇的积极性，不利于城镇化的进程。

本案中，段某从集体经济组织迁至镇上，并转为非农户口，其保留土地承包经营权的行为符合法律规定的保留土地承包经营权的规定。

二、集体经济组织成员在土地承包期内迁出集体落户小城镇的，发生土地征收时难以取得安置补助费

如果迁入城镇的原集体经济组织成员自愿放弃了承包经营权或者已经依法转让，其后发生土地征收补偿的当然没有依据获得补偿。

根据现行的法律和现有的案例裁判，集体经济组织成员迁入小城镇落户，并保留集体土地承包经营权的，也难以取得安置补助费。《土地管理法》第四十七条规定："征收耕地的安置补助费，按照需要安置的农业人口数计算。需要安置的农业人口数，按照被征收的耕地数量除以征地前被征收单位平均每人占有耕地的数量计算。每一个需要安置的农业人口的安置补助费标准，为该耕地被征收前三年平均年产值的四至六倍。"本条明确表明，安置补助费的适用对象是需要安置的农业人口，而在土地征收之前就已经迁出集体经济组织并获得小城镇非农户口的人不属于本条所规定的农业人口。

实践中，一般的做法是安置土地征收涉及的本集体经济组织成员。本案中，根据《重庆市土地管理规定》第四十条"农村集体经济组织总人口为下达建设用地预办通知书之日在籍的常住人员（含现役义务兵、在校的大中专学生以及服有期徒刑、劳教人员）和在政府批准征地之日前，按户籍管理规定由区县（自治县、市）公安机关批准正常迁入及新出生的人员"的规定，段某非本集体经济组织在籍常住人口，也不属于《重庆市征地补偿安置办法》第十三条规定的按有关规定农转非或以调整承包地方式予以安置的在校大中专学生、现役义务兵、劳改劳教人员。因此，法院判定段某不是本集体经济组织成员，不享有安置补助款的分配权。

三、目前土地征收中对需要安置的集体经济组织成员的认定方法

目前，从国家层面讲，还没有一个认定集体经济组织成员的统一标准，在发生土地征收安置时，地方一般以集体经济组织成员身份来判定是否可以获得安置补助。目前一些省份出台了集体经济组织成员身份认定的标准，大抵是以户籍为认定标准，以其他方式认定为补充，比如上面提到的重庆市。还有如 2013 年修正的《广东省农村集体经济组织管理规定》，四川省人大常委会《关于如何确定农村集体经济组织成员问题请示的答复》等。

当然，以户籍为认定集体经济组织成员的标准也存在诸多问题。我们也期待着在集体成员认定上能够有一个更好的、统一的标准。

（汪健松）

二、国有土地利用

问题8
因公司分立导致土地使用权转移是否适用《城市房地产管理法》第三十九条的规定

【问题】

甲公司合法公开取得一宗出让土地。不久，公司发生分立，由甲公司分立出一个新公司乙公司。按照分立协议，土地归乙公司。但是当甲乙公司到登记机关办理转移登记时，登记机关却以甲公司投资未达到《城市房地产管理法》第三十九条规定的投资总额的25%，土地使用权不能转移，因此不予以办理变更登记。请问因公司分立导致土地使用权转移的是否应当适用《城市房地产管理法》第三十九条的规定？办理此类登记时，是否需要当事人提供投资已达25%的投资额度证明？

【解答】

虽然《城市房地产管理法》第三十九条明确规定："以出让方式取得土地使用权的，转让房地产时，应当符合下列条件：（一）按照出让合同约定已经支付全部土地使用权出让金，并取得土地使用权证书；（二）按照出让合同约定进行投资开发，属于房屋建设工程的，完成开发投资总额的百分之二十五以上，属于成片开发土地的，形成工业用地或者其他建设用地条件。转让房地产时房屋已经建成的，还应当持有房屋所有权证书"；并且该法第三十七条还明确规定："房地产转让，是指房地产权利人通过买卖、赠与或者其他合法方式将其房地产转移给他人的行为"。因此不少人认为公司分立导致的土地使用权转移属于"其他合法方式将其房地产转移给他人的行为"，也属于房地产转让，也应当适用《城市房地产管理法》第 39 条的规定，否则不能办理转移登记。但是笔者认为因公司分立导致土地使用权转移的不应当适用《城市房地产管理法》第三十九条的规定。理由如下：

一、如果适用，不符合立法的宗旨

1. 《城市房地产管理法》第三十九条规定的目的在于防止炒卖土地。这种炒卖土地应当是有偿的，公司分立导致的土地使用权转移与土地使用权的正常转让有区别，主要体现以下几点：一是内容不同。土地使用权转让，是转让方公司将土地使用权转让给其他公司后，以获得相应的对价，转让方的资产总额不变，公司资产负债表中的所有者权益也不变动，只是资产内部的科目发生变动；公司分立在原公司分离土地使用权后，不会获得对价，资产总额因此减少，所有者权益也减少。二是对股东地位的影响不同。土地使用权转让不会影响股东地位，影响的只是买卖双方公司的资产形态；而公司分立直接影响股东的地位，在存续分立中，原公司的股东对原公司的股权将减少，相应地获得分立出来的公司的股权，在解散分立中，原公司的股东对原公司的股权因原公司的消灭而消灭，相应地获得分立出来的公司的股权。三是法律性质不同。公司的分立将产生公司人格的变化；而土地使用权转让的本质是买卖。

2. 按照《物权法》的规定，互换、出资、赠与或者抵押都不属于转让。因为该法第一百四十三条规定："建设用地使用权人有权将建设用地使用权转让、互换、出资、赠与或者抵押，但法律另有规定的除外"，将转让与互换、出资、赠与或者抵押并列。

二、如果适用，不符合常理

公司分立一般分为存续分立和解散分立两种形式。存续分立（派生分离），是指一个公司分离成两个以上的公司，本公司继续存在并设立一个以上新的公司。解散分立（新设分立），是指一个公司分解为两个以上公司，本公司解散并设立两个以上新的公司。《公司法》第一百七十五条规定："公司分立，其财产作相应的分割。公司分立，应当编制资产负债表及财产清单。公司应当自作出分立决议之日起十日内通知债权人，并于三十日内在报纸上公告。"土地使用权只是公司分立需要分割的财产之一，不应当受到限制。因为公司分立就如父子分家（存续分立）或者兄弟分家（解散分立）一样，将导致包括土地、房屋在内的所有财产的自然分割，与一般的转让不同，不应当受到限制。

三、办理因公司分立而产生的土地变更登记时不应当审查投资额度

一是《土地登记办法》第四十一条明确规定,"因法人或者其他组织合并、分立、兼并、破产等原因致使土地使用权发生转移的,当事人应当持相关协议及有关部门的批准文件、原土地权利证书等相关证明材料,申请土地使用权变更登记",没有要求当事人提供投资额度证明。

二是有关的业务指导用书①没有要求当事人提供投资额度证明。对土地使用权变更登记,要求提供的权属证明文件除了原《国有土地使用证》、土地税费交纳证明之外,对于因土地使用权转让的变更登记以及因单位合并、分立和企业兼并产生的变更登记的材料作了区分,对于前者还要求提交转让合同、转让地块投资证明、税费缴纳凭证,而对后者只要求提交相关协议及有关部门的批准文件。

三是不少地方在办理过程中也没有规定要求提供投资额度证明。如《成都市国土资源局关于国有土地使用权变更登记中是否存在土地使用权交易的界定的通知》(成国土资发〔2004〕323号)规定:"二、下列情况引起的国有土地使用权更名申请经审核后可以直接办理:……(三)公司分立。"公司依照《公司法》和《合同法》规定的条件、程序分成两个或两个以上具有独立法人资格的公司的,包括新设分立和派生分立而涉及的土地使用者名称变更的。1. 新设分立为"A公司=B公司+C公司",B、C公司为新注册的公司。A公司申请注销登记,B、C公司分别或共同申请变更登记。2. 派生分立为"A公司=A公司+B公司",A公司续存,B公司为新注册公司。A、B公司共同申请变更登记。应重点审核公司分立协议、股东会议决议、工商变更登记的材料、相关企业法人营业执照等材料。

(李志华 蔡卫华)

---

① 《土地登记指南》(国土资源部地籍司主持编写的用于土地登记人员持证上岗考试及土地登记代理人资格考试的用书),2009年9月中国法制出版社出版,第294页。

问题9
公司以土地作价入股是否适用《城市房地产管理法》第三十九条的规定

【问题】

一家企业通过出让方式取得国有建设用地使用权后，由于没有开发资质，没有进行建设（未达到开发投资总额的25%以上），现拟以该地作价出资成立新公司进行开发建设，但到登记机构办理变更登记时，却被告知取得土地后须达到开发投资总额25%以上才能够作价出资，才能办理变更登记。请问，公司以土地作价入股是否应当适用《城市房地产管理法》第三十九条的规定？

【解答】

笔者认为以土地使用权作价出资与土地转让不同，不应适用《城市房地产管理法》第三十九条的规定。

一、如果适用，不符合立法目的

一是土地使用权是可以作价出资入股的，法律有明确的规定。如《城市房地产管理法》第二十八条明确规定，"依法取得的土地使用权，可以依照本法和有关法律、行政法规的规定，作价入股，合资、合作开发经营房地产"；《公司法》第二十七条第一款明确规定，"股东可以用货币出资，也可以用实物、知识产权、土地使用权等可以用货币估价并可以依法转让的非货币财产作价出资；但是，法律、行政法规规定不得作为出资的财产除外"。

二是《城市房地产管理法》第三十九条规定的目的在于防止炒卖土地。这种炒卖土地应当是有偿的，以土地使用权作价出资导致的土地使用权转移与土地使用权的正常转让有区别。土地权利人以土地权利作价入股，土地转移到新公司名下，原土地权利人取得的是股权，土地转让之后原权利人取得的是价款。

二、如果适用，与相关规定不符

《城镇国有土地使用权出让和转让暂行条例》第三条规定："中华人民共和国

境内外的公司、企业、其他组织和个人，除法律另有规定者外，均可依照本条例的规定取得土地使用权，进行土地开发、利用、经营。"因此，地方在招标拍卖挂牌出让国有土地时对土地竞得人没有任何资格限制。但是经常会出现竞得人取得土地之后却因为没有资质无法开发的现象。为了解决这一问题，《招标拍卖挂牌出让国有土地使用权规范（试行）》（以下简称《规范》）专门规定："申请人竞得土地后，拟成立新公司进行开发建设的，应在申请书中明确新公司的出资构成、成立时间等内容。出让人可以根据招标拍卖挂牌出让结果，先与竞得人签订《国有土地使用权出让合同》，在竞得人按约定办理完新公司注册登记手续后，再与新公司签订《国有土地使用权出让合同变更协议》；也可按约定直接与新公司签订《国有土地使用权出让合同》。"另外《规范》所附的《国有土地使用权招标出让须知示范文本》、《国有土地使用权拍卖出让须知示范文本》、《国有土地使用权挂牌出让须知示范文本》，也都有类似之条文。当事人取得土地之后还没有登记到其名下时，可以适用于该规范，但是如果土地已经登记到当事人名下之后，则无法适用该规范，如果又不允许其作价出资与他人合作开发，则当事人将面临左右为难的境地。因为要开发没有资质，与别人合作开发又不能办理手续。这样将导致土地闲置，也与国家所提倡的节约集约用地政策不符。

三、登记机构办理登记时不应审查投资额度

一是《土地登记办法》第三十九条明确规定，"依法以出让、国有土地租赁、作价出资或者入股方式取得的国有建设用地使用权转让的，当事人应当持原国有土地使用证和土地权利发生转移的相关证明材料，申请国有建设用地使用权变更登记"，没有要求提供投资额度证明。

二是主管部门编写有关的业务指导用书没有要求当事人提供投资额度证明[①]。对土地使用权变更登记，要求提供的权属证明文件除了原《国有土地使用证》、土地税费交纳证明之外，对于因土地转让的变更登记以及因土地入股产生的变更登记需要提交的材料作了区分，对于前者还要求提交转让合同、转让地块投资证明、税费缴纳凭证，而对后者只要求提交入股合同。

（李志华　蔡卫华）

---

① 《土地登记指南》（国土资源部地籍司主持编写的用于土地登记人员持证上岗考试及土地登记代理人资格考试的用书），2009 年 9 月中国法制出版社出版，第 294 页。

问题 10
司法查封的土地能否认定为闲置土地

【问题】

某市国土资源局于 1995 年与该市 A 公司签订了国有土地使用权出让合同，将 5000 平方米工业用地出让给 A 公司。A 公司取得了土地使用证，并于当年竣工投产。2008 年，由于规划调整，A 公司土地被调整为商住用地，经市人民政府批准，同意将 A 公司所在地块变更为商住用地，双方重新签订国有建设用地使用权出让合同，约定 A 公司需于 2008 年 12 月 31 日前动工建设，2010 年 5 月 31 日前竣工。出让合同签订后，A 公司缴清土地出让金，换发了土地使用证，并平整了该块土地。

2010 年 1 月，因债务纠纷，法院裁定查封了 A 公司的土地，查封期为两年。2012 年 1 月，法院续封一年。

2012 年 5 月，该市国土资源局认定 A 公司该地块为闲置土地，拟收回 A 公司的建设用地使用权，并进行处置。A 公司认为，其土地被司法查封，不应当认定为闲置土地，国土资源局不能收回该建设用地使用权。

本案的争议焦点有两个，一是 A 公司的土地是否属于闲置土地？二是司法查封的土地是否可以按照因政府原因造成土地闲置的情形进行处置？

【解答】

A 公司的土地应当认定为闲置土地，但在处置的时候，应当充分考虑其造成土地闲置的原因，参照因政府原因造成土地闲置的情形进行处置。

一、关于是否可以认定为闲置土地

按照《闲置土地处置办法》（国土资源部令第 53 号，以下简称 53 号令）对闲置土地的定义及相关概念的解释，可以将闲置土地认定标准归纳为以下几点：一是国有建设用地使用权人签订国有建设用地使用权有偿使用合同或者划拨决定书，并

取得开工许可证，在国有建设用地使用权有偿使用合同或者划拨决定书约定或者规定的动工开发日期满一年，没有进行挖基作业，或者挖基作业并未达到规定标准的；二是已动工开发进行挖基作业，但开发建设用地面积占应动工开发建设用地总面积不足三分之一的；三是除去国有建设用地使用权出让价款、划拨价款和向国家缴纳的相关税费，其他投资额占总投资额不足百分之二十五的；四是已动工开发但中途中止开发建设满一年的。

　　就 A 公司所属土地的开发现状而言，一是其仅进行了土地平整，没有进行挖基作业；二是也没有进行任何开发利用，投资额未达到总投资额的百分之二十五，符合对闲置土地认定标准，应当认定为闲置土地。

二、关于司法查封的土地能否按照因政府原因造成土地闲置的情形进行处置

　　笔者认为，现行法律法规中尚未明确司法查封是否属于政府原因，但是在闲置土地处置时，应当参照政府原因造成土地闲置的情形进行处置。其原因有以下几点：一是根据 2008 年国土资源部《关于进一步做好闲置土地处置工作的意见》（国土资发〔2008〕178 号）规定，土地被司法查封的，查封前不符合闲置土地认定标准，司法查封后满一年以上未动工的，可不认为闲置土地。二是就司法查封性质而言，其目的是防止债务人转移资产，侵害债权人合法权益。债务人在已被查封的土地上继续进行开发建设，一旦法院判定以土地作为资产清偿债务时，其开发建设成本将不计入土地资产，债务人前期投入将化为泡影，因此债务人不会在被查封的土地上继续进行投资建设。三是在实践中，部分地方在认定闲置土地时，将司法查封纳入了政府原因的范畴。

　　综上，笔者认为，A 公司的土地符合闲置土地的认定标准，可以认定为闲置土地。但在闲置土地处置的时候，应当充分考虑造成土地闲置的原因，参照因政府原因造成土地闲置的情形进行处置，不应收回 A 公司建设用地使用权。

　　司法查封是否属于造成土地闲置的政府原因这一问题，在实务界与理论界已经讨论了很久，建议有关部门在政策制定过程中，对此种情形予以明确。

（蓝天宇）

问题 11
房屋和土地分别抵押，效力如何

【问题】

开发商甲公司在某城区拥有一块土地，为进行房地产开发，公司将其抵押给 A 银行，并办理了土地抵押权登记。随后，房屋顺利完工，甲公司又以该楼房为担保物，向 B 银行贷款，并办理房屋抵押登记手续，但是并未在土地管理部门办理土地抵押登记。后来，甲公司无力偿还 A 银行和 B 银行的债务，同时被两家银行要求实现抵押权。两家银行应当如何受偿？

【解答】

我国立法坚持"房地一致原则"，即建筑物的所有权人与建筑物所占用土地的使用权人保持一致。《物权法》第一百八十条列举的可抵押的财产中，建筑物和其他土地附着物、建设用地使用权均可成为抵押权的标的。由于一直以来我国不动产统一登记制度尚未完全建立，实践中往往出现土地和房屋分别抵押的现象。对于此类现象应当根据《物权法》的有关规定，对抵押权人的利益做出合理安排。

一、单独抵押土地使用权的，抵押效力不及于地上新建的建筑物

《物权法》第二百条规定："建设用地使用权抵押后，该土地上新增的建筑物不属于抵押财产。该建设用地使用权实现抵押权时，应当将该土地上新增的建筑物与建设用地使用权一并处分，但新增建筑物所得的价款，抵押权人无权优先受偿。"因此，对于地上没有建筑物的土地使用权，法律允许土地使用权单独进行抵押，并且地上新建的建筑物不属于抵押财产的范围，但是抵押权实现时，为了保障"房地一致"，应当对房地一并处分，来实现土地使用权和房屋所有权的使用价值和交换价值。

二、单独抵押房屋的，所在土地的建设用地使用权一并抵押

《物权法》第一百八十二条规定："以建筑物抵押的，该建筑物占用范围内的

建设用地使用权一并抵押。以建设用地使用权抵押的，该土地上的建筑物一并抵押。抵押人未依照前款规定一并抵押的，未抵押的财产视为一并抵押。"根据该条规定，地上建筑物抵押的，建设用地使用权也应当一并办理抵押手续。即使抵押权人只办理了房屋抵押登记，没有办理建设用地使用权抵押登记的，建设用地也应作为抵押财产进行处置。

三、抵押权实现的顺位上，办理了抵押登记的抵押权优先

在已经对土地进行抵押的情况下，再对地上建筑物进行抵押，会构成对土地使用权的重复抵押，即债务人以同一抵押物分别向数个债权人进行抵押的行为。《物权法》第一百九十九条规定："同一财产向两个以上债权人抵押的，拍卖、变卖抵押财产所得的价款依照下列规定清偿：（一）抵押权已登记的，按照登记的先后顺序清偿；顺序相同的，按照债权比例清偿；（二）抵押权已登记的先于未登记的受偿；（三）抵押权未登记的，按照债权比例清偿。"虽然法律规定抵押地上房屋的，建设用地使用权视为一并抵押，但是此时土地上设立的抵押权属于未登记的抵押权，缺乏公示效果。为了保护交易安全，特别是第三人的利益，在受偿顺序上未登记的抵押权要劣后于已经登记的抵押权。

本案中，A 银行对登记了的土地享有抵押权，但对地上建筑物不享有抵押权；B 银行同时对土地和地上建筑物享有抵押权，但是由于土地的抵押权并未办理登记，因此在实现顺序上劣后于已经登记的抵押权。因此，在两家银行实现抵押权时，应当对土地和房屋一并进行处置，但是土地的价值和房屋的价值应当分别进行评估和划分。在土地价款上，A 银行优先于 B 银行受偿；在房屋价值上，B 银行独自受偿。

（刘志强）

问题 12
国土部门是否可以收回被预查封但未全额缴纳出让金的土地

【问题】

A公司在一起债务纠纷中被债权人B公司告上法院并败诉。判决后，债权人申请强制执行，在清点A公司财产过程中，法院发现A公司不久前刚与某县国土资源管理部门签订了一份土地出让合同，并按合同约定已经缴纳了40%的土地出让金，遂向国土资源管理部门下达了查封裁定书和协助执行通知书，要求对该宗土地使用权进行预查封登记。1个月后，A公司与国土部门约定的出让金全额缴纳期限到期，因A公司已无力缴纳，国土部门欲收回该宗土地使用权。B公司得知后认为该宗土地已经被法院进行了预查封登记，国土部门无权收回该宗土地使用权，而是应该由法院强制执行拍卖土地使用权。请问，在本案中国土部门能否收回该宗土地的使用权？

【解答】

笔者认为本案中国土资源管理部门可以收回该宗土地的使用权。

对于已经登记的不动产，登记机构可以根据人民法院提供的查封裁定书和协助执行通知书，办理查封登记，将查封情况在土地登记簿上加以记载。对于尚未登记的土地、房屋等不动产，登记机构可以人民法院作出的裁定和协助执行通知书进行预查封，待预查封的土地、房屋正式权属登记之后，转为正式查封。预查封所针对的对象实际上仅是被执行人将要取得的财产，实际上查封的是被执行人的预期权利，土地、房屋权属在预查封期间登记在被执行人名下的，预查封登记转为查封登记。预查封和查封在限制标的物转让的效力上是相同的。预查封期间，任何单位和个人不得擅自处分预查封的财产，有关部门也不得办理转让、抵押手续。

关于未进行土地登记的土地使用权是否能进行查封登记。2004年，最高人民法院、国土资源部、建设部共同下发了《关于依法规范人民法院执行和国土资源房地产管理部门协助执行若干问题的通知》（法发〔2004〕5号），其中第十三条规定："被执行人全部缴纳土地使用权出让金但尚未办理土地使用权登记的，人民法院可以对该土地使用权进行预查封。"第十四条第一款规定："被执行人部分缴纳土地使用权出让金但尚未办理土地使用权登记的，对可以分割的土地使用权，按已缴付的土地使用权出让金，由国土资源管理部门确认被执行人的土地使用权，人民法院可以对确认后的土地使用权裁定预查封。对不可以分割的土地使用权，可以全部进行预查封。"由此可见，缴纳了全部或部分土地出让金但还未进行登记的土地使用权是可以进行预查封登记的。

但是，针对像A公司这种无力或因债务纠纷不愿全额缴纳出让金的土地使用权的当事人，从法律上而言，他并不是该宗土地的使用权人，对此，上述法发〔2004〕5号文第十四条第二款规定："被执行人在规定的期限内仍未全部缴纳土地出让金的，在人民政府收回土地使用权的同时，应当将被执行人缴纳的按照有关规定应当退还的土地出让金交由人民法院处理，预查封自动解除。"因此，该宗土地使用权可以由国土资源管理部门收回，所收取的40%的土地出让金应当交人民法院处理。

（胡卉明、杨慧娟）

问题 13
公司拍卖取得土地后是否可以由其新成立的公司签订出让合同

【问题】

甲公司拟参加一宗国有建设用地的拍卖，为防止资金不足，事先与乙公司协商如拍卖成功双方共同成立新公司开发该土地，双方为此签订了合同，约定拍卖成功后由新成立的公司拥有和开发该土地。后甲公司以自己名义参与拍卖并成功取得该宗土地使用权，并和出让人签订了成交确认书。随后，甲公司与乙公司按合同约定成立新公司丙，并向县国土资源局说明情况，欲由丙公司与县国土局签订《国有土地使用权出让合同》，并将该宗土地使用权直接登记在新公司丙名下，但县国土局明确告知两公司，因该宗土地使用权是甲公司以自己名义拍卖取得的，只能是与甲公司签订出让合同并登记在甲公司名下，如需登记在丙公司名下需要按照土地使用权转让来处理，同时还必须满足土地使用权转让的法定条件和缴纳转让税费。请问到底应当如何操作？

【解答】

该案涉及招拍挂土地申请人取得土地后由新成立的主体承担相关权利义务该以何种形式申请的问题。

2007 年修改颁布的《招标拍卖挂牌出让国有建设用地使用权规定》第二十一条规定："中标人、竞得人应当按照中标通知书或者成交确认书约定的时间，与出让人签订国有建设用地使用权出让合同。"第二十三条规定："受让人依照国有建设用地使用权出让合同的约定付清全部土地出让价款后，方可申请办理土地登记，领取国有建设用地使用权证书。"这里的中标人、竞得人以及受让人均是指参与土地招拍挂活动的申请并中标、竞得和最终受让让土地使用权的人，可以是自然人、法人和其他组织。本案中，甲公司在拍卖阶段是以自己名义参加拍卖的，并且也是以自己名义与出让人签订的成交确认书，因此县国土资源局只能与甲公司签订土地出让合同。

但实践中存在这样一种情况，两个主体计划出资成立新的主体开发土地，但因招拍挂存在不能如愿取得土地使用权的风险，于是便约定先参加招拍挂，如能成功取得土地使用权再成立新的主体开发该土地。这种情况下该以何种形式或程序参加招拍挂活动才能使得土地使用权顺利由新成立的主体拥有？2006 年 8 月 1 日实施并由国土资源部发布的《招标拍卖挂牌出让国有土地使用权规范（试行）》在"申请和资格审查"一章中对此有明确规定，即"申请人取得土地后，拟成立新公司进行开发建设的，应当在申请书中明确约定新公司的出资构成、成立时间等内容。出让人可以根据招拍挂出让结果，先与竞得人签订《国有土地使用权出让合同》，在竞得人按约定办理完新公司注册登记手续后，再与新公司签订《国有土地使用权出让合同变更协议》；也可按约定直接与新公司签订《国有土地使用权出让合同》"。

因此，本案中的甲乙双方如打算成功拍得土地后共同成立新公司开发该土地，应该在申请阶段就在申请书中注明该意图并约定清楚新公司的出资构成、成立时间等核心内容，而不是案件中所说的，甲乙仅在双方当事人之间进行了合同约定。因此，本案中县国土局要求如果登记在丙公司名下需要按照土地使用权转让来处理是正确的。

（胡卉明）

问题 14
土地查封对象错误应当如何处理

【问题】

上世纪九十年代，杨某通过与县政府签订购地协议的方式，一直使用一块 1.5 万平方米的国有土地，由于该宗土地没有完备的建设用地报批和出让手续，杨某一直没有办理土地登记。2012 年，县政府要求解决购地协议历史遗留问题，给予了杨某一定经济补偿，但是杨某认为补偿费用过低，并不接受。2013 年 4 月，当地国土资源管理部门拟挂牌出让该宗土地的使用权。在挂牌期间，由于杨某涉及其他案件，人民法院向县国土资源局送达《协助执行通知书》要求对杨某财产进行保全，"查封杨某名下土地"，并出具暂停出让国有土地的建议函。该情形下，国土资源管理部门是否应当协助法院办理查封？该宗土地能否继续进行挂牌出让？

【解答】

本案的焦点有两个：一是国土资源管理部门是否应当协助法院办理该宗土地的查封；二是国土资源管理部门能否继续出让该宗土地的使用权。

一、国土资源管理部门不宜为该宗土地办理查封

一是法律上杨某不是该宗土地的建设用地使用权人，无法办理查封登记。《物权法》第十六条规定："不动产登记簿是物权归属和内容的根据。不动产登记簿由登记机构管理。"《最高人民法院、国土资源部、建设部关于依法规范人民法院执行和国土资源房地产管理部门协助执行若干问题的通知》（以下简称《执行通知》）第五条第一款也规定："人民法院查封时，土地、房屋权属的确认以国土资源、房地产管理部门的登记或者出具的权属证明为准。权属证明与权属登记不一致的，以权属登记为准。"可见，我国把土地登记作为了土地权利人是否享有土地物权的依据。本案中，杨某虽然长期使用该块土地，但是一直以来未取得完整的用地手续，未办理土地登记，因此，在法律上，杨某并不是该宗土地的使用权人，其名下实际并没有土地。法院作出的协助"查封杨某名下土地"的要求，也就存在明显错误，既无法实际得到执行，也无法起到保全当事人财产的目的。

二是杨某不符合办理预查封登记的适用情形，不能办理预查封登记。根据《执行通知》的规定，土地预查封主要是适用于"被执行人全部缴纳土地使用权出让金但尚未办理土地使用权登记的，人民法院可以对该土地使用权进行预查封"。本案中，虽然杨某曾经签订过购地协议并缴纳过相关费用，但这并不是合法的土地出让程序，缴纳的费用并不是土地出让金。作为历史遗留问题，当地政府已经予以解决。因此，杨某短时间内也无法成为该宗土地的合法建设用地使用权人，登记机关不能办理预查封登记。

三是协助执行通知存在明显错误，登记机构应及时提出审查建议。虽然《执行通知》规定："国土资源、房地产管理部门认为人民法院查封、预查封或者处理的土地、房屋权属错误的，可以向人民法院提出审查建议，但不应当停止办理协助执行事项。"但是由于该案中，"查封杨某名下土地"不具有操作性，因此，登记机关无法实际进行协助。此时，登记机关应及时向法院提出建议，澄清土地权属事实。可建议法院查封杨某其他合法财产，或者更改协助执行通知书的要求，将"查封杨某名下土地"进一步明确为查封该具体的地块，标明具体四至。登记机关协助法院办理查封登记产生错误，给他人造成损失的，应当由错误发出执行通知的法院承担赔偿责任。

二、出让的土地应当为"净地"

土地上存在法律经济纠纷的，不能进行出让。虽然该宗土地没有办理查封登记，且权属关系较为清晰，但是《闲置土地处置办法》第二十一条规定："市、县国土资源主管部门供应土地应当符合下列要求，防止因政府、政府有关部门的行为造成土地闲置：（一）土地权利清晰；（二）安置补偿落实到位；（三）没有法律经济纠纷；（四）地块位置、使用性质、容积率等规划条件明确；（五）具备动工开发所必需的其他基本条件。"本案中，虽然该宗土地没有被实际查封，并且权属关系清晰，但是由于政府与杨某之间尚存在补偿安置等纠纷，为防止土地出让后发生纠纷，造成土地闲置，以及出现管理部门承担违约责任等不利后果，在补偿纠纷未处理完毕之前，该宗土地不宜进行公开出让。

因此，为避免查封错误现象的出现，建议国土资源管理部门与司法部门加强沟通，对于司法机关拟查封的土地，国土资源管理部门应当建议司法部门先行办理土地权属查询，了解土地的真实权属情况之后，再发出相应的执行通知书，确保执行对象正确，提高执行效率。

（刘志强　周嘉诺）

问题 15
小区人防工程地下停车位产权归属如何确定

【问题】

某小区开发商将住宅建筑下面的部分人防工程改为地下停车场，并向业主出售。小区业主认为，小区地下停车场应属全体业主共有，开发商无权出售。开发商认为，地下人防工程是其在建设房屋过程中投资修建，地下停车场是其为缓解车位紧张另行投资建成，业主购买商品房时双方并未约定地下停车场产权归属，因此开发商有权出售其利用地下人防工程改建成的地下停车位。开发商投资改建成的人防工程地下停车位产权归属如何判定？开发商是否有权出售？

【解答】

一般情况下，地下人防工程改建车库的收益权在房屋销售给业主后，应依法转归小区全体业主所有，开发商应无权出售人防工程改建的地下车库。

小区车位归属问题，开发商和业主之间一直纠纷较多。为减少争议，《物权法》就此作了相应规定。《物权法》第七十四条规定："建筑区划内，规划用于停放汽车的车位、车库的归属，由当事人通过出售、附赠或者出租等方式约定。占用业主共有的道路或者其他场地用于停放汽车的车位，属于业主共有。"该规定仍没有完全明晰车位归属问题，对于利用人民防空工程改建成的车库这类特殊问题更无法直接作出判定。尽管《物权法》没有对小区人防工程的产权作出明确界定，但无论依据现行有关法律规定还是依据法理分析，小区人防工程的产权应属国家所有。

首先，从法律规定来看，依据《人民防空法》第二条"人民防空是国防的组成部分"以及《物权法》第五十二条"国防资产属于国家所有"等有关法律法规规定，人防资产作为国防资产的组成部分，产权性质应为国家所有。尽管人防工程是由开发商投资建设的，但根据《人民防空法》第二十二条"城市新建民用建筑，按照国家有关规定修建战时可用于防空的地下室"的法律规定，以及《国务院、中央军委关于进一步推进人民防空事业发展的若干意见》中"城市新建民用建筑必须依法修建防空地下室，确因地质等原因难以修建的要按规定缴纳易地建设费"等政策规定，城市新建民用建筑修建防空地下室，属于国家在城市建设中，出于维护公共利益考虑，对开发商附加的住宅开发中必须承担的法定强制性、公益性义务，与国家直接用财政资金修建具有相同意义，国家是否出资不应影响产权归国家所有。

其次，从法理分析来看，依据民法的基本原理，所有权的取得包括生产、孳息、转让、继承、遗赠、遗失物取得、所有人不明的埋藏物和隐藏物取得、添附及国有化和征收等方式。根据物权法的一般理论，通过生产的方式创造出新的所有权，生产者当然原始取得所有权，但人防工程属于与国防安全、群众生命安全等公共利益高度密切相关的财产，其在遵循民事基本原则和精神的同时，也应遵循"公共利益优先"、"国家利益保护"等公法优先原则，对人防工程产权归属的判定，不应仅从追逐经济利益的视角进行考量。如果确定了人防工程的所有权由国家予以保留，则人防工程在战时危险时期就能够由国家直接以所有人的地位进行管理使用，而无需通过任何征收或征用的繁琐途径，无疑将是最有利于保障国防安全这一目的的。

尽管人防工程产权应归国家所有，但并不影响投资人的使用收益权的行使，并不违背市场经济法治中"谁投资、谁受益"的市场经济原则。根据《人民防空法》第五条规定："国家鼓励、支持企业事业组织、社会团体和个人，通过多种途径，投资进行人民防空工程建设；人民防空工程平时由投资者使用管理，收益归投资者所有。"因此，经人防机关批准，人防工程投资者可以就利用人防工程建成的地下车库进行经营管理并取得收益。

收益实际归属方面，人防工程开始由开发商投资建设，相应的经营管理及收益应归开发商享有，但小区商品房售完后，管理及收益权是否还属开发商需要具体分析，关键是看修建人防工程地下室的投资是否已摊入出卖的房价之中而随房屋转移。如果地下人防工程车库作为小区的附属工程或配套公建，其建设费已经纳入到住宅销售价格之中，随着房屋产权的转移，投资者也就随之变成了购买房屋的业主，则地下人防工程车库的收益权依法转由作为实际投资人的小区全体业主享有。反之，如果房屋销售价格没有将人防工程开发成本纳入，则地下人防车库的收益权仍归开发商所有。

《城市居住区规划设计规范》规定："凡国家确定的一、二类人防重点城市均应按国家人防部门的有关规定配建防空地下室，并应遵循平战结合的原则，与城市地下空间规划相结合，统筹安排。将居住区使用部分的面积，按其使用性质纳入配套公建。"笔者个人认为，除非开发商在商品房销售合同中，明确载明人防地下工程建设成本没有纳入住宅销售价格，一般情况下，地下人防工程车库作为小区的附属工程或配套公建，其建设费已经纳入到住宅销售价格之中。

（翟国徽）

问题 16
军队划拨土地使用权是否可以转让

【问题】

某驻地方军队为建营房，向地方政府申请划拨土地，地方政府参照经济适用房土地用途批准用地。在此宗地上按照城市规划共建成楼房7栋，军队分配后还剩余2栋楼房，军队认为空置浪费，想把2栋楼房及土地转让给城投公司。政府认为2栋楼所占土地要走收回程序，重新招拍挂。军队不认可政府的做法。军队取得的划拨土地使用权转让应如何办理相关手续？

【解答】

军队划拨土地及房产转让与其他划拨土地及房产转让除了要经过军队土地管理部门批准外，其他程序应当都一样，即都受《城市房地产管理法》第四十条和《城镇国有土地使用权出让和转让暂行条例》（国务院 55 号令）第四十五条规定的调整。

关于划拨土地及房产的转让，《城市房地产管理法》第四十条明确规定："以划拨方式取得土地使用权的，转让房地产时，应当按照国务院规定，报有批准权的人民政府审批。有批准权的人民政府准予转让的，应当由受让方办理土地使用权出让手续，并依照国家有关规定缴纳土地使用权出让金。以划拨方式取得土地使用权的，转让房地产报批时，有批准权的人民政府按照国务院规定决定可以不办理土地使用权出让手续的，转让方应当按照国务院规定将转让房地产所获收益中的土地收益上缴国家或者作其他处理。"《城镇国有土地使用权出让和转让暂行条例》第四十五条规定："符合下列条件的，经市、县人民政府土地管理部门和房产管理部门批准，其划拨土地使用权和地上建筑物、其他附着物所有权可以转让、出租、抵押：（一）土地使用者为公司、企业、其他经济组织和个人；（二）领有国有土地使用证；（三）具有地上建筑物、其他附着物合法的产权证明；（四）依照本条例第二章的规定签订土地使用权出让合同，向当地市、县人民政府补交土地使用权出让金或者以转让、出租、抵押所获收益抵交土地使用权出让金。转让、出租、抵押前款划拨土地使用权的，分别依照本条例第三章、第四章和第五章的规定办理。"

依据上述法律规定，军队取得的划拨土地使用权及房产转让时可采用以下两种办理方式。第一种方式，原划拨、承租土地使用权人申请办理协议出让，土地使用者不需要改变原土地用途等土地使用条件，且符合规划的，报经市、县人民政府批准后，可以采取协议出让。第二种方式，划拨土地使用权转让申请办理协议出让，经市、县人民政府批准，可以由受让人办理协议出让。划拨土地使用权人提出转让申请，国土部门受理、审查并报市政府审批。协议出让方案批准后，取得《划拨土地使用权准予转让通知书》的申请人，应当将拟转让的土地使用权在土地有形市场等场所公开交易。通过公开交易确定受让方和成交价款后，转让人应当与受让人签订转让合同。受让人在达成交易后 10 日内，持转让合同、原《国有土地使用权证》、《划拨土地使用权准予转让通知书》、转让方和受让方的身份证明材料等，向市国土部门申请办理土地出让手续，签订《国有建设用地使用权出让合同》。

综上所述，军队如果采用第一种方式办理土地转让手续，首先要申请补办 2 栋楼所占土地出让手续，经市政府批准后，签订《国有建设用地使用权出让合同》，缴纳出让金，申请办理土地登记。该宗地如果符合《城市房地产管理法》第三十九条规定，以出让方式取得土地使用权的，转让房地产时，应当符合下列条件：（一）按照出让合同约定已经支付全部土地使用权出让金，并取得土地使用权证书；（二）按照出让合同约定进行投资开发，属于房屋建设工程的，完成开发投资总额的百分之二十五以上。转让房地产时房屋已经建成的，还应当持有房屋所有权证书。因该宗地属于军队土地，按照《关于加强军队空余土地转让管理有关问题的通知》中军队空余土地转让范围中"军队售房区土地"转让应当上报总后勤部审批，未经总后勤部批准并确认许可的，各级国土资源管理部门不得办理有关手续。所以第二步应当是军队持新办理的《国有土地使用权证》、《房屋所有权证》、土地转让合同及转让方和受让方的身份证明材料、总后勤部批准的军队空余土地转让批复等，到市国土部门申请土地变更登记。

军队采用第二种方式办理转让手续，在土地有形市场等场所公开交易，就不能保证城投公司作为受让方能取得该 2 栋楼土地使用权。

当然，如果市政府批准军队用地的《国有土地划拨决定书》中约定土地使用者转让该宗地时政府要收回土地使用权的，则不能按照前述步骤办理土地转让手续，而只能由政府收回该宗地重新招拍挂。

（王亚光）

问题 17
出让土地申请改变用途，政府是否必须收回重新招拍挂

【问题】

A 纺织厂原为国有企业，1985 年经 B 市政府批准通过划拨方式取得一宗工业用地使用权，建成厂房和职工宿舍。2000 年该企业改制成股份有限公司，土地资产进行处置后，补办了土地出让手续。2013 年，因该企业经营不善处于停产状态，且处于 B 市中心城区，地理位置较好，周边已进行商业和房地产开发。A 纺织厂到 B 市规划部门查询该宗地城市规划得知，目前该宗地规划用途是住宅用地。于是 A 纺织厂向国土局提交申请改变土地用途，拟进行房地产开发，国土局接到申请后告知要对该宗地进行招拍挂，价高者得，A 纺织厂担心拿不到该宗地土地使用权，不同意招拍挂，认为按照规定补交土地差价就可以。A 纺织厂改变原土地用途，政府是否必须收回重新进行招拍挂？不进行招拍挂如何办理变更用途手续？

【解答】

一、出让土地改变原土地用途，政府在两种情况下可以收回土地使用权重新进行招拍挂

一是因为公共利益的需要。因为《土地管理法》第五十八条规定："有下列情形之一的，由有关人民政府土地行政主管部门报经原批准用地的人民政府或者有批准权的人民政府批准，可以收回国有土地使用权：（一）为公共利益需要使用土地的；（二）为实施城市规划进行旧城区改建，需要调整使用土地的；（三）土地出让等有偿使用合同约定的使用期限届满，土地使用者未申请续期或者申请续期未获批准的；（四）因单位撤销、迁移等原因，停止使用原划拨的国有土地的；（五）公路、铁路、机场、矿场等经核准报废的。依照前款第（一）项、第（二）项的规定收回国有土地使用权的，对土地使用权人应当给予适当补偿。"

二是出让合同中约定有如果改变用途政府可以收回招拍挂的条款。因为《招标拍卖挂牌出让国有土地使用权规范》中第四章第三款关于招标拍卖挂牌出让国有土地使用权范围中规定，出让土地使用权改变用途，《国有土地使用权出让合同》约定或法律、法规、行政规定等明确应当收回土地使用权的，才实行招标拍卖挂牌出让。

二、除以上两种情况外，需改变原出让合同约定的土地用途的，应当适用《土地管理法》第五十六条的规定

我国《土地管理法》第五十六条规定："建设单位使用国有土地的，应当按照土地使用权出让等有偿使用合同的约定或者土地使用权划拨批准文件的规定使用土地；确需改变该幅土地建设用途的，应当经有关人民政府土地行政主管部门同意，报原批准用地的人民政府批准。其中，在城市规划区内改变土地用途的，在报批前，应当先经有关城市规划行政主管部门同意。"

如果 B 市政府与 A 纺织厂签订的出让合同中未约定改变土地用途收回土地使用权，也不符合法律、法规、行政规定等明确应当收回土地使用权的情形，A 纺织厂作为合法的土地使用权人在土地使用过程中根据土地利用的需要，在符合城市规划用途的情况下，可以向出让方提出申请将土地用途改变为商业或住宅用地，只要按上述法律规定经有关部门批准并办理相关手续，补交土地差价即可，政府统一收回重新招拍挂的做法没有法律依据。

A 纺织厂如何办理变更土地用途手续呢？《协议出让国有土地使用权规定》中对此做出了程序性规定：1. 土地权利人持有已通过协议出让方式取得土地使用权的《国有土地使用权证》；2. 土地权利人向出让方提出改变土地用途的申请，符合城市规划及有关条件，并取得出让方和规划部门同意；3. 签订土地使用权出让合同变更协议或者重新签订土地使用权出让合同，按变更后的土地用途，以变更时的土地市场价格补交相应的土地使用权出让金，并依法办理土地使用权变更登记手续。

（王亚光）

问题 18
自然人竞得住宅用地后是否可成立新公司开发

【问题】

2013 年 10 月，谢先生以自然人身份通过拍卖方式取得一宗国有建设用地使用权，成交总价 1.2 亿元，土地用途为商品住宅，谢先生与该市国土局签订了《成交确认书》。由于开发资金不足，谢先生找到资金雄厚的刘先生提出合作开发该地块，合作协议拟定：谢先生以土地使用权入股，刘先生以资金入股，成立新公司，开发住宅所得利润按照股份分成，并到工商部门办理了新公司注册登记。随后两人到国土局缴纳了 6000 万元的首付款。谢先生向国土局提出与新公司签订《国有建设用地使用权出让合同》，国土局认为谢先生没有在申请书中说明，不能办理。刘先生要求谢先生退款，谢先生认为该款项是新公司的资金，不是他借款。请问：谢先生是否可以成立新公司进行房地产开发？两人如何做才能继续合作开发？

【解答】

一、自然人可以通过招拍挂取得土地使用权，但是不能自行开发

《城镇国有土地使用权出让和转让暂行条例》（国务院 55 号令）第三条规定：中华人民共和国境内外的公司、企业、其他组织和个人，除法律另有规定者外，均可依照本条例的规定取得土地使用权，进行土地开发、利用、经营。属于招拍挂出让土地使用权范围的，《招标拍卖挂牌出让国有土地使用权规范》第十条第二款中，对申请人做出了详细划分，包括法人申请、自然人申请、其他组织申请、境外申请人申请、联合申请和申请人竞得土地后，拟成立新公司进行开发建设的，并对不同申请人应提交文件都有明确的规定。依据上述规定，取得住宅用地的土地使用者可以是境内外的公司、企业、其他组织和个人。

《城市房地产开发经营管理条例》（国务院令第 248 号）第二条规定：本条例

所称房地产开发经营，是指房地产开发企业在城市规划区内国有土地上进行基础设施建设、房屋建设，并转让房地产开发项目或者销售、出租商品房的行为。第三十五条规定：违反本条例规定，未取得资质等级证书或者超越资质等级从事房地产开发经营的，由县级以上人民政府房地产开发主管部门责令限期改正。依据上述规定，建设部门对在城市规划区内国有土地上进行基础设施建设、房屋建设，并转让房地产开发项目或者销售、出租商品房的土地使用者，要求必须具有房地产开发资质并在工商部门取得营业执照。

在住宅用地招拍挂实践工作中，经常会出现招拍挂竞买人没有房地产开发资质，导致取得土地使用权之后无法开发的现象。因此，竞得土地的当事人要求将土地直接登记到其新成立的具有开发资质的公司名下。

二、自然人通过招拍挂取得土地，如果事先与国土局有约定的，可以要求直接登记到新成立的公司名下

《招标拍卖挂牌出让国有土地使用权规范（试行）》第十条第二款第六项规定：申请人竞得土地后，拟成立新公司进行开发建设的，应在申请书中明确新公司的出资构成、成立时间等内容。出让人可以根据招标拍卖挂牌出让结果，先与竞得人签订《国有土地使用权出让合同》，在竞得人按约定办理完新公司注册登记手续后，再与新公司签订《国有建设用地使用权出让合同变更协议》；也可按约定直接与新公司签订《国有建设用地使用权出让合同》。

本案中，由于谢先生未在申请书中说明要成立新公司及新公司的出资构成、成立时间等相关内容，故国土局不能与新公司签订《国有建设用地使用权出让合同》，只能与竞买人谢先生签订出让合同。

（王亚光　陈俨）

问题 19
土地出让合同是否属于政府信息公开的范畴

【问题】

2013 年 12 月 30 日，申请人 A 向 B 省国土资源厅提出政府信息公开申请，要求公开××号地块的《国有土地使用权出让合同》。由于该申请涉及第三人 C 公司，B 省厅向第三人发出征求其是否同意公开国有土地使用权出让合同意见的函。2014 年 1 月 21 日，第三人书面回复 B 省厅，指出该《国有土地使用权出让合同》涉及该公司的项目资金运作、投资成本等重要的商业秘密和信息，如果泄露会对该公司产生不利影响，因此不同意公开申请人所查询信息。2014 年 1 月 25 日，B 省厅根据《政府信息公开条例》第二十三条的规定作出了不予公开的告知。申请人不服向国土资源部提起复议，认为该《国有土地使用权出让合同》是一个行政许可行为，关系到申请人切身利益，且不是企业商业秘密，要求 B 省厅予以公开。请问，土地出让合同是否属于政府信息公开的范畴？

【解答】

笔者认为，土地出让合同虽然为民事合同，不应当公开，但是为了政府的公信力，在不影响出让合同受让方利益或者经得其同意的前提下，应当尽量公开。

一、土地出让合同是民事合同，不应当公开

在土地出让合同的法律性质上，学界一直存在是民事合同还是行政合同的争议，但现行法律中没有关于行政合同的规定，只有民事合同的有关规定。《最高人民法院关于审理涉及国有土地使用权合同纠纷案件适用法律问题的解释》规定"审理涉及国有土地使用权合同纠纷案件"属于民事审判，将国有土地使用权出让合同视为民事合同进行审理；最高人民法院 2011 年发布的《民事案件案由规定》中，也将建设用地使用权合同纠纷作为民事合同纠纷进行处理。国土资源部、国家工商行政管理总局发布的《国有土地使用权出让合同》示范文本（GF－2008－2601），其拟制的法律依据及争议解决方式也均以民事合同定位。因此，从现行法律规定来看，土地出让合同应当属于民事合同，不属于政府信息主动公开的范围。

二、在不影响出让合同受让方利益或者经得其同意的前提下，政府应当尽量公开出让合同

根据《城市房地产管理法》第七条、第十四条的规定，国有土地使用权出让合同，是国家作为国有土地所有者将国有土地使用权在一定年限内出让给土地使用者，由土地使用者向国家支付土地使用权出让金，并由市、县人民政府土地管理部门代表国家与土地使用者签订的书面合同。同时依据《政府信息公开条例》第二十三条"行政机关认为申请公开的政府信息涉及商业秘密、个人隐私，公开后可能损害第三方合法权益的，应当书面征求第三方的意见；第三方不同意公开的，不得公开。但是，行政机关认为不公开可能对公共利益造成重大影响的，应当予以公开，并将决定公开的政府信息内容和理由书面通知第三方"的规定，由于土地出让合同是政府和受让人双方签订的合同，因此对于土地出让合同的信息公开申请，由于涉及第三方受让人的信息，政府部门往往在征求第三方意见而第三方认为涉及商业秘密不同意公开后，不予以公开土地出让合同。

但是，对于土地出让合同是否涉及第三人商业秘密，笔者认为应当按照《反不正当竞争法》第十条"本条所称的商业秘密，是指不为公众所知悉、能为权利人带来经济利益、具有实用性并经权利人采取保密措施的技术信息和经营信息"的规定进行具体判定，不应该完全根据第三人的意见来决定是否公开。

土地出让合同是参照国土资源部、国家工商行政管理总局发布的《国有土地使用权出让合同》示范文本（GF－2008－2601）制定的格式合同，合同内容包括合同双方当事人、宗地位置、面积、用途、土地出让期限、出让金、土地开发建设与利用等情况，招标拍卖挂牌出让结果正是土地出让合同中除格式文本外需要填充的主要内容。而《招标拍卖挂牌出让国有建设用地使用权规定》（国土资源部部令第39号）规定"招标拍卖挂牌活动结束后，出让人应在10个工作日内将招标拍卖挂牌出让结果在土地有形市场或者指定的场所、媒介公布"，因此土地出让合同的主要内容已经不符合商业秘密所要求的不为公众所知悉的前提条件。

因此，笔者认为政府信息公开尤其是主动公开是大势所趋，土地出让合同虽然涉及第三方受让人，但基本上为格式合同，且主要内容已经通过招拍挂结果予以公示，没有太多隐秘的内容，因此可以在对跟第三人有关且不适宜公开的信息进行适当处理，确保不侵害第三方权益的情况下进行公开，既充分保护第三人的合法权益，又充分保障公众的知情权，以减少和避免不必要的矛盾纠纷。目前已经有很多地方通过对合同中的开户银行账号等信息作出适当遮盖后予以公开，收效很好。各地国土资源主管部门可以借鉴其他地方的先进经验，在政府信息公开方面进一步加大力度，打造国土资源主管部门的良好形象和公信力。

（王玉娜）

问题20
土地一级开发批复可否作为国有土地使用批准文件

【问题】

2004年1月15日，CY区H村危旧房改造项目取得B市土地整理储备中心作出的《关于同意B市土地整理储备中心CY分中心对CY区H村危旧房改造项目进行土地一级开发的批复》。2004年11月29日，B市CY区房管局核发了拆迁许可证。2006年11月28日，B市CY区房管局致函B市国土局《关于请确认土地一级开发项目国有土地使用批准文件的函》，请求确认2005年8月1日前B市土地整理储备中心批准的土地一级开发项目文件可作为此类项目办理拆迁许可证时应提交的国有土地使用批准文件。2006年12月29日，B市国土局函复称可以作为国有土地批准文件。李先生作为CY区H村的被拆迁人，对B市局的函复不服，将B市局告上法院。请问，土地一级开发批复可否作为国有土地使用批准文件？

【解答】

本案的争议焦点主要在于土地一级开发批复是否可以作为该项目在办理拆迁许可证时应提交的国有土地使用批准文件，这需要从土地一级开发的过程来进行分析。

一、关于土地一级开发的涵义

土地一级开发，是指在土地出让前，对土地进行整理投资开发的过程。具体来说，就是按照城市规划功能、竖向标高和市政地下基础设施配套指标的要求，由政府统一组织征地补偿、拆迁安置、土地平整、市政基础设施和社会公共配套设施建设，按期达到土地出让标准的土地开发行为。土地一级开发是土地出让前的运作方式，开发的主体应是当地政府或由当地政府指定的土地开发企业，而土地一级开发的结果是要使"生地"成为"熟地"，达到出让的标准。在大多数城市主要是由政府来操作，也有政府委托企业来做，政府负责管理和监督，或者由国有企业或事业单位性质的土地储备机构来做。本案中，土地一级开发是由土地储备机构即 B 市土地整理储备中心 CY 分中心负责。

二、关于土地一级开发的程序

土地一级开发是一系列行政行为的组合，一般遵从以下的开发程序：（一）原土地所有者或使用者在征得区县和乡镇政府或上级主管部门的同意后向国土部门提出土地一级开发申请。（二）国土部门受理申请并进行土地开发项目预审。（三）通过土地预审的项目，根据项目的性质，委托市、区县土地储备机构负责组织编制土地储备开发实施方案。（四）编制了开发实施方案的项目上由国土部门会同发展改革、规划、建设、交通、环保等部门参加的联审会，通过会审，对建设项目土地一级开发的实施方案中土地、产业政策、城市规划、建设资质、交通及环保等条件提出原则意见。（五）通过联审会的项目确定土地开发主体。（六）土地储备开发实施单位向规划部门办理规划意见，向国土部门办理用地手续，向发展改革部门办理核准手续，涉及交通、园林、文物、环保和市政专业部门的，应按照有关规定办理相应手续。（七）如果开发项目涉及新增集体土地办理农用地征收、农转用手续或存量国有建设用地收回国有土地使用权的，土地储备开发实施单位依法办理相关手续，并获得人民政府的批准。（八）在取得人民政府的批准文件后由土地储备开发实施单位到相关委办局办理征地、拆迁、市政基础设施建设等相关手续，组织实施征地、拆迁和市政基础设施建设。危改、文保、绿隔等项目需按规定承担回迁房建设。（九）组织验收。因此，取得土地一级开发批复的项目，仍需要按照相关法律规定办理各项手续。

三、关于办理拆迁许可证需要提交的文件

按照《北京市城市房屋拆迁管理办法》第九条"建设单位申请核发房屋拆迁许可证时应当提交下列文件：（一）建设项目批准文件。（二）建设用地规划许可

证或者建设工程规划许可证。（三）国有土地使用批准文件。（四）城市房屋拆迁资格证书。（五）办理存款业务的金融机构出具的拆迁补偿安置资金证明文件。（六）拆迁计划，包括项目基本情况、拆迁范围和方式、搬迁期限、工程开工和竣工时间等。（七）拆迁方案，包括被拆迁房屋状况、补偿款和补助费预算等。（八）法律、法规和规章明确规定应当提交的其他材料"的规定，建设单位在办理拆迁许可证时，需要提交国有土地使用批准文件。因此，本案中，CY区房管局在颁发拆迁许可证时，应当审查是否有国有土地使用批准文件，对于涉及国有土地使用批准文件的问题，其可以向专业管理部门B市国土局询问。

四、关于哪些文件可以作为国有土地批准文件

按照《〈北京市城市房屋拆迁管理办法〉实施意见》"7.【国有土地使用批准文件】《办法》第九条规定的国有土地使用批准文件包括下列几种情况：（1）建设单位通过划拨方式取得土地使用权的，提交建设用地批准书；（2）建设单位有偿取得土地使用权的，提交国有土地使用权出让、转让合同"等有关规定，国有土地使用批准文件应该是指划拨决定书、出让转让合同以及建设用地批准书之类的文件，土地一级开发批复不包括在其中，因此是不能直接作为项目办理拆迁许可证时应提交的国有土地使用批准文件。因此，本案中，B市国土局作出的函复明显违法，应当依法予以纠正。

本案也对各级国土资源主管部门起到了很好的警示作用，国土资源主管部门在作出任何行为或答复时，必须严格依照法律的规定操作，不得超越或突破法律法规的规定。

（王玉娜）

问题 21
逾期缴纳土地出让金产生的违约金是否应有上限

【问题】

某公司的土地使用权出让合同中约定了土地使用权出让金的缴纳日期，并约定"在缴纳日期之后，每日需要缴纳 3‰ 的滞纳金"。在签订该合同后，受让人长期一直未足额缴纳出让金。日前，该公司在足额缴纳出让金但并未缴纳滞纳金的情况下申请登记，登记机关认为其不符合登记条件，公司称按合同计算的滞纳金数额过高，《行政强制法》规定滞纳金不得超过本金，且滞纳金未缴纳并不妨碍登记。但登记机关认为现在违反土地出让合同应缴纳违约金。此种情况应按滞纳金还是违约金处理？土地使用权初始登记是否应当缴纳逾期付款产生的价款？该价款是否有上限？

【解答】

一、逾期缴纳土地出让金应缴纳违约金而不是滞纳金，理由主要有两点：

1. 国有土地使用权出让合同是民事合同而非行政合同

如果土地使用权出让合同是民事合同，当事人应当缴纳的是违约金，如果是行政合同，则当事人应当缴纳的是滞纳金。关于出让合同究竟是民事合同还是行政合同，一直存在争议。但是 2004 年 9 月全国人大法工委对最高人民法院《国土资源部门解除国有土地使用权有偿出让合同属于民事争议还是属于行政争议》的来函作出了答复，答复中明确指出：根据《城市房地产管理法》第七条、第十四条的规定，国有土地使用权出让合同，是国家作为国有土地所有者将国有土地使用权在一定年限内出让给土地使用者，由土地使用者向国家支付土地使用权出让金，并由市、县人民政府土地管理部门代表国家与土地使用者签订的书面合同。根据《中华人民共和国城市房地产管理法》第十五条、第十六条的规定，土地使用者未按照出让合同约定支付土地使用权出让金的，土地管理部门有权解除合同并可以请求违约赔偿；市、县人民政府土地管理部门未按照出让合同约定提供出让土地的，土地使用者有权解除合同，可以请求违约赔偿，并由土地管理部门返还土地使用权出让金。因此，在国有土地使用权出让合同履行过程中，土地管理部门解除出让合同，是代表国家行使国有土地所有权，追究合同另一方的违约责任，不是行使行政管理权，由此产生的争议应属于民事争议。并且最高人民法院 2001 年印发的《民事案件案由规定（试行）》中也已列明，作为民事案件案由的房地产开发经营合同纠纷，包括土地使用权出让合同纠纷。再加上现行法律中没有关于行政合同的规定，可知国有土地使用权出让合同的性质应为民事合同而非行政合同。

2. 2008 年《国有土地使用权出让合同》示范文本规定的是"违约金"

对于当事人逾期缴纳出让金应当支付的价款，2000 年国家工商总局和国土资源部联合发布的《国有土地使用权出让合同》（示范文本）中第三十一条规定："受让人必须按照本合同约定，按时支付土地使用权出让金。如果受让人不能按时支付土地使用权出让金的，自滞纳之日起，每日按迟延支付款项的＿‰向出让人缴纳滞纳金，延期付款超过 6 个月的，出让人有权解除合同，收回土地，受让人无权要求返还定金，出让人并可请求受让人赔偿因违约造成的其他损失。"但是两个部门 2006 年发布《国有土地使用权出让合同补充协议》示范文本（试行）以及 2008 年《国有建设用地使用权出让合同》（示范文本）第三十条规定："受让人应当按照本合同约定，按时支付国有建设用地使用权出让价款。受让人不能按时支付国有建设用地使用权出让价款的，自滞纳之日起，每日按迟延支付款项的＿‰向出让人缴纳违约金，延期付款超过 60 日，经出让人催交后仍不能支付国有建设用地使用权出让价款的，出让人有权解除合同，受让人无权要求返还定金，出让人并可请求受让人赔偿损失。"两个示范文本最大的不同在于，2008 年示范文本中逾期付款缴纳的不再是滞纳金而是违约金。

综上，因为国有土地使用权出让合同属于民事合同，且 2008 年示范文本中已经明确改滞纳金为违约金，所以违反土地使用权出让合同时，受让人应当按照合同约定缴纳违约金而非滞纳金。

二、办理出让土地使用权登记前一般应缴纳滞纳金或违约金

《土地登记办法》第十八条规定："有下列情形之一的，不予登记：……（三）未依法足额缴纳土地有偿使用费和其他税费的；（四）申请登记的土地权利超过规定期限的；（五）其他依法不予登记的。不予登记的，应当书面告知申请人不予登记的理由。"第二十七条规定："依法以出让方式取得国有建设用地使用权的，当事人应当在付清全部国有土地出让价款后，持国有建设用地使用权出让合同和土地出让价款缴纳凭证等相关证明材料，申请出让国有建设用地使用权初始登记。"可见，未足额全部缴纳土地有偿使用费是不能办理土地使用权出让登记的，但是对于是否应交滞纳金或违约金，法律文件中并没有明确规定。笔者认为在土地使用权登记之前还是应当缴纳滞纳金或违约金的，因为 2000 年《国有土地使用权出让合同》（示范文本）第三十一条和 2008 年《国有建设用地使用权出让合同》（示范文本）第三十条都将延期付款缴纳滞纳金或违约金作为受让人的一项合同义务，在受让人没有履行完毕合同义务的情况下，登记机关出于审慎注意、维护国家利益的考虑，最好不要为其办理土地使用权登记。

三、缴纳的滞纳金有上限，但违约金以约定为准

根据《行政强制法》第四十五条第二款的规定："加处罚款或者滞纳金的数额不得超出金钱给付义务的数额。"所以，缴纳土地出让金的滞纳金的最高限额应当是土地使用权出让金的数额。

对于违约金，根据《民法通则》第一百一十二条第二款规定："当事人可以在合同中约定，一方违反合同时，向另一方支付一定数额的违约金；也可以在合同中约定对于违反合同而产生的损失赔偿额的计算方法。"此外，《最高人民法院关于审理买卖合同纠纷案件适用法律问题的解释》（法释〔2012〕8 号）第二十四条第四款规定："买卖合同没有约定逾期付款违约金或者该违约金的计算方法，出卖人以买受人违约为由主张赔偿逾期付款损失的，人民法院可以中国人民银行同期同类人民币贷款基准利率为基础，参照逾期罚息利率标准计算。"可见，当合同对逾期付款违约金没有约定时按照司法解释的计算方法确定，违约金的数额是没有上限的。当合同对违约金的计算方法有约定时，违约金则应依约定计算，此时应当完全尊重当事人意思自治，也是没有上限的。本案中，当事人约定了逾期支付违约金按日计算的方法但并未约定其上限，所以受让人就应当依约定缴纳按日计算的违约金。

综上所述，登记机关在办理登记时，出于审慎注意、维护国家利益方面的考虑，一般应当督促受让人缴纳产生的滞纳金或违约金，之后再为其办理登记。在收取逾期支付产生的价款时，笔者认为，应当按照现在的逾期付款违约金进行处理，逾期付款违约金对计算方法有约定时，应以合同约定为准，未约定违约金上限的就不应加以限制。

（许雪霏）

问题 22
房屋买卖中出卖人未办理《土地分割证明》是否构成违约

【问题】

甲公司与乙公司签订某商业广场铺面销售合同，约定将某商业广场第四层出售给乙公司，且由甲公司负责为乙公司办理上述房产的产权证书。后甲公司依约将该商业广场第四层交付乙公司使用，并为其办理了房屋产权证。现乙公司以甲公司未为其办理《土地分割证明》，构成违约为由诉至法院，要求甲公司承担未为其办理房屋权属证书的违约责任。请问，房屋买卖中出卖人未办理《土地分割证明》是否构成违约？

【解答】

本案涉及房屋出卖人未办理《土地分割证明》是否构成违约，以及若违约，应承担何种违约责任的问题。

我们认为，甲公司未办理《土地分割证明》构成违约，应当承担违约责任，但乙公司若未能证明其实际损失，则甲公司承担违约责任的形式应当为"继续履行"，即由甲公司向乙公司交付《土地分割证明书》，而非支付违约金或者赔偿损失。理由如下：

1. 办理《土地分割证明》并非甲公司与乙公司的合同约定义务。

就本案涉及某商业广场四层，甲公司与乙公司在销售合同中约定"甲公司负责为乙公司办理上述房产的产权证书"。双方之间的合同明确约定甲公司有义务为乙公司办理房屋产权证明，即房屋所有权证，均未约定甲公司有义务为乙公司办理《国有土地使用权证》或《土地分割证明》。

2. 办理《土地分割证明》是甲公司的法定义务。

《城市房地产管理法》第三十二条规定："房地产转让、抵押时，房屋的所有权和该房屋占用范围内的土地使用权同时转让、抵押。"该条原则规定了土地使用权应当随房地产转让而转让，并未明确办理转让手续的义务人。国务院颁布的《城市房地产开发经营管理条例》第三十三条规定："现售商品房的购买人应当自销售合同签订之日起90日内，办理土地使用权变更和房屋所有权登记手续。房地产开发企业应当协助商品房购买人办理土地使用权变更和房屋所有权登记手续，并提供必要的证明文件。"该条明确房地产开发企业是协助房屋购买人办理土地使用权变更手续的义务人。

《城市房地产开发经营管理条例》的位阶是行政法规，其中确定房地产开发企业协助房屋购买人办理土地使用权变更手续的义务，可视为房地产开发企业的法定义务。甲公司作为某商业广场的房地产开发企业，应当承担该义务。

3. 甲公司违反法定义务的行为应当承担继续履行的违约责任。

甲公司未向乙公司交付《土地分割证明书》的行为虽未违反双方约定，但违反了行政法规的规定，其行为亦构成违约。按照《合同法》的规定，违约方应当承担的违约责任形式为继续履行、采取补救措施或者赔偿损失。现乙公司要求甲公司以赔偿损失的形式承担违约责任，甲公司是否应当赔偿损失，需要以乙公司是否有实际损失发生为前提。因乙公司未能证明其损失的存在，故而无法支持其赔偿损失的诉讼请求。

4. 《国有土地使用证》不属于最高人民法院《关于审理商品房买卖合同纠纷案件适用法律若干问题的解释》第十八条所规定的"房屋权属证书"。

最高人民法院《关于审理商品房买卖合同纠纷案件适用法律若干问题的解释》第十八条规定："由于出卖人的原因，买受人在下列期限届满未能取得房屋权属证书的，除当事人有特殊约定外，出卖人应当承担违约责任：（一）商品房买卖合同约定的办理房屋所有权登记的期限；（二）商品房买卖合同的标的物为尚未建成房屋的，自房屋交付使用之日起90日；（三）商品房买卖合同的标的物为已竣工房屋的，自合同订立之日起90日。合同没有约定违约金或者损失数额难以确定的，可以按照已付购房款总额，参照中国人民银行规定的金融机构计收逾期贷款利息的标准计算。"

本案中，乙公司认为，房屋权属证书包括房屋所有权证和土地使用证，并据此认为甲公司作为出卖人，应当依据前述司法解释承担赔偿损失的违约责任。然而，该条规定的"房屋权属证书"，无论从字面理解还是司法实践中，均仅指房屋所有权证明文件，并无涵盖土地使用权证明文件的含义。乙公司的意见系对前述法条的错误理解。本案不适用《关于审理商品房买卖合同纠纷案件适用法律若干问题的解释》第十八条的规定。

综上，办理土地使用证并非双方约定义务，而是法定义务，但法律未规定违反该项义务的法定违约责任，故乙公司要求甲公司承担赔偿损失的违约责任应当以乙公司存在实际损失为前提。因乙公司未能证明该损失现实存在，故其请求不能成立。

（陈敦）

问题 23

国有农场的农用地能否抵押

【问题】

十八届三中全会通过的《中共中央关于全面深化改革若干重大问题的决定》明确规定，"赋予农民对承包地占有、使用、收益、流转及承包经营权抵押、担保权能"。2014年中央的1号文件《关于全面深化农村改革加快推进农业现代化的若干意见》也明确提出"在落实农村土地集体所有权的基础上，稳定农户承包权、放活土地经营权，允许承包土地的经营权向金融机构抵押融资"。可见，农村土地承包经营权或者承包地的经营权是可以抵押的。国有农场能否利用其拥有的农用地进行抵押融资呢？登记机关能否办理相应的抵押登记呢？

【解答】

我国的国有农场拥有大量的农用地，根据有关统计，目前我国国有农场拥有土地面积3515万公顷，其中耕地480万公顷，土地总量相当于一个中等省。有些国有农场拟利用这些地进行抵押融资，但这些地能否抵押融资，目前没有明确的规定，登记机关应当慎重办理国有农场土地的抵押登记。

一、登记机构可以将国有农场对其农用地的权利登记为农用地使用权

2008 年 2 月 1 日实施的《土地登记办法》第二条将国有农用地使用权和集体农用地使用权都规定为国有土地使用权，可以进行土地登记发证。《国土资源部关于贯彻实施〈土地登记办法〉进一步加强土地登记工作的通知》（国土资发〔2008〕70 号）也再次要求"加强国有农场土地确权登记工作"。但是，将国有农场对其拥有的农用地享有的权利归为农用地使用权存在争议，主要是因为目前法律中没有明确地出现"农用地使用权"这样一个名词，因此有人指出《土地登记办法》"自行创设了农用地使用权，违反了物权法定原则"。实践中，也有当事人反映，有的地方甚至以农用地使用权不是法定物权为由，不受理国有农场关于国有农用地使用权的登记申请。但是，按照《土地管理法》第九条的规定，确定给单位和个人使用权的不仅仅只是建设用地使用权，而且还应当包括农用地使用权。因此，笔者认为可以将国有农场的土地权利以及农民对自留地、自留山的权利等都归为农用地使用权进行登记发证。

二、登记机构应当慎重办理或者不予办理国有农场土地的抵押登记，理由有以下两点：

一是我国的法律目前明确禁止集体所有的耕地抵押。如《物权法》第一百八十四条明确规定："下列财产不得抵押：（一）土地所有权；（二）耕地、宅基地、自留地、自留山等集体所有的土地使用权，但法律规定可以抵押的除外……"《担保法》第三十七条规定"下列财产不得抵押：（一）土地所有权；（二）耕地、宅基、自留地、自留山等集体所有的土地使用权……"虽然我国国有农场的农用地不属于集体所有的耕地，而是国家所有的耕地，但笔者也认为不能抵押。

二是国有农场对其拥有的农用地享有的权利不属于土地承包经营权。《物权法》第一百三十四条明确规定："国家所有的农用地实行承包经营的，参照本法的有关规定。"但很多国有农场并没有实行承包经营，国有农场与农场职工之间是劳动关系，不是承包关系，国有农场对其使用的农用地享有的权利不属于土地承包经营权，因此不能按照中央的文件规定进行抵押融资。

（蔡卫华）

问题 24
国有农场能否收回承包出去的土地

【问题】

某农牧集团有限公司是一家集养殖业、种植业、加工业为一体的大型民营企业，下辖 A 饲料有限公司、B 种禽有限公司、C 农业育种有限公司，总固定资产1.2 亿元，年产值达 1.5 亿元。2014 年，集团下辖的 C 农业育种公司拟与甲国有农场进行合作，承包其 900 余亩土地设立育种田，以推广对北京 0045 号小麦育种的种植。由于该公司从未承包过国有农场的土地，于是与甲国有农场签订了无固定期限承包合同，后由于政策变动该国有农场被收回，因而产生法律纠纷。请问，国有农场的性质是什么？该承包是否合法？国有农场是否有权收回土地？

【解答】

本案主要涉及国有农场的性质、国有农场土地的承包及收回等问题。

一、关于国有农场的性质

依据《土地管理法》第八条和《土地管理法实施条例》第二条的规定，国有农场属于国家所有，只有代表国家的政府部门或者得到国家授权的机构或个人才有权处置该土地。依据《物权法》第一百三十四条的规定，国家所有的农用地实行承包经营的，可以参照《物权法》的规定。

二、关于该公司与甲国有农场之间的承包是否合法

依据《确定土地所有权和使用权的若干规定》第二十六条的规定，土地使用权确定给直接使用土地的具有法人资格的单位或个人。但法律、法规、政策和本规定另有规定的除外。本案中农牧集团有限公司若要从甲国有农场取得土地使用权，应首先确定甲国有农场具有土地使用权，即应确保甲国有农场具有法人资格。如果该国有农场没有法人资格，其土地使用权就可能有瑕疵，该公司就要对该权利瑕疵

承担相应的风险。

在甲国有农场取得土地使用权的前提下，农牧集团作为独立的法人就可以再次承包，其依据就是《土地管理法》第十五条：国有土地可以由单位或者个人承包经营，从事种植业、林业、畜牧业、渔业生产。

三、关于国有农场是否有权收回该土地

根据《土地管理法》第十五条的规定，国有土地承包经营的期限由承包合同约定，所以双方可自行约定承包期限。而《合同法》规定，不定期合同的双方都可以随时解除合同。本案中由于农牧集团没有与甲国有农场约定合同期限，因此国有农场有权单方解除该承包合同。

实践中，为了实现长期稳定发展，合同双方最好明确约定承包期限，以避免不必要的损失。

四、关于国有农场被收回的补偿问题

如果在承包期限内，国有农场被收回就会涉及土地补偿问题。根据《物权法》第一百三十二条的规定，承包地被征收的，土地承包经营权人有权获得相应补偿。但需要注意的是，该公司可能无法取得所有补偿费用。因为国土资源部办公厅、农业部办公厅《关于收回国有农场农用地有关补偿问题的复函》中提出土地补偿费归于国有农场，安置补助费给予国有农场职工或负责安排就业岗位的国有农场。据此，该公司能依法取得的补偿费只能包含地上附着物和青苗补偿费。

但需注意的是，合同双方可以在承包合同中约定若土地一旦被收回，承包方可以从国有农场获得的土地补偿费中获得一部分赔偿，具体赔付金额或比例双方约定。如此即可在承包经营中合理避开风险，保持长久发展。

（李秀峰）

问题 25
养老服务设施用地以何种方式供地

【问题】

企业家张某为回馈社会，欲兴建一家养老院，同时配套建设一处老年会所，在申请使用土地时对以下问题存在疑问：养老服务设施用地的范围如何界定？这类用地通过哪种方式供地？在供地时对于年限、面积等有哪些具体要求？

【解答】

2014 年 4 月，为贯彻落实《国务院关于加快发展养老服务业的若干意见》（国发〔2013〕35 号），国土资源部下发《养老服务设施用地指导意见》（以下简称《意见》），在用地范围、土地用途和年期、供地计划、供地政策、鼓励租赁供地、分类用地监管、鼓励盘活存量用地、利用集体建设用地等方面分别作出了规定，从土地政策上大力支持养老服务业发展。

一、明确界定养老服务设施用地范围，商业性设施和商品住宅用地不得纳入其中

实践中，各地对养老用地的界定不够统一，不少地区将其与养老产业用地混为一谈。既有将老年酒店、宾馆、老年会所、商场、俱乐部等商业性设施占地列入养老用地的，也有将老年人旅游休闲度假服务区用地列入的，还有将部分老年人居住的商品住宅用地也视为养老用地的。

因此，《意见》对养老服务设施用地适用范围进行明确规范，只有与老年人生活直接相关、专门为老年人提供生活照料、康复护理、托管等服务的房屋和场地设施占用的土地，方可确定为养老服务设施用地，老年酒店、宾馆、会所、商场、俱乐部等商业性设施和商品性住宅用地不得纳入其中。

二、养老服务设施用地登记为医卫慈善用地，出让最高年限 50 年

《土地利用现状分类》（GB/T21010-2007）中没有"养老服务设施用地"名称，

只在一级类"公共管理与公共服务用地"下有"医卫慈善用地"和"公共设施用地"二级类；国土资源部发布的《划拨用地目录》（国土资源部令第9号）规定，非营利性社会福利设施用地中包括老年人社会福利设施用地，与养老服务设施用地有关。

《意见》明确：规划为公共管理用地、公共服务用地中的医卫慈善用地，可布局和安排养老服务设施用地，其他用地只能配套建设养老服务设施用房并分摊相应的土地面积。养老服务设施用地以出让方式供应的，建设用地使用权出让年限最高按50年确定。在办理供地手续和土地登记时，养老服务设施用地的土地用途应确定为医卫慈善用地。

三、养老服务设施用地根据营利性与否以不同方式供地，鼓励租赁供地

依据营利性、非营利性的性质差异，养老服务设施用地可分别采取租赁、出让等有偿方式和划拨方式供地。经养老主管部门认定的非营利性养老服务设施用地可采取划拨方式供地。营利性养老用地应以租赁、出让等有偿方式供地。为降低营利性养老服务机构建设成本，各地可制定养老服务设施用地出租或先租后让供应的鼓励政策和租金标准，鼓励以租赁方式供地。

以招标、拍卖或挂牌方式供应养老服务设施用地时，不得设置要求竞买人具备相应资质、资格等影响公平公正竞争的限制条件。房地产用地中配套建设养老服务设施的，可将养老服务设施的建设要求作为出让条件，但不得将养老服务机构的资格或资信等级等作为出让条件。

四、新建城区和居住（小）区按规定配建养老服务设施，可分宗的应先分割再供地

国发〔2013〕35号文件明确要求，凡新建城区和新建居住（小）区，要按标准要求配建养老服务设施。《住房城乡建设部等部门关于加强养老服务设施规划建设工作的通知》（建标〔2014〕23号）中对新建城区和居住（小）区配建养老服务设施的人均用地标准及国土资源主管部门监管职责作了进一步明确。

为此，《意见》对新建城区和居住（小）区按规定配建养老服务设施作了专门规定，要求其在土地供应时按规定配建养老服务设施，依据规划用途可以划分为不同宗地的，应当先行分割成不同的宗地，再按宗地供应；不能分宗的，应当明确养老服务设施用地、社区其他用途土地的面积比例和供应方式。

五、养老服务设施用地每宗原则上不超过3公顷，集中配建医卫设施的限定5公顷以下

在《意见》制定过程中，国土资源部利用土地市场监测监管系统对全国31个

省（区、市）涉及的养老用地供应情况进行了摸底梳理。分析结果显示：2007 年至 2013 年底，全国涉及养老的土地供应中，八成多在 5 公顷以下，3/4 以上在 3 公顷以下。5 公顷以上的养老用地多涉及养老示范区（基地）、养老公寓、（国际、高档）养老社区（中心）、生态疗养、休闲旅游度假养老项目、养老中心、养生养老（商住、住宅）等房地产开发或养老产业方面内容。

基于摸底和分析的结果，为防范以养老用地为名变相"圈地"、"囤地"，或改变土地用途、容积率等土地使用条件搞房地产开发，《意见》规定，新建养老服务设施用地，依据规划单独办理供地手续的，其宗地面积原则上控制在 3 公顷以下；有集中配建医疗、保健、康复等医卫设施的，不得超过 5 公顷。

（尚晓萍）

问题 26
养老服务设施用地如何监管

【问题】

B 市一家经营多年的养老院占地面积很大，但除了主楼，副楼一直闲置，养老院为了盘活土地，欲将副楼改造成住宅对外出售，在建设过程中被周围居民举报。请问对养老服务设施用地如何进行监管？对此有何具体规定？

【解答】

在养老服务设施用地供应和利用环节，加强监管是关键。为了使土地支持政策落到实处，防范随意改变用途、分割转让等方式处置养老服务设施用地行为的发生，《国务院关于加快发展养老服务业的若干意见》（国发〔2013〕35 号）明确要求，严禁养老设施建设用地改变用途、容积率等土地使用条件搞房地产开发。《养老服务设施用地指导意见》也从以下五个方面明确提出了监管措施，即在核发国有建设用地划拨决定书、签订出让合同和租赁合同时，应当作出以下规定或者约定：

（二）建设用地使用权可以整体转让和转租，但不得分割转让和转租；

（二）不得改变规划确定的土地用途；改变用途用于住宅、商业等房地产开发的，由市、县国土资源管理部门依法收回建设用地使用权；

（三）出让或租赁建设用地使用权可以设定抵押权；在核发划拨决定书时，应当约定划拨建设用地使用权不得单独设定抵押权，设定房地产抵押权的建设用地使用权是以划拨方式取得的，应当从拍卖所得的价款中缴纳相当于应缴纳的土地使用权出让金的款额后，抵押权人方可优先受偿；

（四）对养老用地内建设的老年公寓、宿舍等居住用房，可参照公共租赁住房套型建筑面积标准，限定在 40 平方米以内；

（五）向符合养老申请条件的老年人出租老年公寓、宿舍等居住用房的，出租服务合同应约定服务期限一次最长不能超过五年，期限届满，原承租人有优先承租权。

按照以上规定，对于养老服务设施用地在供地时和供地后都应当严格监管，供地时严格约定权利义务及违约责任，即约定改变用途用于住宅、商业等房地产开发的，由市、县国土资源管理部门依法收回建设用地使用权。供地后对违反合同约定内容的行为进行严厉查处，对于批后确实改变用途用于房地产开发的，应当依法收回建设用地使用权。

（尚晓萍）

问题 27
利用存量建设用地建设养老服务设施有哪些支持政策

【问题】

钱某是一孤儿，小时候靠周围的长辈轮番照顾长大，现在钱某成为了著名的企业家，为了报答儿时照顾他的老人，想要经营一家养老院。为了兴建养老院，他四处寻找合适的地点，最后看好一家闲置多年的工厂，想要进行改建装修。请问利用存量建设用地建设养老服务设施在土地方面有哪些支持政策？

【解答】

为了从土地政策上大力支持养老服务业发展，国土资源部下发的《养老服务设施用地指导意见》中，对利用存量建设用地建设养老服务设施的情形，从供地方式、地价（租金）等方面明确了支持政策。

一是对营利性养老服务机构利用存量建设用地从事养老设施建设，涉及划拨建设用地使用权出让（租赁）或转让的，在原土地用途符合规划的前提下，可不改变土地用途，允许补缴土地出让金（租金），办理协议出让或租赁手续。

二是在符合规划的前提下，在已建成的住宅小区内增加非营利性养老服务设施建筑面积的，可不增收土地价款；后续调整为营利性养老服务设施的，应补缴相应土地价款。

三是对企事业单位、个人对城镇现有空闲的厂房、学校、社区用房等进行改造和利用，兴办养老服务机构，经规划批准临时改变建筑使用功能从事非营利性养老服务，且连续经营一年以上的，五年内可不增收土地年租金或土地收益差价，土地使用性质也可不作变更。

可见，钱某适用于上述第三种情形，如果钱某利用旧厂房改建从事非营利性养老服务的，经规划批准临时改变建筑使用功能从事非营利性养老服务，且连续经营一年以上的，五年内可不增收土地年租金或土地收益差价，土地使用性质也可不作变更。

但是应当注意的是，《养老服务设施用地指导意见》中对此类用地明确的适用范围是从事非营利性养老服务，即需要具备两个条件：一是属于养老服务设施用地，即与老年人生活直接相关、专门为老年人提供生活照料、康复护理、托管等服务的房屋和场地设施占用的土地，而不包括老年酒店、宾馆、会所、商场、俱乐部等商业性设施和商品性住宅用地。二是非营利性，如果是营利的则不能适用该政策。

（尚晓萍）

三、集体土地利用

问题28
宅基地能否抵押

【问题】

2013 年 11 月 12 日，中国共产党第十八届中央委员会第三次全体会议通过的《中共中央关于全面深化改革若干重大问题的决定》要求："保障农户宅基地用益物权，改革完善农村宅基地制度，选择若干试点，慎重稳妥推进农民住房财产权抵押、担保、转让，探索农民增加财产性收入渠道。"现在农民扩大再生产融资很难，主要原因是没有抵押物，银行不放贷。请问，中央的文件出台之后是否意味着农民可以拿自己的宅基地抵押融资？

【解答】

目前一系列的中央文件都规定可以农民住房财产权抵押搞试点，如十八届三中全会决定规定要"选择若干试点，慎重稳妥推进农民住房财产权抵押、担保、转让"，2014 年中央的 1 号文件《关于全面深化农村改革加快推进农业现代化的若干意见》也明确要求"改革农村宅基地制度，完善农村宅基地分配政策，在保障农户宅基地用益物权前提下，选择若干试点，慎重稳妥推进农民住房财产权抵押、担保、转让"等，但是，笔者认为，目前中央文件允许试点的只是农民"住房"财产权的抵押，而不是"住宅"财产权的抵押。农民"住房"财产权不应包括宅基地，住房可以抵押并不意味着宅基地可以抵押。

一、我国法律目前明确禁止宅基地抵押

虽然房屋所有权和宅基地使用权都是农民的财产权，农民对房屋享有所有权，

享有占有、使用、收益、处分的权利，但是按照《物权法》第一百五十二条的规定"宅基地使用权人依法对集体所有的土地享有占有和使用的权利，有权依法利用该土地建造住宅及其附属设施"，农民对宅基地没有收益和处分的权利。而且我国法律明确禁止宅基地的抵押，如《物权法》第一百八十四条明确规定"下列财产不得抵押：（一）土地所有权；（二）耕地、宅基地、自留地、自留山等集体所有的土地使用权，但法律规定可以抵押的除外……"，《担保法》第三十七条规定"下列财产不得抵押：（一）土地所有权；（二）耕地、宅基地、自留地、自留山等集体所有的土地使用权……"另外，我国出台的其他相关法律、法规、规章以及规范性文件也从来没有允许宅基地可以抵押。

二、住房可以抵押并不意味着宅基地可以抵押

有观点认为房地一体，不可分割，认为"房随地走"或者"地随房走"，因此房屋所有权抵押的，土地权利应当一并抵押，或者说土地权利抵押的，房屋所有权应当一并抵押。这种观点从法理上是正确的，但是不符合我国目前房地分离管理的体制，不适用于宅基地。相关法律对房、地一并抵押的规定并不包括宅基地。如《担保法》第三十六条规定"以依法取得的国有土地上的房屋抵押的，该房屋占用范围内的国有土地使用权同时抵押。以出让方式取得的国有土地使用权抵押的，应当将抵押时该国有土地上的房屋同时抵押。乡（镇）、村企业的土地使用权不得单独抵押。以乡（镇）、村企业的厂房等建筑物抵押的，其占用范围内的土地使用权同时抵押"，可以看出该条规定的只是针对国有土地使用权及经营性的集体建设用地使用权，不包括宅基地使用权。再如《物权法》第一百八十二条规定"以建筑物抵押的，该建筑物占用范围内的建设用地使用权一并抵押。以建设用地使用权抵押的，该土地上的建筑物一并抵押。抵押人未依照前款规定一并抵押的，未抵押的财产视为一并抵押"。该条也只是规定了建设用地使用权及其上的建筑物一并抵押，并不包括宅基地使用权。

（蔡卫华）

问题 29
城镇居民购买农民房屋被征收如何补偿

【问题】

1989 年村民赵某从父母处继承了一宗集体建设用地使用权，面积为 511 平方米，包括宅基地 434 平方米，门前菜地 77 平方米，并到当地国土部门办理了土地登记。1992 年赵某将此处房屋及院落出售给城镇居民王某一家，双方签订房屋购买协议后，持《宅基地证》及双方身份证明材料到当地国土部门办理了土地使用权变更登记。2008 年王某去世，儿子小王继承了该房屋，并且一直在此居住。2010 年 A 市政府对该宅基地及房屋进行征收拆迁，但是拒绝给小王土地补偿，理由是小王不是本村村民。小王与地方政府协商不成，为维护自己的权益，遂到法院起诉 A 市政府。请问，村民赵某是否能将宅基地及房屋出售给居民王某？小王能得到征地拆迁补偿款吗？

【解答】

宅基地及其上房屋的转让在不同历史阶段是有不同法律政策规定的。1986 年颁布的《土地管理法》第四十一条规定："城镇非农业人口建住宅，需要使用集体所有的土地的，必须经县级人民政府批准，其用地面积不得超过省、自治区、直辖市规定的标准，并参照国家建设征用土地的标准支付补偿和安置补助费。"按照该法的规定，城镇非农业户口居民是可以通过县级人民政府批准并支付补偿费和安置补助费的情况下，取得农村宅基地。1998 年修订的《土地管理法》取消了非农业户口居民使用农民集体土地进行住宅建设的规定。1999 年《国务院办公厅关于加强土地转让管理严禁炒卖土地的通知》（国办发〔1999〕39 号）中规定："农民的住宅不得向城市居民出售，也不得批准城市居民占用农民集体土地建住宅，有关部门不得为违法建造和购买的住宅发放土地使用证和房产证。"由此可以看出，1999

年之前购买村民宅基地并依法办理了土地使用权变更登记的，是符合法律规定的。本案中村民赵某于1992年将此处房屋及院落出售给城镇居民王某一家，并且办理了土地使用权变更登记，并不违背当时的法律规定。

居民小王继承了父亲的宅基地及房屋，按照《关于农村集体土地确权登记发证的若干意见》（国土资发〔2011〕178号）的规定："已拥有一处宅基地的本农民集体成员、非本农民集体成员的农村或城镇居民，因继承房屋占用农村宅基地的，可按规定登记发证，在《集体土地使用证》记事栏应注记'该权利人为本农民集体原成员住宅的合法继承人'。"小王对此处宅基地及房屋享有的权利依法受法律保护。

小王的宅基地及房屋被征收拆迁应该得到征地补偿款吗？根据《土地管理法》第四十七条第四款规定："被征收土地上的附着物和青苗的补偿标准，由省、自治区、直辖市规定。"《土地管理法实施条例》第二十六条规定："土地补偿费归农村集体经济组织所有；地上附着物及青苗补偿费归地上附着物及青苗的所有者所有。"小王目前所居住的房屋是继承得来，属于合法取得，对于地上附着物房屋的拆迁补偿，是可以获得的。因土地补偿费是给农民集体的，安置补助费是给需要安置的农业人口的，他无法得到土地补偿费和安置补助费。

宅基地被征收如何补偿，有的省、直辖市政府出台了相关规定。如北京市人民政府就出台了《北京市集体土地房屋拆迁管理办法》，其第十四条规定："拆迁宅基地上房屋实行货币补偿的，拆迁人应当向被拆迁人支付补偿款。补偿款按照被拆除房屋的重置成新价和宅基地的区位补偿价确定。房屋重置成新价的评估规则和宅基地区位补偿价的计算办法由市国土房管局制定并公布。"

本案中，小王依法继承的宅基地及房屋被政府征收拆迁，只能得到地上附着物房屋的补偿款。

（王亚光　马春荣）

问题 30
农民住房是否可以出售给城镇居民

【问题】

　　2008 年城镇居民刘某夫妻退休，想到农村享受田园生活。他们在北京市大兴区某村看中了农民马某要出售的房屋及院落，即与农民马某签订了房屋买卖协议，总价款 8.5 万元。四年后，规划修建的高速路正好穿过刘某购买的房屋，土地房屋将要被征地拆迁，房主会得到巨额的拆迁补偿。马某后悔低价出售自己的房屋，遂向法院起诉要求确认双方签订的房屋买卖协议无效，返还房屋。经法院判决，房屋买卖协议无效，居民刘某腾退房屋，但法院同时认定马某为导致协议无效的主要责任方，应对刘某的经济损失进行赔偿。购房者刘某对赔偿数额不满意，遂对马某进行反诉，要求获得房屋增值带来的收益分成。请问：农民马某是否可以出售其宅基地上的房屋？居民刘某购买宅基地上的房屋存在哪些风险？

【解答】

　　本案涉及城市居民在农村买房的法律风险问题。

　　《土地管理法》第六十二条规定："农村村民一户只能拥有一处宅基地，其宅基地的面积不得超过省、自治区、直辖市规定的标准。农村村民建住宅，应当符合乡（镇）土地利用总体规划，并尽量使用原有的宅基地和村内空闲地。农村村民住宅用地，经乡（镇）人民政府审核，由县级人民政府批准；其中，涉及占用农用地的，依照本法第四十四条的规定办理审批手续。"上述法律条款明确规定，宅基地使用权是农村集体经济组织成员享有的权利，与享有者特定的身份相联系，非本集体经济组织成员无权取得。

　　《关于加强土地转让管理严禁炒卖土地的通知》（国办发〔1999〕39 号）中规定："农民的住宅不得向城市居民出售，也不得批准城市居民占用农民集体土地建住宅，有关部门不得为违法建造和购买的住宅发放土地使用证和房产证。"《关于严格执行有关农村集体建设用地法律和政策的通知》（国办发〔2007〕71号）中规定："农村住宅用地只能分配给本村村民，城镇居民不得到农村购买宅基地、农民住宅或'小产权房'。单位和个人不得非法租用、占用农民集体所有土地搞房地产开发。农村村民出卖、出租住房后，再申请宅基地的，不予批准。"从上述法律规定可以看出，宅基地是国家分配给农民使用，实现农民居住权的福利性保障措施。农民出卖宅基地上房屋是有限制的，即农民需经本集体经济组织同意，可以把宅基地及房屋转让给本集体经济组织内无宅基地人员，不能出售给城镇居民或本集体经济组织以外成员。因此，农民马某把宅基地上房屋出售给刘某是不符合上述规定的。

依现行法律，宅基地上房屋买卖一旦发生纠纷，合同应被认定无效，农民可收回房屋。此案实际情况是马某为导致协议无效的主要责任方，应赔偿买房者一定的经济损失。2004年，北京市高级人民法院发布《关于印发农村私有房屋买卖纠纷合同效力认定及处理原则研讨会会议纪要的通知》，规定农村私有房屋买卖合同应以认定无效为原则，以认定有效为例外。同时，要综合权衡买卖双方的利益，根据拆迁补偿所获利益、房屋现值和原价的差异对买受人赔偿损失；其次，对于买受人已经翻建、扩建房屋的情况，应对其添附价值进行补偿。因此，法院对居民刘某的反诉作出判决：作为买受人的经济损失，其金额的计算应该基于出卖人因土地升值或拆迁补偿所获的利益，以及房屋现值和原价的差异所造成的损失两因素予以确定。

在现实生活中，居民购买农民房屋后出现纠纷的情况时有发生。如北京通州画家村房屋诉讼案就引起社会广泛关注，我们可以将法院对此类案件的判决结果作为一个参考。经法院终审，判决双方签订的房屋买卖协议无效，因该合同取得的财产，应当予以返还；不能返还或者没有必要返还的，应当折价补偿。有过错的一方应当赔偿对方因此所受到的损失，双方都有过错的，应当各自承担相应的责任。考虑到出卖人在出卖时即明知其所出卖的房屋及宅基地属于我国法律禁止流转范围，其在出卖房屋多年后又以违法出售房屋为由主张合同无效，故其应对合同无效承担主要责任。对于买受人信赖利益损失的赔偿，应当全面考虑出卖人因土地升值或拆迁、补偿所获利益，以及买受人因房屋现值和原买卖价格的差异所造成的损失两方面因素予以确定。对于买受人信赖利益损失的赔偿，仅考虑出卖人因土地升值或拆迁、补偿所获利益的因素，参照出卖人出售房屋宅基地区位总价予以确定。

（王亚光）

问题 31
居民是否可以购买"小产权房"

【问题】

2013 年春，在北京工作了 4 年的白领小李一直在看房，因市区内房价太高，承受不起，综合各种因素比较后他选择了通州区距地铁比较近的一处 A 村 2009 年开发的现房楼盘，小李与村委会签订了购房协议，交纳全款后，村委会给小李颁发了《荣誉村民证》及村委会盖章的《房屋所有权证》。小李对房子简单装修后入住了。2013 年 11 月末，北京市开始清理"小产权房"，小李有些担心自己所购买的房屋权益没有法律保障，遂跟村委会提出退房。请问，A 村可以建设"小产权房"吗？小李是否可以购买"小产权房"？

【解答】

"小产权房"的情况分两种。第一种情况："小产权房"是指未经依法批准在农民集体土地上进行住宅开发。《土地管理法》第七十六条规定：未经批准或者采取欺骗手段骗取批准，非法占用土地的，由县级以上人民政府土地行政主管部门责令退还非法占用的土地，对违反土地利用总体规划擅自将农用地改为建设用地的，限期拆除在非法占用的土地上新建的建筑物和其他设施，恢复土地原状，对符合土地利用总体规划的，没收在非法占用的土地上新建的建筑物和其他设施，可以并处罚款；对非法占用土地单位的直接负责的主管人员和其他直接责任人员，依法给予行政处分；构成犯罪的，依法追究刑事责任。2013 年 11 月《国土资源部办公厅、住房城乡建设部办公厅关于坚决遏制违法建设、销售"小产权房"的紧急通知》中规定：对不符合土地利用总体规划和城乡建设规划的在建、在售的"小产权房"坚决叫停，严肃查处，对顶风违法建设、销售，造成恶劣影响的"小产权房"案件，要公开曝光，挂牌督办，严肃查处，坚决拆除一批，教育一片，发挥警示和震慑作用。这一类"小产权房"其实质就是非法占地，要按照上述法律政策规定依法处罚。

第二种情况："小产权房"是指经市（县）人民政府批准后，以新农村建设之名在集体建设用地上进行房地产开发，建成的房屋部分由农民居住，部分出售给城镇居民，产权证不是由国家房管部门颁发，而是由乡政府或村委会颁发，所以叫"小产权"。"小产权房"是相对于购房人而言，产权证不是真正合法有效的产权证。《关于严格执行有关农村集体建设用地法律和政策的通知》（国办发〔2007〕71号）中规定：农村住宅用地只能分配给本村村民，城镇居民不得到农村购买宅基地、农民住宅或"小产权房"。单位和个人不得非法租用、占用农民集体所有土地搞房地产开发。从上述规范性文件可以看出，村委会新农村建设楼房是保障农民购买和居住使用，是改善农民生活条件的福利性措施。这类房屋可以在本集体经济组织内无宅基地房屋人员之间转让，村委会及农民不能将房屋出售给城镇居民或本集体经济组织以外成员。

本案中，小李到相关部门查询得知，他购买的"小产权房"是新农村建设房屋，土地是合法取得，村委会无权将此房屋出售给城镇居民。因此小李按照法律规定也不能购买此类房屋。

近几年来，国家有关部门多次出台政策强调居民不能购买小产权房，购买后其权益得不到法律保护。2014年初，北京市对"小产权房"分类处理提出建议方案，认为应当对六类情形小产权房依法依规进行拆除。六类拆除情形分别是：经检测鉴定，房屋质量达不到国家或北京市有关标准，存在严重质量问题或安全隐患，又不能采取可行措施予以整改消除的；土地利用现状为耕地，总体规划为一般农用地、基本农田的；占用土地为一级水源保护区的；占用公共道路、绿地、河道、高压供电走廊、压占地下管线的；严重影响土地利用总体规划、城镇规划的；破坏或影响文物保护和风景名胜区的。此外，属于"其他依法应当拆除的情形"也应拆除。对"已建未售"的小产权房小区或房屋，如符合土地利用总体规划和城镇规划的，应"既处理人，又处理事"，其中进行没收处罚的，由政府组织具体落实程序，不得"明没收，暗返还"；同时，对房屋进行质量与安全检测，对质量合格并符合有关政策条件的，可补办用地等审批手续，或纳入公共租赁住房等政策性房源范围。

（王亚光）

问题32
本村的村民之间能否互换宅基地

【问题】

村民老李与老王两家相邻，因村内拓宽道路，占用两家一部分宅基地，村委会统一在村南空闲地补偿给每家一块宅基地。为方便居住，1998年老李用旧宅基地对换老王在村南分得的新宅基地，并在本村人民调解委员会调解下签订《调解宅基地协议书》。同时，老王给老李4000元作为对旧宅基地上附着物的补偿。2000年，老李在村南新宅基地盖房子，并办理了宅基地和房屋的登记。2001年1月老李一家还在原有房屋上居住，不肯搬家。两家为此纠纷不断。老李认为，《调解宅基地协议书》是买卖宅基地的合同，违反《土地管理法》及相关法律的规定，该协议书无效。请问老李与老王互换宅基地的行为是否合法？村民之间能否互换宅基地？

【解答】

由于法律没有禁止本集体的村民之间互换宅基地，笔者认为，在双方自愿的前提下，村民之间经过批准可以互换宅基地。理由如下：

一、我国的相关法律和政策虽然禁止宅基地对外流转，但是没有禁止宅基地及住房在本集体内部转让和互换。根据《土地管理法》第六十二条第四款"农村村民出卖、出租住房后，再申请宅基地的，不予批准"，《国土资源部关于加强农村宅基地管理的意见》（国土资发〔2004〕234号）"严禁城镇居民在农村购置宅基地，严禁为城镇居民在农村购买和违法建造的住宅发放土地使用证"等相关法律法规和政策的规定，我国禁止宅基地向本集体经济组织以外的人员转让，特别禁止向城镇居民转让，但是我国的法律法规政策和实践都没有禁止宅基地在本集体内部流转，但前提是受让者必须是本集体内符合新申请宅基地条件的成员。另外我国的法律法规政策和实践更没有禁止村民之间互换宅基地。

二、本集体的村民之间互换宅基地必须坚持自愿的原则并履行有关批准程序。

互换宅基地，究竟具体应当履行什么审批程序，目前没有明确的规定。但是我国农村村民取得宅基地的程序，按照《土地管理法》和《国土资源部关于加强农村宅基地管理的意见》的规定，一般是由村民向本集体经济组织提出申请，经乡镇人民政府审核后，由县级人民政府批准。互换宅基地的审批程序不应严于宅基地的取得审批程序。在本案中，老李与老王互换宅基地完全属于本人自愿，并经过本村人民调解委员会调解签订了《调解宅基地协议书》，且老李 2000 年在互换后的新宅基地上盖房，并办理了宅基地和房屋的登记。由于宅基地由县级国土资源部门报经县级人民政府批准之后登记发证，老李的新宅基地办理了登记发证，视同经过了县级人民政府的批准。因此在本案中，老李与老王互换宅基地的行为合法。

（张倩）

问题 33
"村改居" 后原集体剩余的少量土地的权属性质如何确定

【问题】

城市建成区内，绝大部分土地都已被征收，且村民已成建制转为居民，剩余少量的居民自用的宅基地，土地的权属性质如何确定？

【解答】

城市建成区内，即使绝大部分土地都已被征收，且村民已成建制转为居民，对于剩余少量居民自用的宅基地，如果不依法履行征收手续，则土地权属性质不变，仍然属于集体所有。

一、2004 年之前，可以通过 "村改居" 等方式将农民集体所有土地转为国有土地

2004 年之前，不少地方通过将农民转为城镇居民即 "村改居" 的方式将原来

农民集体所有的土地转为国家所有的土地。其中最典型的例子就是深圳。深圳从1993年开始通过村改居的方式将集体所有的土地转为国家所有的土地，2004年深圳将全市户籍人口全部改为城市居民，全部的集体所有土地也都转为国有，使其成为中国首个无农村无农民无集体土地的城市。虽然《宪法》第十条第一款规定："城市的土地属于国家所有"，但是目前唯一只有深圳的土地全部属于国家所有，其他城市的建成区内都还或多或少地存在集体土地。

深圳等地之所以能够通过村改居的方式将集体土地变为国有，是因为有下列相关规定作为依据：一是《土地管理法实施条例》第二条规定："下列土地属于全民所有即国家所有：（一）城市市区的土地；（二）农村和城市郊区中已经依法没收、征收、征购为国有的土地；（三）国家依法征收的土地；（四）依法不属于集体所有的林地、草地、荒地、滩涂及其他土地；（五）农村集体经济组织全部成员转为城镇居民的，原属于其成员集体所有的土地；（六）因国家组织移民、自然灾害等原因，农民成建制地集体迁移后不再使用的原属于迁移农民集体所有的土地"；二是1995年原国家土地管理局颁布的《确定土地所有权和使用权的若干规定》（〔1995〕国土〔籍〕字第26号）第十四条规定："因国家建设征用土地，农民集体建制被撤销或其人口全部转为非农业人口，其未经征用的土地，归国家所有。继续使用原有土地的原农民集体及其成员享有国有土地使用权。"

二、2004年之后，国家明确禁止通过"村改居"等方式将农民集体所有土地转为国有土地

由于通过"村改居"等方式将农民集体所有土地转为国有土地规避了国家的征地审批手续，规避了国家严格土地管理的政策法律规定，因此越来越多的地方学习深圳的做法，不通过征收而是通过将农民转为城镇居民的方式将集体土地转为国家所有的土地。因此，2004年国家出台政策禁止通过"村改居"等方式将农民集体所有土地转为国有土地。如2004年《国务院关于深化改革严格土地管理的决定》明确规定："禁止擅自通过'村改居'等方式将农民集体所有土地转为国有土地。"

三、"村改居"之后剩余的少量土地仍然属于集体土地，只有依法经过征收才能变为国家所有土地

2005年3月4日，《国务院法制办公室、国土资源部关于对〈中华人民共和国土地管理法实施条例〉第二条第（五）项的解释意见》（国法函〔2005〕36号）明确对《土地管理法实施条例》第二条第（五）项作出如下解释："该项规定，是指农村集体经济组织土地被依法征收后，其成员随土地征收已经全部转为城镇居民，该农村集体经济组织剩余的少量集体土地可以依法征收为国家所有。"因此，在城市建成区，即使绝大部分土地都已被征收，且村民已成建制转为居民，剩余少量的居民自用的宅基地的土地的权属性质仍然属于集体所有。

（蔡卫华）

问题 34
基本农田里是否能建蔬菜大棚

【问题】

某地气候非常寒冷，村民想搞蔬菜大棚种植，国土局认为该村民家中土地是基本农田。请问：基本农田里能建大棚吗？基本农田里能建温室或看护房吗？

【解答】

对于基本农田中是否可建造蔬菜大棚，法律并无明确规定，实践中，应根据具体情况进行判断。原则上，基本农田里可以建设易于恢复、不属于设施农业的蔬菜大棚，但不得建设属于设施农业的温室或看护房。

一、蔬菜种植可以使用基本农田

《中华人民共和国土地管理法》第三十四条规定："国家实行基本农田保护制度。下列耕地应当根据土地利用总体规划划入基本农田保护区，严格管理：……（三）蔬菜生产基地……"《基本农田保护条例》第十条规定："下列耕地应当划入基本农田保护区，严格管理：……（三）蔬菜生产基地……"因此，蔬菜生产基地属于基本农田保护区，蔬菜种植可以使用基本农田。

二、设施农业用地应严格规制，严禁占用基本农田

在对设施农业规制方面，国土部、农业部《关于完善设施农用地管理有关问题的通知》要求："各地要根据农业发展规划和土地利用规划，在保护耕地、合理利用土地的前提下，积极引导设施农业发展。设施建设应尽量利用荒山荒坡、滩涂等未利用地和低效闲置的土地，不占或少占耕地，严禁占用基本农田。确需占用耕地的，也应尽量占用劣质耕地，避免滥占优质耕地，同时通过工程、技术等措施，尽量减少对耕作层的破坏。"

设施建设禁止占用基本农田，因此农业项目中用于种植蔬菜的蔬菜大棚、温室或看护房，若属于设施农业，应严格遵守上述规定，不得占用基本农田。各级国土部门应当严格监管，加强耕地保护，确保粮食安全。

三、温室、看护房等是否属于设施农业，应当做具体分析认定

温室、看护房等农业设施的用地性质，应当依据《土地利用现状分类》（GB/T 21010 – 2007）的标准进行认定。根据该标准，设施农用地是指：直接用于经营性养殖的畜禽舍、工厂化作物栽培或水产养殖的生产设施用地及其相应附属设施用地，农村宅基地以外的晾晒场等农业设施用地。国土部、农业部依据上述分类标准，根据设施农用地特点，从有利于规范管理出发，在《关于完善设施农用地管理有关问题的通知》中进行了明确，将设施农用地具体分为生产设施用地和附属设施用地。生产设施用地是指在农业项目区域内，直接用于农产品生产的设施用地。包括：1. 工厂化作物栽培中有钢架结构的玻璃或 PC 板连栋温室用地等；2. 规模化养殖中畜禽舍（含场区内通道）、畜禽有机物处置等生产设施及绿化隔离带用地；3. 水产养殖池塘、工厂化养殖、进排水渠道等水产养殖的生产设施用地；4. 育种育苗场所、简易的生产看护房用地等。附属设施用地是指农业项目区域内，直接辅助农产品生产的设施用地。包括：1. 管理和生活用房用地：指设施农业生产中必需配套的检验检疫监测、动植物疫病虫害防控、办公生活等设施用地；2. 仓库用地：指存放农产品、农资、饲料、农机农具和农产品分拣包装等必要的场所用地；3. 硬化晾晒场、生物质肥料生产场地、符合"农村道路"规定的道路等用地。

可见，是否将蔬菜大棚等农业设施所占土地认定为设施农用地，应当依具体情况，以该农业设施是否固化、对土地耕作利用是否产生影响等为标准进行判断。一般而言，不影响土地耕作，仅用于辅助农业种植的简易大棚不属于设施农业。但如果属于"工厂化作物栽培中有钢架结构的玻璃或 PC 板连栋温室"或是"育种育苗场所、简易的生产看护房"等已固化附着于土地之上，不易复垦，且对土地耕作利用产生影响的农业设施，则应当认定为设施农业，并对其用地进行严格管控。

（朱进妹）

问题 35
城市居民能否到农村购买大棚房

【问题】

2009 年，小张不断收到"买四合院送温室大棚"的宣传信息。经过再三咨询比较，他选定某市近郊甲村中由 A 商贸公司开发的生态园项目。当时甲村承诺，承认小张为本村荣誉村民，并向其提供 300 平方米的四合院和 100 平方米的温室大棚，期限 40 年。小张需一次性缴纳租金 18 万元，若遇征地则与本村村民享受同等待遇。小张十分满意，遂与甲村村委会签订了租赁合同，交齐了款项。2013 年 7 月，该市集中清理大棚房，小张购买的项目也在清理范围内。小张遂向甲村村委会要求退款，但被告知钱款已经分发给村民，无法退款。同时，村主任还辩称，卖给小张大棚房是前任的事，与本届村委会无关。小张又去找 A 商贸公司理论，但该公司早已人去楼空。情急之下，小张将甲村村委会和 A 商贸公司告上法庭。那么，小张购买大棚房是否合法？能否得到赔偿？

【解答】

一、购买大棚房不合法

蔬菜大棚的用地属于设施农业用地，严禁用来建设住房并对外销售。为适应现代农业发展需要，促进设施农业健康有序发展，2010 年，国土资源部、农业部下发《关于完善设施农用地管理有关问题的通知》（国土资发〔2010〕155 号），明确了设施农用地管理有关要求和支持政策。为了规范设施农用地的管理，国土资源部、农业部 2014 年再次印发《关于进一步支持设施农业健康发展的通知》（国土资发〔2014〕127 号）。该文件再次明确将设施农用地具体划分为生产设施用地、附属设施用地以及配套设施用地。特别强调"各地应严格掌握上述要求，严禁随意扩大设施农用地范围，以下用地必须依法依规按建设用地进行管理：经营性粮食存储、加工和农机农资存放、维修场所；以农业为依托的休闲观光度假场所、各类庄园、酒庄、农家乐；以及各类农业园区中涉及建设永久性餐饮、住宿、会议、大型停车场、工厂化农产品加工、展销等用地"。本案中，小张购买的大棚房明显违反了国家的规定。

二、购买不合法的大棚房需要责任自负，风险自担

本案中小张购买的大棚房，从本质上来说，就是小产权房的一种，而且某种程度上来说，比小产权房性质更为恶劣。国家有关主管部门颁发了一系列的文件提示社会公众不要购买小产权房。如 2013 年 11 月 22 日《国土资源部办公厅、住房城乡建设部办公厅关于坚决遏制违法建设、销售"小产权房"的紧急通知》，明确要求"正确认识'小产权房'问题的危害性和严重性。建设、销售'小产权房'，严重违反土地和城乡建设管理法律法规，不符合土地利用总体规划和城乡建设规划，不符合土地用途管制制度，冲击了耕地保护红线，扰乱了土地市场和房地产市场秩序，损害了群众利益，影响了新型城镇化和新农村建设的健康发展，建设、销售和购买'小产权房'均不受法律保护。要全面、正确地领会十八届三中全会关于建立城乡统一的建设用地市场等改革措施，坚持依法依规，严格执行土地利用总体规划和城乡建设规划，严格实行土地用途管制制度，严守耕地红线，坚决遏制在建、在售'小产权房'行为。"本案中，小张的买房行为不受国家法律保护，其应责任自负，风险自担。

因此，社会公众在购买小产权房时，一定要三思而后行，不能贪图便宜，而应当注意风险，否则会房钱两空。

（于丽娜）

问题 36
增减挂钩项目中建新面积是否可以大于拆旧面积

【问题】

某市国土资源局批复的一个增减挂钩试点项目中，批准建新项目区总面积 172 公顷，其中：占用农用地面积 116 公顷（含耕地 65 公顷）、未利用地面积 1 公顷、存量建设用地 55 公顷；批准拆旧项目区总面积 139 公顷（规划复垦耕地面积 118 公顷），建新项目区总面积大于拆旧项目区总面积 33 公顷。审计部门在审计过程中认为此做法不符合国土资源部文件中"建新地块的总面积不得大于拆旧地块的总面积"的规定。审计要求该市国土资源局严格执行国土资源部文件规定，加强增减挂钩试点项目各项内容的审批工作。请问，本案建新项目区总面积大于拆旧项目区总面积的做法是否违反有关规定？

【解答】

本案中建新项目区总面积大于拆旧项目区总面积的做法不违反有关规定。

城乡建设用地增减挂钩是国家在 2006 年推出的支持社会主义新农村建设、促进城乡统筹发展、破解保护与保障"两难"困境的一项重要管理措施。所谓城乡建设用地增减挂钩，是指依据土地利用总体规划，将若干拟整理复垦为耕地的农村建设用地地块（即拆旧地块）和拟用于城镇建设的地块（即建新地块）等面积共同组成建新拆旧项目区（以下简称项目区），通过建新拆旧和土地整理复垦等措施，在保证项目区内各类土地面积平衡的基础上，最终实现建设用地总量不增加，耕地面积不减少，质量不降低，城乡用地布局更合理的目标。

《关于规范城镇建设用地增加与农村建设用地减少相挂钩试点工作的意见》（国土资发〔2005〕207 号）明确规定："建新地块的总面积不得大于拆旧地块的总面积。"《城乡建设用地增减挂钩试点管理办法》（国土资发〔2008〕138 号）也明确规定："项目区内建新地块总面积必须小于拆旧地块总面积，拆旧地块整理复垦耕地的数量、质量，应比建新占用耕地的数量有增加、质量有提高。"但是，对于本案，笔者认为还是应当具体分析。

首先，建新地块不应当包括存量建设用地。无论是 207 号文件还是 138 号文件都未明确建新地块是否包括存量建设用地，但从增减挂钩政策出台的初衷来看，是为了实现建设用地总量不增加，耕地面积不减少，质量不降低，城乡用地布局更合理的目标，所以建新地块中不应当包括存量建设用地。而本案出于土地开发整理的整体需要，才将存量建设用地 55 公顷纳入了建新地块。如果不把这 55 公顷计算在内的话，建新地块只有 117 公顷，面积不大于拆旧地块。

其次，项目区内建设用地总量减少、布局更合理，耕地面积有增加、质量有提高是增减挂钩的实质要求。2010 年和 2011 年出台的两个文件均未要求"建新地块的总面积不得大于拆旧地块的总面积"。国务院《关于严格规范城乡建设用地增减挂钩试点切实做好农村土地整治工作的通知》（国发〔2010〕47 号）明确要求，"确保项目区内建设用地总量有减少、布局更合理，耕地面积有增加、质量有提高"；国土资源部《关于严格规范城乡建设用地增减挂钩试点工作的通知》（国发〔2011〕224 号）明确要求，"确保项目区实施后建设用地面积不扩大，耕地数量有增加、质量有提高"。可见，"项目区内建设用地总量减少、布局更合理，耕地面积有增加、质量有提高"才是增减挂钩政策的实质要求。本案中的增减挂钩项目拆旧复垦出的耕地面积超出建新区占用的耕地面积 53 公顷，而且项目实施后的建设用地总规模小于原有规模，符合国务院和国土资源部的文件要求。

综上，本案在执行增减挂钩试点政策时，不存在违反国务院和国土资源部有关文件规定的情况。

但是，据国土资源部日前组织开展的增减挂钩试点快速调研显示，自 2006 年增减挂钩试点工作开展以来，大部分地区能够充分运用这项新的政策，对利用不合理、不充分和废弃闲置的农村建设用地进行调整利用，总体进展顺利，取得了预期效果。但个别地区还存在认识不准、操作不当和监管不力的问题，需要进一步深化理解、加强监管、完善制度。

（尚晓萍）

问题 37
养老服务设施用地能否使用集体土地

【问题】

李某欲兴建养老院，经多方考察，他看中城市边缘环境清静、空气清新的农村，请问是否可以使用农村集体土地兴建养老院？

【解答】

我国实行土地的社会主义公有制，即全民所有制和劳动群众集体所有制，也就是说我国土地包括国有土地和集体土地，这两种土地分别有不同的用途。养老服务设施用地使用集体土地包括以下两种情形：

一、兴建非营利性乡（镇）村养老服务设施可以依法使用集体建设用地

《土地管理法》第四十三条规定："任何单位和个人进行建设，需要使用土地的，必须依法申请使用国有土地；但是，兴办乡镇企业和村民建设住宅经依法批准使用本集体经济组织农民集体所有的土地的，或者乡（镇）村公共设施和公益事业建设经依法批准使用农民集体所有的土地的除外。"依照此规定，集体建设用地有四类用途：一是宅基地，二是乡镇企业用地，三是乡（镇）村公共设施建设用地，四是乡（镇）村公益事业建设用地。非营利性乡（镇）村养老服务设施用地当然属于公益事业建设用地的范畴，所以，如果兴建非营利性乡（镇）村养老服务设施，当然可以使用集体建设用地。《国务院关于加快发展养老服务业的若干意见》（国发〔2013〕35号）进一步明确，要"切实加强农村养老服务"，要求"依托行政村、较大自然村，充分利用农家大院等，建设日间照料中心、托老所、老年活动站等互助性养老服务设施"。依据《土地管理法》和国务院文件，国土资源部下发的《养老服务设施用地指导意见》第九条再次明确规定：农村集体经济组织可依法使用本集体所有土地，为本集体经济组织内部成员兴办非营利性养老服务设施。《土地管理法》第六十一条对包括养老服务设施在内的乡（镇）村公益事业建设需要使用土地的情况，明确了土地的申请、审核、批准主体、程序、权限和条件。

二、其他兴建非营利性养老服务设施需要集体建设用地的，需要有集体建设用地流转政策和相应的养老政策支持

《国务院关于加快发展养老服务业的若干意见》（国发〔2013〕35 号）明确："民间资本举办的非营利性养老机构与政府举办的养老机构享有相同的土地使用政策，可以依法使用国有划拨土地或者农民集体所有的土地。"国土资源部下发的《养老服务设施用地指导意见》第九条再次明确："民间资本举办的非营利性养老机构与政府举办的养老机构可以依法使用农民集体所有的土地。"这些规定都为下一步集体建设用地流转指明了方向，但是，要想落到实处，还需要集体建设用地流转的具体政策出台才行，这样才能做到"依法"使用农民集体所有的土地。

综上，依照目前的法律法规，李某如果想使用集体建设用地，只能与农村集体经济组织联合为本集体经济组织内部成员兴建非营利性养老服务设施。

（尚晓萍）

四、土地登记

问题38
进城打工落户城镇的农民原在农村取得的宅基地能否登记发证

【问题】

张三是某村村民，1998年经申请取得一块宅基地并在上面建造了房屋，后来张三进城打工，在城里购买了商品房并将户口迁到城里，并将原来农村建造的房屋闲置至今。现在开展宅基地登记发证，请问能否给张三登记发证？

【解答】

笔者认为进城打工落户城镇的农民原在农村取得的宅基地应该登记发证。

宅基地使用权的主体具有特殊性，一般来说只有本集体经济组织的成员才能取得宅基地，因此也只能登记给本集体经济组织成员。但是当农村集体经济组织的成员取得宅基地之后，因为种种原因落户城镇，其原先取得的宅基地能否登记发证？在农民进城打工并落户城镇的现象越来越普遍的今天，这是地方在土地登记发证工作实践中经常遇到的问题，亟需明确。笔者之所以认为进城打工落户城镇的农民原在农村取得的宅基地应当登记发证，是基于以下理由：

一是户籍的改变不能改变财产权的归属。2008年10月12日《中共中央关于推进农村改革发展若干重大问题的决定》明确规定"依法保障农户宅基地用益物权"。只要是农民合法取得的宅基地，都应当予以保护。宅基地使用权是农民的财产权，其户籍改变了，不影响其已经取得的财产权的归属。

二是国务院办公厅的文件明确要求是否放弃宅基地应当尊重农民意愿。《国务院办公厅关于积极稳妥推进户籍管理制度改革的通知》（国办发〔2011〕9号）规定："（六）农民的宅基地使用权和土地承包经营权受法律保护。现阶段，农民工落户城镇，是否放弃宅基地和承包的耕地、林地、草地，必须完全尊重农民本人的意愿，不得强制或变相强制收回。引导农民进城落户要遵守法律法规和国家政策，充分考虑农民的当前利益和长远生计，不能脱离实际，更不能搞强迫命令。"根据此通知的精神，农民工落户城镇仍然可以拥有宅基地，仍然对承包的耕地、林地、草地享有承包经营权。因此可以对其宅基地进行登记发证。

三是《国土资源部、中央农村工作领导小组办公室、财政部、农业部关于农村集体土地确权登记发证的若干意见》（国土资发〔2011〕178 号）规定非农业户口居民原在农村合法取得的宅基地可以登记发证。根据该文件的规定，"非农业户口居民（含华侨）原在农村合法取得的宅基地及房屋，房屋产权没有变化的，经该农民集体出具证明并公告无异议的，可依法办理土地登记，在《集体土地使用证》记事栏应注记'该权利人为非本农民集体成员'"。因此进城打工落户城镇的农民原在农村取得的宅基地可以登记发证。

四是不少地方出台了类似的规定，实践中已经给对落户城镇的农民原在农村取得的宅基地进行了登记发证。如《杭州市人民政府办公厅关于加快推进宅基地使用权登记发证工作的通知》（杭政办函〔2009〕173 号）规定："原集体经济组织成员经审批取得宅基地，后因集体经济组织机构调整而转到其他集体经济组织，或因工作、学习等原因离开本集体经济组织或转为城镇户口，其宅基地仍在继续使用并符合相关规定的，可确定宅基地使用权。宅基地面积超出相关规定的，对超出部分不予登记"；《重庆市国土房管局关于解决新一轮农村土地房屋登记发证工作若干问题的指导意见（试行）》（渝国土房管发〔2010〕86 号）："城镇居民原在农村合法取得的宅基地及房屋，其房屋产权没有变化的，可依法确定其宅基地使用权和房屋所有权，其《房地产权证》记事栏应注记'该权利人为非农业户口居民'"。

（李志华）

| 问题 39
仅受让方一方申请土地转让登记的，如何办理

【问题】

国有建设用地使用权转让变更登记时，应由转让方和受让方共同申请，如果转让方因种种原因不愿配合受让方申请登记发证，在只有受让方一方申请登记发证的情况下，如何进行变更登记？

【解答】

该问题实质上涉及登记请求权的问题，我国法律对此尚无明文规定。实践中，建议登记机关告知当事人去法院提起诉讼，请求判令对方协助到登记机关办理登记。法院裁决生效后如对方仍然不配合办理登记，登记机关可根据法院生效裁决与协助执行通知或者当事人单方申请及法院生效裁决直接办理变更登记。

一、不动产登记申请以共同申请为原则，以单方申请为例外

为了查清登记事实，减少登记错误，提高登记结果的准确性和权威性，降低因登记错误而产生的赔偿风险，土地登记应该由登记权利人和登记义务人共同向登记机关申请登记。这是不动产登记申请的一般方式，也是我国登记实务所采用的通常做法。特别是适用于因法律行为产生的土地权利的变动情况，如因土地权利的转让、交换、赠与、抵押等，应该由当事人双方共同申请，单方申请只是例外。

根据我国《房屋登记办法》第十二条的规定，房屋登记除了因合法建造房屋、继承、受遗赠等取得房屋权利、房屋灭失、权利人放弃房屋权利等七种情形可以单方申请外，其他的都应该双方申请。根据《土地登记办法》第八条的规定，除了土地总登记、初始登记、更正登记或者异议登记、名称、地址或者用途变更登记等九种情形可以单方申请外，都应该由当事人双方共同申请。不动产登记一般须双方共同申请并不意味着当事人双方应该亲自到登记机关申请登记。根据我国的法律规

定，当事人可以委托他人代为办理登记。

二、建议即将出台的《不动产登记条例》明确规定登记请求权

由于不动产登记一般需要双方申请登记，因此实践中经常出现一方当事人拒绝配合申请登记的情形，典型的如转让不动产登记时卖方的不配合，设定抵押权登记时抵押人的不配合，债务清偿之后注销抵押权登记时抵押权人的不配合等等。由于在上述情形下，需要双方申请登记，一方不配合，登记就不能进行，物权也不会发生变动或者设立，此时权利方应如何维护自己的权益？我国法律对此尚无明文规定。目前仅有最高人民法院1995年12月27日印发《关于审理房地产管理法施行前房地产开发经营案件若干问题的解答》的通知涉及此问题。该通知中的"三、关于国有土地使用权的转让问题"部分规定："12. 转让合同签订后，双方当事人应按合同约定和法律规定，到有关主管部门办理土地使用权变更登记手续，一方拖延不办，并以未办理土地使用权变更登记手续为由主张合同无效的，人民法院不予支持，应责令当事人依法办理土地使用权变更登记手续。"

在其他国家或者地区，一般是通过立法或司法实务赋予权利方登记请求权的方式以维护其权益的。如瑞士民法第665条和德国民法第894条对登记请求权进行了规定，我国台湾和日本通过司法判例广泛地确认了登记请求权。目前我国正在起草不动产登记条例，建议在不动产登记条例中对登记请求权制度加以明确规定，以解决实践中的难题。

（李志华）

问题40
保险公司的资金投资抵押合同应否予以登记

【问题】

A公司为一家保险公司，计划以一笔保险资金投资B企业并收取固定投资收

益。经协商，B 企业欲以其一宗土地为抵押获取这笔投资资金。双方拟定资金投资合同和抵押合同后，到当地国土资源管理部门申请土地抵押登记，但国土部门以保险公司不是经中国银行监督管理委员会批准取得《金融许可证》的金融机构为由不予登记。A 公司则认为其有合法的保险经营许可证以及正式的投资和抵押合同，并且业务模式与银行贷款模式相似，国土资源管理部门应该给予登记，并欲与 B 企业一起向法院提起行政诉讼。

【解答】

本案主要涉及土地抵押登记申请主体资格的问题。

关于土地抵押登记申请主体资格的问题，是土地登记实践中操作比较复杂的问题。根据《贷款通则》第六十一条的规定，各级行政部门和企事业单位、供销合作社等合作经济组织、农村合作基金会和其他基金会，不得经营存贷款等金融业务。企业之间不得违反国家规定办理借贷或者变相借贷融资业务。这就明确禁止了企业之间的资金拆借行为，企业之间的资金借贷合同因为其内容违法而无效。主债权债务合同无效，作为其从合同的抵押合同自然也无效，国土资源管理部门应该不予登记。一般情况下，直接涉及资金主合同的土地抵押，除银行等金融机构与土地使用权人之间的抵押合同可以登记外，地方国土资源管理部门对其他申请主体一般不予登记。

2012 年，国土资源部下发《关于规范土地登记的意见》（国土资发〔2012〕134 号，以下简称《意见》），意见系统提出了加强土地登记规范化建设的要求，其中"五、规范土地抵押登记"部分规定"依据相关法律、法规规定，经中国银行业监督管理委员会批准取得《金融许可证》的金融机构、经省级人民政府主管部门批准设立的小额贷款公司等可以作为放贷人申请土地抵押登记"。这条规定的出台背景与金融领域的改革和发展息息相关，随着金融创新的发展，金融领域出现了取得《金融许可证》的非银行类金融机构以及经批准设立的小额贷款公司，这类公司或机构经批准可以经营人民币贷款业务，而这类公司或机构在贷款时一般均会选择土地、房屋等价值稳定的不动产作为抵押物，由于这类人民币贷款业务已经获得法律认可，主合同合法，那么对这类抵押贷款的抵押合同自然也应该给予登记。《意见》中的规定，突破了此前仅为银行为债权人的抵押办理登记的局限，将抵押登记的申请人资格放宽到了取得《金融许可证》的金融机构以及经批准的小额贷款公司。

本案中 A 公司作为保险公司，明显不是《意见》中所提到的取得《金融许可证》的金融机构或者小额贷款公司，现阶段，其所经营的资金投资并收取固定收益的业务虽然已经获得法律认可，但不属于《意见》所放宽的可以办理土地抵押登记的范畴，国土资源管理部门不予登记是符合国土资源管理相关规定的。但实践中，我们也了解到有的城市对于这种保险资金投资并用不动产尤其是储备土地做抵押的情况再经过严格审查并符合相关抵押登记要求后给予了登记，而法院人员也认为法院认定合同无效应该以法律、行政法规效力性强制性规定为前提，《贷款通则》仅属于人民银行的部门规章，其有关规定不能构成合同无效的理由，也就是本案所提到的保险资金投资主合同是否有效的条件。如果主合同有效，登记机关很难对主合同有效的抵押合同不登记给予充分的理由。

可以说，无论是法院等司法部门，还是国土部门，均对这一问题有不同看法和要求。可以确定的是，下一步，随着金融创新发展以及人民币存贷款业务的逐步放开，抵押登记申请主体也会获得进一步放宽。

（胡卉明）

问题 41
为担保企业间借贷而形成的土地使用权抵押能否进行登记

【问题】

2000 年，A 公司因扩大产能需要，拟向 B 公司借款 1000 万元。双方就借款期限、归还方式、借款利息等达成合意，同时约定 A 公司用其以出让方式取得的一宗国有建设用地使用权进行抵押作为借款的担保，随后共同到国土资源主管部门申请办理土地使用权抵押登记。工作人员审查后认为二者的企业间借贷合同不受法律保护，拒绝为其办理国有建设用地使用权抵押登记。A、B 公司认为双方借贷关系属于民事法律关系，双方意思表示达成一致即可，不存在法律、行政法规禁止的情形，应当办理抵押登记，随即产生争议。

【解答】

本案主要涉及两个法律问题：一是企业间借贷的法律效力如何认定，二是国有建设用地使用权抵押合同的效力如何。二者为主从合同关系，前者涉及的借款合同为主合同，后者涉及的抵押合同是前者的从合同。根据《担保法》第五条第一款规定："担保合同是主合同的从合同，主合同无效、担保合同无效……"；第四十四条规定办理抵押物登记，应当向登记部门提供主合同。所以，判断 A、B 公司企业间借贷合同的效力成为国土资源主管部门能否为其办理土地使用权抵押登记的前提条件。

一、司法实践中对企业间借贷法律效力的认定

最高人民法院《关于对企业借贷合同借款方逾期不归还借款的应如何处理问题的批复》（法复〔1996〕15 号）中规定："企业借贷合同违反有关金融法规，属无效合同。"其中的有关金融法规即是指中国人民银行 1996 年发布的《贷款通则》。司法实践中，法院依据《贷款通则》第六十一条规定，"各级行政部门和企事业单位、供销合作社等合作经济组织、农村合作基金会和其他基金会，不得经营存贷款等金融业务。企业之间不得违反国家规定，办理借贷或者变相借贷融资业务"，对企业间借贷合同的效力一般是持否定态度的。

二、对企业间借贷关系合法性的考究

虽然我国司法实践中不承认企业借贷的合法性，但在法律层面上并没有一概否认企业借贷合同的效力：

《贷款通则》不能作为判定合同效力的依据。最高人民法院《关于适用〈中华人民共和国合同法〉若干问题的解释（一）》（法释〔1999〕19 号）第四条规定："合同法实施以后，人民法院确认合同无效，应当以全国人大及其常委会制定的法律和国务院制定的行政法规为依据，不得以地方性法规、行政规章为依据。"根据该司法解释，《贷款通则》属于中国人民银行的部门规章，且 A、B 公司借贷发生的时间是 2000 年，合同法已经于 1999 年 10 月 1 日开始实施，所以《贷款通则》不能作为判定 A、B 公司企业间借贷合同效力的依据。

《公司法》并不禁止企业间的借贷。2005 年修订的《公司法》第一百四十九条第一款第三项规定，董事、高级管理人员不得违反公司章程的规定，未经股东会、股东大会或者董事会同意，将公司资金借贷给他人或者以公司财产为他人提供担保。其中法律上的"人"包括自然人和法人，A 公司当然属于"他人"之列，所

以 B 公司如果是根据公司章程、并经相应程序（股东会、股东大会或董事会同意），借款给 A 公司，并不被法律禁止。

另外，尽管《中国人民银行现行有效的规章目录》（中国人民银行公告〔2011〕第 9 号）仍然将《贷款通则》（中国人民银行令〔1996〕第 2 号发布）列入继续有效的规章，但根据公开报道，央行曾对其进行了至少三次以上修改的尝试：2000 年第一次着手修改《贷款通则》，但因修改幅度过大而搁浅；2004 年央行、银监会曾联合公布了修订后的《贷款通则（征求意见稿）》，但此后便悄无声息；2008 年，央行、银监会向国务院建议废止《贷款通则》，最后也没有了下文。不难看出，《贷款通则》确实有与上位法和市场经济发展不相适应的地方。

三、国土资源主管部门的具体操作

由此可见，对企业间借贷主合同的效力认定，司法实践和立法之间存在着一定的冲突。但具体到本案，在土地使用权抵押登记实践中，国土资源主管部门应当充分尊重我国的司法实践，在相关规定未修订之前，可以根据国土资源部《关于企业间土地使用权抵押有关问题的复函》（国土资函〔2000〕582 号）规定："企业间以土地使用权进行抵押担保的前提是企业之间订立的债权债务主合同必须符合有关法律、法规的规定，涉及需要金融监管部门批准的，应首先办理批准手续。"要求申请人提供金融监管部门的批准手续，否则应当以无法证明 A、B 公司间借贷主合同有效为由，不予办理国有建设用地使用权抵押登记。同时国土资源主管部门可以建议其向法院提起认定借贷关系成立的确权之诉，待法院判决生效后，决定是否再次申请登记；或者由申请人针对不予登记的具体行政行为直接提起行政诉讼。

（秦险峰）

问题 42
典当土地能否办理抵押登记

【问题】

陈某有房屋一套，后因母亲生病急需用钱，将房屋和土地使用权典当以获得医疗费用。后母亲痊愈，但因费用巨大，一直未能偿还。后来弟弟结婚，弟弟提出将哥哥的房屋及土地使用权抵押帮助其买房付首付，但陈某不知自己典当土地能否办理抵押登记？

【解答】

根据 2005 年商务部、公安部颁布的《典当管理办法》第三条的规定，典当是指当户将其动产、财产权利作为当物质押或者将其房地产作为当物抵押给典当行，交付一定比例费用，取得当金，并在约定期限内支付当金利息、偿还当金、赎回当物的行为。与一般典当相比，土地典当有其独有的特点。一般来说，严格意义上的典当，其方式是质押贷款，而土地典当的方式属于抵押贷款的范畴。传统典当最核心的标志是典当标的的占有权转移，而土地典当并不转移典当标的的占有权，即出典人对作为债权担保的土地仍占有、使用和收益，只是在处分权上受到限制。

典当行业是我国特许经营的行业之一。作为非金融机构的典当行可以依法从事融资业务，其典当业务的法律性质几乎等同于商业银行的短期抵押贷款业务，而且与银行贷款相比，典当具有当物多样化、手续便捷、当金使用不受限制等优势，能够为中小企业和个人提供个性化、便捷的融资服务。典当对于完善和丰富我国金融制度具有重要意义，是我国金融体系的一种重要形式。

尽管土地典当与抵押有许多相似之处，但他们在经营主体、业务操作上存在差异，主要表现为：

两者的经营主体不同。《典当管理办法》第五条规定："其他任何经营性组织和机构的名称不得含有'典当'字样，不得经营或者变相经营典当业务。"可见土地典当的经营主体只能是典当行，而土地抵押的经营主体是各类银行。

土地典当中的出典人只能是借款人本人，借款人以外的第三人不能替借款人担保而成为出典人，而土地抵押的抵押人既可以是债务人本人，也可以是债务人以外的第三人。

土地典当不仅受土地本身价值影响，而且受典当行退出登录资金限制，而土地抵押主要受土地价值和银行风险控制影响。《典当管理办法》第四十四条第一款第五项规定，房地产抵押典当余额不得超过典当行的退出登录资本。退出登录资本不足 1000 万元的，房地产抵押典当单笔当金数额不得超过 100 万元。退出登录资本在 1000 万元以上的，房地产抵押典当单笔当金数额不得超过退出登录资本的 10%。因此，通过土地典当不可能获取大额度信贷资金。

典当土地可以依法办理土地抵押登记。而且，办理土地抵押登记是办理土地典当业务的前提条件。

《典当管理办法》第四十二条明确规定："典当行经营房地产抵押典当业务，应当和当户依法到有关部门先行办理抵押登记，再办理抵押典当手续。"

根据《典当管理办法》的有关规定，土地登记机构在办理因典当行为产生的土地抵押登记时，需要从五个方面引起注意：一是双方共同申请。申请人为典当行和当户。二是申请抵押登记的土地已经办理了土地使用权登记，取得土地使用权证书。三是对典当行主体资格审查。除一般法人主体资格审查外，必须严格审查是否取得商务部门颁发的《典当经营许可证》和公安部门颁发的《特种行业许可证》。四是抵押期限。抵押期限应当与典当期限保持一致，典当期限由双方约定，最长不得超过 6 个月。五是典当金额要符合《典当管理办法》的规定。

（姜武汉）

问题 43
经法院判决取得房屋所有权的能否办理土地证

【问题】

某开发公司和某橡塑公司联合开发吉鹏小区，1999 年 11 月，赵某从开发公司购买了一套房屋，开发公司在 2000 年 12 月前将房屋交付给赵某。此后，赵某将此房产转让给娄某，娄某持该房屋钥匙，但至今未办理房产证。

2002 年 8 月，因橡塑公司破产还债，法院依法查封该小区 2 号楼 22 套房屋（其中包括上述房屋），2002 年 10 月法院将 2 号楼 22 套房屋拍卖给承担建设的某建筑公司。之后，宋某向该建筑公司购买上述同一套房屋，并签订商品房买卖协议，于签订协议当日交付使用。

2006 年 2 月，娄某与宋某为争夺房屋发生争吵，娄某入住该房屋。经宋某起诉，法院将房屋判给宋某。2012 年宋某申请办理了房产证，但目前此房屋一直由娄某使用并出租。请问，在此情况下，现在宋某申请办理土地证，是否可以办理？

【解答】

本案中宋某已合法取得该处房屋的所有权，根据我国"房地一体"的原则，应当为其办理土地证。

一、宋某已合法取得该处房产的房屋所有权

根据《物权法》第九条规定："不动产物权的设立、变更、转让和消灭，经依法登记，发生效力；未经登记，不发生效力，但法律另有规定的除外。"本案中，开发公司将房屋卖给赵某，赵某将房屋转让给娄某，虽都已交付，但均未进行房地产过户登记，并未发生物权转让的效力，开发公司和橡塑公司仍为该房屋法律上的所有权人。这也是在橡塑公司破产还债时，法院将吉鹏小区纳入破产财产进行拍卖的原因。拍卖之后，房屋的所有权归建筑公司所有，之后宋某与建筑公司签订商品房买卖协议，并于签订协议当日交付使用，但由于未进行所有权变更登记，所以宋某此时并非所有权人。宋某通过起诉获得法院判决，并于 2012 年申请办理了房产证，此时，宋某完成了房地产转让的登记手续，成为了该房屋的真正所有权人。而娄某一直使用、出租房屋的行为并不影响宋某的所有权人地位，这是对他人所有财产的非法占用，宋某有权行使所有权返还请求权，要求娄某交出房屋。

二、根据我国"房地一体"的原则，应当为其办理土地证

《物权法》第一百四十七条规定："建筑物、构筑物及其附属设施转让、互换、出资或者赠与的，该建筑物、构筑物及其附属设施占用范围内的建设用地使用权一并处分。"《城市房地产管理法》第三十二条规定："房地产转让、抵押时，房屋的所有权和该房屋占用范围内的土地使用权同时转让、抵押。"第六十一条第三款规定："房地产转让或者变更时，应当向县级以上地方人民政府房产管理部门申请房产变更登记，并凭变更后的房屋所有权证书向同级人民政府土地管理部门申请土地使用权变更登记，经同级人民政府土地管理部门核实，由同级人民政府更换或者更改土地使用权证书。"可见，我国贯彻"房地一体"的原则，城市房地产转让必然导致土地使用权转让。宋某申请办理土地证，实际上是进行土地使用权变更登记，以成为房屋所占土地的使用权人。其已取得了该处房产的房屋所有权，并办理了房产证，申请办理土地证于法有据。

综上，该房屋之前的转让未进行不动产转让登记手续，所有权一直未发生变动，直至房屋转让给宋某并办理过户登记，宋某成为了该房屋的所有权人。根据《物权法》和《城市房地产管理法》的规定，我国贯彻"房地一体"的原则，原土地登记机关应当为宋某依法进行土地使用权变更登记，办理土地使用权证书。

（朱进妹）

问题44
房地产转让登记申请能否由继承人撤回

【问题】

王某为感谢生意伙伴赵某对其公司长期提供的生意上的帮助，将其名下的一套房产以较低的价格转让给赵某，签订房屋转让合同后，赵某向王某支付了50%的房款，双方共同向登记部门申请办理转让登记，赵某向王某付清了全部房款。在转移登记办理完成前，王某和赵某产生生意纠纷，王某决定解除房产转让协议，经协商，赵某也表示同意。但在向登记机关正式申请撤回转让申请前，王某意外车祸身亡。王某子女能否以继承人的身份申请撤回转让登记申请？

【解答】

王某子女作为房屋转让人的继承人，因继承关系承担了被继承人生前签订的房屋转让合同的权利和义务，既然王某生前已经和受让人达成解除房屋转让合同的协议，王某子女可以申请撤回登记申请。但该撤回权是由其继承取得的合同权利义务所派生，并非因继承取得。

根据《房屋登记办法》规定，房屋登记机构将申请登记事项记载于房屋登记簿之前，申请人可以撤回登记申请。因此，撤回房屋登记申请是基于房屋登记申请权派生的权利，且属于申请人享有的权利。本案中，房屋转让登记的申请人是王某和赵某，撤回转让登记申请，关系到房屋所有权的归属，转让登记申请一旦被准许撤回，则已经启动的转让登记终止办理，房屋所有权不能登记到受让方名下而使其不能取得房屋的所有权。转让登记申请撤回权是与房屋所有权归属相关的权利。

判断登记申请撤回权能否由继承人行使，即登记申请撤回权可否继承问题，关键是看该权利是否属于遗产，即是否属于法定可继承的权利。根据《继承法》第三条规定，遗产是公民死亡时遗留的个人合法财产，包括：（一）公民的收入；

（二）公民的房屋、储蓄和生活用品；（三）公民的林木、牲畜和家禽；（四）公民的文物、图书资料；（五）法律允许公民所有的生产资料；（六）公民的著作权、专利权中的财产权利；（七）公民的其他合法财产。《最高人民法院关于贯彻执行〈中华人民共和国继承法〉若干问题的意见》第三条规定："公民可继承的其他合法财产包括有价证券和履行标的为财物的债权等。"据此可知，法律和司法解释对遗产作了概括性加具体列举相结合的规定，综合这些规定可知，遗产属于民事实体法上规定的财产性权利，主要包括物权、债权、知识产权等，不是民事实体法上规定的财产性权利，不属于遗产范围，也不可以被继承。

撤回登记申请权不应属于可被继承的财产性权利。根据《房屋登记办法》规定，申请是房屋登记一般程序的第一个环节，即申请人一旦行使登记申请权，就启动房屋登记程序，由于房屋登记属于行政行为，房屋登记程序启动后，申请人与登记机构因建立行政法律关系而成为行政相对人。登记申请权应属于行政程序上的行政相对人行使的权利，因登记申请权派生的登记申请撤回权也属于行政程序上的权利，行政程序上的权利不是民事实体法规定的财产性权利，故不可以被继承。

王某死亡后，尽管由该登记申请权派生的登记申请撤回权不能由继承人继承，但王某子女作为王某遗产的继承人，其继承取得了王某生前签订的房屋转让合同的有关权利和义务，既然王某生前和受让人赵某一致同意解除房屋转让合同，在转让登记记载在登记簿上之前，可以凭王某生前决定撤销房屋转让合同以及赵某也同意撤销的相关证据材料等向登记机构请求不予进行转让过户登记。

（翟国徽）

问题 45
父母处分未成年人名下房产如何办理登记

【问题】

王某父母去世前将本人名下一套房产赠与刚满十周岁的孙子所有，并办理了房屋产权登记，将该套房屋登记在孩子名下。现因小孩上小学离家太远，王某打算把孩子所有的该套房屋卖掉并在学校周边另购买一套房屋方便孩子上学，王某作为孩子的父亲，有权处分该套房屋吗？能否正常办理过户登记？

【解答】

父母作为未成年子女的监护人只有在"为了未成年人的利益"的条件下，才可以处分未成年人的房产，因处分未成年人房屋申请办理登记的，应提交有关为未成年人利益的书面保证，否则，登记机关应不予受理其登记申请。

根据我国有关法律规定，未成年人属于法律上规定的无民事行为能力或限制民事行为能力人，未成年人的大部分行为都需要由监护人来代理。根据法律规定，未成年人的法定监护人首先应当由其父母担任，父母有权利也有义务对未成年子女的人身、财产和其他合法权益承担监督和保护责任。根据《最高人民法院关于贯彻执行〈中华人民共和国民法通则〉若干问题的意见》规定，监护人的监护职责包括：保护被监护人的身体健康，照顾被监护人的生活，管理和保护被监护人的财产，代理被监护人进行民事活动等。

监护人处分未成年人财产有严格的法律限制。出于对未成年人利益的保护，我国《民法通则》第十八条规定，监护人应当履行监护职责，保护被监护人的人身、财产及其他合法权益，除为被监护人的利益外，不得处理被监护人的财产。监护人不履行监护职责或者侵害被监护人的合法权益的，应当承担责任；给被监护人造成财产损失的应当赔偿损失。根据以上规定，只有为了未成年人的利益，监护人才有权处理未成年人的财产，因此，父母作为未成年子女的监护人只有在满足一定的条件下，才可以处分未成年人的房产，即"为了未成年人的利益"。

对于"为被监护人的利益"的具体情形，我国法律还未作出相应的规定。根据司法实践中有关做法，笔者认为，生活中的以下情形可以视为符合"为被监护人的利益"的情形：

1. 作为监护人的父母为了未成年人的教育，比如支付学费等，需要处理未成年人房产的情形；2. 作为监护人的父母为了未成年人的健康，比如治病等，需要处理未成年人房产的情形；3. 根据我国《侵权责任法》第三十二条第二款规定的"有财产的无民事行为能力人、限制民事行为能力人造成他人损害的，从本人财产中支付赔偿费用"，未成年子女自身行为造成他人人身或财产损害的，作为监护人的父母为未成年人支付侵权赔偿款，需要处理未成年人房产的情形；4. 未成年人的房产遇合法拆迁，作为监护人的父母与拆迁部门签订房屋拆迁补偿协议，而处理未成年人房产的情形；5. 作为监护人的父母需要出售旧房来为未成年人购买新房改善居住条件时，且购买的新房价值等于或大于旧房的价值，而处理未成年人房产的情形。

为孩子上学方便变卖其房产并购置新房的，只要新购买房屋价值不明显低于原房屋价值，且给孩子上学提供明显便利的，应该属于"为被监护人的利益"的情形。

法律对于未成年人房屋过户登记也有特别规定。《房屋登记办法》第十四条规定，未成年人的房屋，应当由其监护人代为申请登记。监护人代为申请未成年人房屋登记的，应当提交证明监护人身份的材料；因处分未成年人房屋申请登记的，还应当提供为未成年人利益的书面保证。因此，因处分未成年人房屋申请办理登记的，应提交有关为未成年人利益的书面保证和证明，否则，登记机关将不予受理其登记申请。

（翟国徽）

公证机构因公证错误导致房屋错误登记如何担责

【问题】

刘某与张某共同出资购买了一套商业铺面，并决定商铺所有权由双方共有。刘某到国外洽谈业务期间，张某私自委托公证机构进行公证，公证机构在没有严格审查的情况下出具了房屋由张某独自出资购买的公证意见。张某由此到登记机构办理了房屋所有权登记，将房屋所有权登记在自己名下。此后不久，张某将该铺面进行出售，转让给不知情的李某，并最终办理了房屋转让登记。李某因善意取得拥有了该套铺面的所有权。刘某得知后认为，公证机构出具了错误的公证材料，导致房屋登记部门房屋登记错误，给其造成损害，公证机构应承担赔偿责任。现行有关法律法规对公证机构公证错误造成他人损害的，对公证机构责任承担有何具体规定？

【解答】

公证机构及其公证员因过错给当事人、公证事项的利害关系人造成损失的，应承担相应的赔偿责任，且公证赔偿责任主体以公证机构为主，公证员承担补充责任。

公证活动要遵循真实性、合法性的原则。如果当事人申请的法律行为、事实以及文书不符合真实性、合法性原则，但公证机构已对其进行公证，结果导致出现错误公证的，公证机构以及公证员应承担相应的民事赔偿责任。公证机构承担赔偿责任问题，可以从以下几方面把握：

首先，公证机构赔偿责任以公证机构及公证员有"过错"为前提。在过错责任原则制度下，要追究公证机构在不动产登记公证中的赔偿责任，应当符合四个条件：一是公证机构为当事人办理了不动产登记公证；二是公证机构接受委托办理不动产登记公证时存在过错；三是当事人的民事权益受到损害；四是公证机构的公证活动与当事人的损害之间存在因果关系。其中，如何理解与判断公证机构及公证员的"过错"是关键。

1. 法律对公证机构与公证员的主观过错标准有不同要求。我国《公证法》对于公证机构及公证员所承担的责任采取的是过错责任归责原则。不过，对于公证机构与公证员的主观过错标准要求不同。《公证法》第四十三条规定："公证机构及其公证员因过错给当事人、公证事项的利害关系人造成损失的，由公证机构承担相应的赔偿责任；公证机构赔偿后，可以向有故意或者重大过失的公证员追偿。"因此，公证机构只要有过错，无论是故意，还是过失，即有责任。而公证员只有在故意或重大过失的情况下，才有被追偿的法定责任。

2. 公证赔偿责任中的"过错"标准应不同于一般民事责任。在公证体制改革之后，公证机构变身为事业单位，公证机构这种性质的变化使公证赔偿由过去的国家赔偿性质转为民事赔偿性质。但公证行为毕竟与一般的民事法律行为不同，它虽然有民事行为的特性，但本质上仍是履行公共职务职权的行为，我们不能仅按照一般民事责任中认定"过错"的标准来认定公证赔偿的"过错"，而应当充分考虑公证行为本身的特殊性，只有这样才能准确地来确认公证机构和公证员的"过错"内涵。

由于《公证法》对公证赔偿责任规定比较笼统，公证赔偿责任中的"过错"究竟应该按照一般民事责任构成中主观要件中有关过错的内涵和标准来认定，还是应当按照特殊民事责任中过错的内涵和标准来认定，目前存在争议。我们认为，在公证赔偿责任中，过失的判断标准应当是公证执业准则，如果公证员在办证过程中严格遵循了执业准则的各项规定，即使给当事人及其他利害关系人造成损害，他也无过失。我国《公证法》第二十八、二十九条明确规定了公证机构的审查注意义务，司法部颁布的《公证程序规则》也规定了公证机构的审查义务，这是目前司法实务中判断公证人员是否尽到法定注意义务的主要依据。如上海市高级人民法院在 2006 年发布的《上海市高级人民法院〈关于涉及公证民事诉讼若干问题的解答〉》，该解答就过错的判断标准指出："认定公证机构是否存在过错应当综合判断公证人员是否已经尽到应尽的义务、出具公证书是否严格按照法律、法规及规章的规定。"该解答是根据公证机构和公证员在履行职务过程中是否违反法定义务来确定其过错的有无的。认定公证机构法定义务的法律依据是《公证法》及司法部制定的《公证程序规则》等部门规章。除了法律和规章规定的义务之外，违反了行业规则和惯例中的义务也可能构成过错。

其次，公证赔偿的范围以直接损失为主。在赔偿范围的界定上，对于当事人的经济损失，一般以公证员可以预见的直接经济损失为限。公证机构及公证员在办理公证事项中，站在中立的立场维护双方当事人的权利义务关系，公证行为并不直接导致损害的发生，在这种情况下，让公证机构承担间接损失的赔偿显失公平。公证服务的非营利性，其主要职能是对民事、经济活动进行法律监督，体现着一定社会公共利益的服务职能，其公证收费的标准是经过物价部门审核批准的，不得擅自提高协商收费标准，从这个意义上讲，要求公证机构承担所有的赔偿责任也是不合适的。

最后，公证赔偿责任主体以公证机构为主，公证员承担补充责任。《公证赔偿基金管理试行办法》明确规定，公证机构每年年初应当按上一自然年度公证业务收入总额的3%一次性提取公证赔偿基金。此外，中国公证员协会与中国人民保险公司还就公证保险正式签订了公证职业责任保险协议。现行《公证法》第四十三条也认为应当首先由公证机构承担赔偿责任。因此，公证员因错误公证或不当公证给当事人造成损失时，该公证员所在的公证机构为赔偿义务主体。公证机构在赔偿有关当事人的损失后，可以向有故意或重大过失的公证员追索全部或部分的赔偿金。当然，这种责任仅限于民事责任，对于需要追究刑事和行政责任的，则一般应当追究公证员的个人责任，公证处有错误的，则也应当承担相应的责任。

（翟国徽）

问题 47
对土地进行承包管护等行为能否作为确权登记的依据

【问题】

A村与B村相邻，在农村土地确权登记的过程中，两村对于面积为3000亩的一块土地的权属产生争议。经查，1992年第一次土地详查时，两村曾签订有《土地权属界限协议书》明确该宗土地归A村所有。虽然B村对该协议的真实性表示认可，但是，自2005年以来，园林绿化部门开始对该块山地林地给予经济补贴，B

村实际对该地块进行管护，并实际接收林业补贴。B 村提供了承包荒山协议书、生态林补偿机制责任书等资料。因此，双方均认为该处土地应当归其所有。

【解答】

本案的焦点在于如何界定双方对于该宗土地所享有的权利，如何更好地协调好双方的利益。

一是双方当事人之间达成的协议，可以作为集体土地确权的依据。

根据《国土资源部、中央农村工作领导小组办公室、财政部、农业部关于农村集体土地确权登记发证的若干意见》（国土资发〔2011〕178 号）文件中明确规定："农村集体土地确权登记依据的文件资料包括：人民政府或者有关行政主管部门的批准文件、处理决定；县级以上人民政府国土资源行政主管部门的调解书；人民法院生效的判决、裁定或者调解书；当事人之间依法达成的协议；履行指界程序形成的地籍调查表、土地权属界线协议书等地籍调查成果；法律、法规等规定的其他文件等。"本案中，双方在 1992 年达成的权属界线协议书即属于当事人之间依法达成的协议，并且双方对协议书的真实性均表示认同，在无其他合法证明文件的前提下，可以将其作为确权登记的依据。

二是 B 村长期管护的行为不影响土地权属的界定。

森林管护主要是指，政府给予当地群众一定补助，由当地群众配合林业管理部门对森林资源开展管理和维护等工作，例如协助进行防火、防止乱砍滥伐、保护野生动物、开展病虫害防治等工作，其针对的主要是地上附着物的管理。依照《天然林资源保护工程森林管护管理办法》中的规定：集体和个人所有的公益林由林权所有者或者经营者负责管护，经林权所有者同意可以委托其他组织和个人管护。就是说可以结合当地的实际情况，选择适当的群体委托协助其开展管护工作。因此，其并不是判断土地归属的依据。

本案中，考虑到双方分歧较大，由政府直接裁定可能会有不利于社会稳定的因素，本着尊重历史、注重现实、有利生产生活、促进社会和谐稳定的原则，由双方进行协调，由 A 村享有争议地块的所有权，同时继续由 B 村在一定期限内继续履行管护义务，并领取相关补助。

（周嘉诺　刘志强）

问题 48
宅基地上房屋抵债能否办理变更登记

【问题】

A 村甲欠 B 村乙人民币 5 万元，甲无力偿还，当时也未提供担保。乙向人民法院提起诉讼，人民法院对甲的房屋以底价 5 万元对外进行拍卖。但因甲建的房屋在农村，位置偏僻，没人愿意购买，法院就将房屋判决给乙用作抵偿欠款。

乙持民事判决书到国土部门办理土地变更登记手续，请问国土部门能否为其办理？

【解答】

本案涉及行政权与司法权冲突时的法律适用问题。

首先，关于法院生效判决的执行力问题。《最高人民法院、国土资源部、建设部关于依法规范人民法院执行和国土资源房地产管理部门协助执行若干问题的通知》（法发〔2004〕5 号）规定，人民法院办理案件时，需要国土资源、房地产管理部门协助执行的，国土资源、房地产管理部门应当按照人民法院的生效法律文书和协助执行通知书办理协助执行事项，不对生效法律文书和协助执行通知书进行实体审查。也就是说，国土资源管理部门对人民法院的生效法律文书是必须执行的。但是，也有除外条款，即"对处理农村房屋涉及集体土地的，人民法院应当与国土资源管理部门协商一致后再行处理"。因此，本案中，该法院未与当地国土资源管理部门协商达成一致意见，就做出民事判决，对房屋进行抵债处理的做法，明显不妥。

其次，关于宅基地的法律问题。宅基地使用权是农村村民基于其农村集体经济组织成员的身份而享有的一种专属权利，现行法律对宅基地的使用、转让等做出了严格的限制性规定。《土地管理法》第六十二条规定："农村村民出卖、出租住房后，再申请宅基地的，不予批准。"《国务院办公厅关于严格执行有关农村集体建设用地法律和政策的通知》（国办发〔2007〕71 号）明确规定："农村住宅用地只能分配给本村村民，城镇居民不得到农村购买宅基地、农民住宅或'小产权房'。"可见，无论是城镇居民还是外村村民，都无权取得本村宅基地的使用权。

第三，关于宅基地上房屋的归属问题。宅基地的所有权是属于集体经济组织的，集体经济组织成员仅享有宅基地的使用权。但是，对于宅基地上建造的房屋，其所有权是属于村民的。因此，虽然宅基地不能分配给城镇居民或者外村村民，但是对于建造于其上的房屋，则经常由于继承、赠与等原因转入城镇居民或者外村村民的手中，为此，国土资源管理部门只能通过一种特殊的管理来对待这部分宅基地，即，合法取得宅基地上房屋的同时取得了宅基地的使用权，但这种权利是受限的，仅在房屋不改建不扩建不翻建保持原状时拥有，一旦房屋改扩建或翻建，则当地国土资源管理部门应当收回该宅基地。

综上，本案中乙的债权是合法有效受到法律保护的，为保护乙的合法权益，同时维护国土资源管理法律法规的权威，对本案中的宅基地不宜办理变更登记手续，但在房屋不改建不扩建不翻建保持原状时，乙拥有宅基地上房屋所有权的同时拥有该宅基地的使用权；如果为明确权利关系一定要办理变更登记，也应当在登记簿上加备注，注明这种宅基地使用权是受限的。

（尚晓萍）

问题49
一人有限责任公司申请将其名下的土地变更到股东名下，如何办理登记

【问题】

李某设立了一个有限责任公司，股东只有自己一人，该公司2年前取得一块建设用地的使用权，现在李某看中了土地使用权的价值，觉得它在公司名下放置作用不大，想要将其转到自己名下另行投资，应当如何办理登记？

【解答】

本案涉及变更登记如何办理的问题。一人公司申请将其土地使用权变更到股东个人名下实质是土地权利人的主体发生了变更，而不是名称的变更。

首先要明确一人有限责任公司的概念和特征。2005 年修订的《公司法》第五十八条规定，一人有限责任公司是指只有一个自然人股东或者一个法人股东的有限责任公司。一人有限责任公司简称一人公司或独资公司或独股公司，是指由一名股东（自然人或法人）持有公司的全部出资的有限责任公司。需要注意的是，我国《公司法》上的国有独资公司，其性质也是一人有限责任公司，但由于其特殊性，即设立人既非自然人，亦非法人，而是由国家单独出资、由国务院或者地方人民政府委托本级人民政府国有资产监督管理机构履行出资人职责的有限责任公司，所以将其单独作为一种特殊类型的有限责任公司。

根据《公司法》，一人公司有如下基本特征：

1. 股东为一人。一人公司的出资人即股东只有一人。股东可以是自然人，也可以是法人。这是一人公司与一般情形下的有限责任公司的不同之处，通常情形下有限责任公司的股东是两人或两人以上。一人有限责任公司的此特征也体现其与个人独资企业的区别，后者的投资人只能是自然人，而不包括法人。

2. 股东对公司债务承担有限责任。一人公司的本质特征同于有限责任公司，即股东仅以其出资额为限对公司债务承担责任，公司以其全部财产独立承担责任，当公司财产不足以清偿其债务时，股东不承担连带责任。此系一人有限责任公司与个人独资企业的本质区别。

3. 组织机构的简化。一人公司由于只有一个出资人，所以不设股东会，《公司法》关于由股东会行使的职权在一人有限责任公司系由股东独自一人行使。至于其是否设立董事会、监事会，则由公司章程规定，可以设立，也可以不设立，法律未规定其必须设立。

在实际生活中，一人公司里通常是一人股东自任董事、经理并实际控制公司，缺乏股东之间的相互制衡及公司组织机构之间的相互制衡，因此很容易混淆公司财产和股东个人财产的关系。公众也会错误地认为一人公司的财产与股东个人财产可以产生混同，股东可以将公司财产挪作私用，或给自己支付巨额报酬，或同公司进行自我交易，或以公司名义为自己担保或借贷等。但根据《公司法》，有限责任公司的股东一旦完成向公司的出资，该出资就成为公司的法人财产，不再是股东个人的财产，具体到一人有限责任公司这种组织形式时，股东的个人财产与公司的财产分属于不同的权利主体，相互独立。因此，一人公司申请将其土地使用权变更到股东个人名下是土地权利人的主体发生了变更，而不是名称的变更，根据《土地登记办法》第三十八条、第三十九条、第四十条、第四十一条以及《城市房地产管理法》第三十九条的有关规定，登记机构应按照土地权利人改变，土地使用权转移为其办理变更登记。

实际办理登记时的注意事项：

1. 如果该一人公司名下土地原为划拨土地的，应到有批准权的人民政府先办理转让批准手续，准予转让的，应当由受让方办理土地使用权出让手续并缴纳土地出让金然后再办理变更登记；如果使用的土地为出让土地，则应在交纳相关税费后按权利人改变进行变更登记。

2. 如因被吊销营业执照公司申请变更土地使用权的，在该公司没有进行清算并在工商部门办理注销登记之前土地登记机构不宜办理土地使用权的变更登记。因为根据我国《公司法》的规定，公司因营业执照被吊销解散，并不意味着公司的消灭或终止。公司营业执照被吊销而解散的，应当在被吊销之日起十五日内成立清算组，开始清算。清算组就公司的债权债务等的事项形成清算报告，报股东会或者人民法院确认，报送公司登记机关申请注销公司登记，并进行公告后，公司才终止。公司经过清算，并按照合法程序终止之后，才能办理土地使用权的转移变更登记。之所以这样，主要是为了避免公司存在没有依法处理的事项（债务等）而产生纠纷。因此在办理这类登记时，可以根据实际情况要求当事人提供清算报告、工商登记部门的注销登记证明，以及经过公告的证明材料，重点审查其对外的债务是否得到有效的处理后，才能作出是否进行变更登记的决定。

3. 2008 年财政部、国家税务总局《关于企业改制重组若干契税政策的通知》（财税〔2008〕175 号）规定："企业改制重组过程中，同一投资主体内部所属企业之间土地、房屋权属的无偿划转，包括母公司与其全资子公司之间，同一公司所属全资子公司之间，同一自然人与其设立的个人独资企业、一人有限公司之间土地、房屋权属的无偿划转，不征收契税。"当一人公司的股东为自然人时，公司与自然人股东之间土地权属的转移，不征收契税。

（周玥）

问题 50
未办理土地使用证是否影响房屋所有权

【问题】

2014 年年初，郑州杨先生通过法院拍卖，竞拍到了某县三处总计三千多平方米的房产，然而，在查询之后却发现，自己拍下的房产，土地证竟是伪造。更为蹊跷的是，这个伪造的土地证竟然办出了货真价实的房产证。

不仅如此，杨先生竞拍的房产的原主人赵某，凭着这张由假土地证办出的真房产证，成功向银行申请到了 500 多万元的贷款，最终因为无力偿还，被银行告上了法庭。人民法院审理之后，对抵押的房产进行了拍卖。

请问：依据伪造的土地证办理的房产证是否合法有效？通过法院拍卖竞买到该房产的买受人，能否取得该房产的所有权？能否取得建设用地使用权？

【解答】

本案主要涉及办理房屋所有权证和办理土地使用证之间的关系，未办理土地使用证是否影响房屋所有权，未办理土地使用证是否会受到处罚等问题。

一、办理房屋所有权证之后，尚需办理建设用地使用权变更登记

《土地登记办法》第四十条规定："因依法买卖、交换、赠与地上建筑物、构筑物及其附属设施涉及建设用地使用权转移的，当事人应当持原土地权利证书、变更后的房屋所有权证书及土地使用权发生转移的相关证明材料，申请建设用地使用权变更登记。涉及划拨土地使用权转移的，当事人还应当提供有批准权人民政府的批准文件。"在买了二手房或新房，办理房屋所有权证之后，尚需持相关证明材料，申请建设用地使用权变更登记。

二、未办理土地使用证，不影响对房屋享有所有权

《物权法》第十七条规定："不动产权属证书是权利人享有该不动产物权的证

明。"《房屋登记办法》第二十五条第二款规定："房屋权属证书是权利人享有房屋权利的证明,包括《房屋所有权证》、《房屋他项权证》等。"这就意味着,拥有房屋所有权证,即证明对房屋享有所有权。因而,若房产的原主人赵某办理的房产证货真价实,确为房屋登记机构所颁发,则该房屋所有权证有效,能证明其对房屋享有所有权。至于用于办理房产证提交的材料,如土地证为伪造,亦不会影响房产证的效力,除非该房产证被撤销。

三、受让取得房屋所有权的,一并取得建设用地使用权

《物权法》第一百四十七条规定:"建筑物、构筑物及其附属设施转让、互换、出资或者赠与的,该建筑物、构筑物及其附属设施占用范围内的建设用地使用权一并处分。"《城镇国有土地使用权出让和转让暂行条例》第二十四条规定:"地上建筑物、其他附着物的所有人或者共有人,享有该建筑物、附着物使用范围内的土地使用权。土地使用者转让地上建筑物、其他附着物所有权时,其使用范围内的土地使用权随之转让,但地上建筑物、其他附着物作为动产转让的除外。"我国采取的是"房地一体主义",处分房屋所有权的,该房屋所在的土地上的建设用地使用权一并处分。杨先生通过法院拍卖受让取得该三处房产的所有权之后,同时取得房产所在土地的建设用地使用权。

四、伪造土地使用证的,须承担法律责任

《土地登记办法》第七十三条规定:"当事人伪造土地权利证书的,由县级以上人民政府国土资源行政主管部门依法没收伪造的土地权利证书;情节严重构成犯罪的,依法追究刑事责任。"房产的原主人赵某为了办理房屋所有权证,伪造了土地使用证,而伪造土地使用证是违法行为,国土资源行政主管部门应依法没收赵某伪造的土地使用证,情节严重的,还应追究赵某的刑事责任。

(李小兵)

问题 51
民事案件当事人能否查询对方当事人房屋登记信息

【问题】

张某借给李某人民币 100 万元，到期李某拒绝还款，张某遂向法院起诉并胜诉，但李某仍称无钱可还。张某只好申请法院强制执行，但法院要求张某提供李某可执行的财产线索。张某听说李某的名下有房，于是便到登记机构申请查询李某名下房屋信息。请问登记机构应否提供查询？

【解答】

张某查询李某的房屋，属于以人查房。能否以人查房，目前已成舆论热点。不少地方登记机构为了保障当事人的隐私，也为了防止不动产登记资料被不正当利用，规定不能以人查房。但是笔者认为，在此案中，张某作为利害关系人，可以要求查询李某的房屋登记信息。理由如下：

一是利害关系人可以查询复制不动产登记资料。《物权法》第十八条明确规定："权利人、利害关系人可以申请查询、复制登记资料，登记机构应当提供。"虽然《物权法》及相关的法律法规等都没有明确"利害关系人"的范围，但是在本案中，张某与李某有金钱债务关系，且张某胜诉并申请法院执行，张某对该房屋具有利益关系，属于对该房屋登记信息有利害关系的人，应当可以查询李某的房屋登记信息。

二是任何单位和个人都可以查询房屋权属登记机关对房屋权利的记载信息。按照《房屋权属登记信息查询暂行办法》第七条的规定："房屋权属登记机关对房屋权利的记载信息，单位和个人可以公开查询。"房屋权利的记载信息［包括房屋自然状况（坐落、面积、用途等），房屋权利状况（所有权情况、他项权利情况和房屋权利的其他限制等），以及登记机关记载的其他必要信息］的查询不应受到限制。受到限制的只是该《房屋权属登记信息查询暂行办法》所规定的原始登记凭证。

三是诉讼案件的当事人可以查询与仲裁事项、诉讼案件直接相关的原始登记凭证。按照《房屋权属登记信息查询暂行办法》第八条第（五）项的规定，"仲裁事项、诉讼案件的当事人可以查询与仲裁事项、诉讼案件直接相关的原始登记凭证"，可见，张某作为案件的当事人，不仅可以查询房屋权利的记载信息，而且可以查询有关原始登记凭证（包括房屋权利登记申请表，房屋权利设立、变更、转移、消灭或限制的具体依据，以及房屋权属登记申请人提交的其他资料）。

为发挥不动产权属登记的公示作用，保障不动产交易安全，维护不动产交易秩序，保护不动产权利人及相关当事人的合法权益，应当鼓励不动产登记资料的查询利用，不应以保护隐私之名限制不动产登记资料的查询。建议目前国家正在制定的《不动产登记条例》充分保障公民正当查询不动产登记资料的权利，充分发挥不动产登记资料的作用，促使不动产登记为经济社会发展作出更大贡献。

（张颖）

问题 52
未缴纳出让金的已登记国有土地能否办理变更登记

【问题】

甲公司在几年前取得了一块国有出让土地的使用权，但并未缴纳出让金，当时已登记发证。后甲公司将此土地使用权以市场价转让给了乙公司，一段时期内乙公司未办理土地登记，后来甲公司注销。现在乙公司要求变更土地登记，但该土地并未缴纳土地出让金，乙公司称此土地之前已经登记发证，自己在购买该土地使用权的价款中包含了出让金，不应重复缴纳。之前登记机关在未缴纳土地出让金的情况下办理登记是否存在过错？现在登记机关是否应当为乙公司办理该宗土地使用权的变更登记？

【解答】

一、出让土地使用权初始登记前应缴纳出让金，原登记机关存在过错

当事人未缴清出让金之前，登记机关不得登记发证，国家有一系列的规定。如《土地登记办法》第二十七条规定："依法以出让方式取得国有建设用地使用权的，当事人应当在付清全部国有土地出让价款后，持国有建设用地使用权出让合同和土地出让价款缴纳凭证等相关证明材料，申请出让国有建设用地使用权初始登记。"《城镇国有土地使用权出让和转让暂行条例》第十六条规定："土地使用者在支付全部土地使用权出让金后，应当依照规定办理登记，领取土地使用证，取得土地使用权。"《关于贯彻实施〈土地登记办法〉进一步加强土地登记工作的通知》（国土资发〔2008〕70号）明确规定了十二种不得登记发证的情形，其中就包括"未按合同约定付清全部土地价款的"。可见支付全部土地使用权出让金是办理登记并领取土地使用权证书的前提条件，登记机关如果想要为土地使用者办理土地使用权初始登记，必须确保土地使用者已经全部缴纳了土地使用权出让金。在本案中，原登记机关在未收缴土地使用权出让金的情况下办理了初始登记，显然违反了法律的规定，其行为存在过错。

二、如果乙公司基于对登记发证结果的相信购买土地，其善意应当受到保护，否则不应受到保护

按照《物权法》第十七条的规定，不动产权属证书是权利人享有该不动产物权的证明。《土地登记办法》第十六条第一款明确规定："土地权利证书是土地权利人享有土地权利的证明。"登记机关为甲公司登记发证，表明甲公司对土地享有土地权利证书所记载的土地权利。乙公司基于对登记机构所发放土地权利证书的信任而购买土地，其利益应当受到保护，特别是当土地权利证书上没有注明该宗地没有缴纳土地出让金的字样时，乙公司完全可以认为该土地出让金已经完全缴清，其购买行为受法律保护，登记机构不应当让其缴纳出让金，登记机构如要追缴出让金，也应当向甲公司追缴。如果土地权利证书上已经注明出让金没有缴纳（属于登记不规范），乙公司可以清晰知道土地权利存在瑕疵，其仍然购买，则也存在过错。登记机关可以要求其缴纳出让金之后，再为其办理过户登记。

三、是否为乙办理登记、如何承担未缴纳土地出让金的责任宜由司法途径解决

本案的这种情况，实际是过去实务操作不规范而产生的历史遗留问题，因为时间久远，而且甲公司也已经注销，现在的登记机关和登记人员难以了解当时的具体

情况。如果之前真的是登记机关的错误导致土地出让金未收缴，现在直接将土地使用权登记到乙的名下而忽略当时的错误，显然是不负责任的行为，国家将会因登记机关的错误而得不到土地出让金，蒙受巨额损失。如果登记机关根据法律将之前的出让土地使用权初始登记注销，这样虽然可以纠正错误，但是因为作为行政相对人的甲已经消亡，初始登记注销后乙的权利得不到保障，是对乙更为不利的，这与保护善意受让人乙的初衷是相违背的。笔者认为，在这种两难的境地之下，登记机关最好不要主动作出登记或注销的行政行为，而是可以建议乙公司就此向人民法院提起诉讼，由法院作出裁决，判定是否登记和登记错误的责任如何承担，此后，登记机关依据法院的裁决办理相关登记。

由上文所见，现在历史遗留问题基本都是以往登记机关操作不规范造成的。对于这些问题，一方面，登记机关不能将错就错，而应当在变更登记时予以梳理，必要时可以建议当事人通过司法程序将权利义务关系进行明确；另一方面，登记机关应当严格遵守法律的规定，在土地使用权登记前确保收缴了全部的土地使用权出让金，以免使程序存在瑕疵，给日后的工作造成麻烦。

（许雪霏）

问题53
办理土地登记是否必须提交建设用地规划许可证

【问题】

按照《城市国有土地使用权出让转让规划管理办法》（建设部〔1992〕22号）第九条的规定，"已取得土地出让合同的，受让方应当持出让合同依法向城市规划行政主管部门申请建设用地规划许可证。在取得建设用地规划许可证后，方可办理土地使用权属证明。"而且该办法第十三条第二款还规定，"凡未取得或擅自变更建设用地规划许可证而办理土地使用权属证明的，土地权属证明无效。"请问，办理土地登记是否需提交建设用地规划许可证呢？

【解答】

一、办理"土地权属证明"不同于土地登记，早已经被取消

按照《城市国有土地使用权出让转让规划管理办法》的规定，办理土地权属证明时，需要提交建设用地规划许可证，而不是土地登记时需要提交规划许可证。土地权属证明不是土地权属证书。现在不存在办理土地权属证明的情况，因为2003年《国土资源部关于进一步规范土地登记工作的通知》（国土资发〔2003〕383号）就明确取消了土地权属证明。根据该文件，国土资源主管部门在进行土地登记时，取消"土地权属证明"。土地证书是证明当事人享有土地权属有效的法律凭证。从该文件下发之日起，各类土地权属审核，必须以土地证书作为土地权利的唯一证明材料。取消以前在国企改革等工作中，以出具"土地权属证明"，代替土地证书进行权属审查的做法。今后，凡土地征收、土地开发整理项目立项和国企改革等涉及土地权属认定，必须以土地证书为依据，对以其他材料作为土地权属证明的，一律不予承认。

二、办理土地登记不需要提交建设用地规划许可证

对于申请土地登记时当事人应当提交的材料，《土地登记办法》（国土资源部令第40号）第九条第一款明确规定："申请人申请土地登记，应当根据不同的登记事项提交下列材料：（一）土地登记申请书；（二）申请人身份证明材料；（三）土地权属来源证明；（四）地籍调查表、宗地图及宗地界址坐标；（五）地上附着物权属证明；（六）法律法规规定的完税或者减免税凭证；（七）本办法规定的其他证明材料。"就出让的国有建设用地申请土地登记而言，按照《土地登记办法》第二十七条的规定，只需要当事人在付清全部国有土地出让价款后，持国有建设用地使用权出让合同和土地出让价款缴纳凭证等相关证明材料即可；就划拨的国有建设用地申请土地登记而言，按照《土地登记办法》第三十一条的规定，只需要当事人持原国有土地使用证、土地资产处置批准文件和其他相关证明材料即可，都不需要提交建设用地规划许可证。

三、《城乡规划法》只是将规划条件作为出让土地的前置条件，并没有要求土地登记需要提交建设用地规划许可证

根据《城乡规划法》（中华人民共和国主席令第七十四号）第三十八条第一款的规定："在城市、镇规划区内以出让方式提供国有土地使用权的，在国有土地使

用权出让前，城市、县人民政府城乡规划主管部门应当依据控制性详细规划，提出出让地块的位置、使用性质、开发强度等规划条件，作为国有土地使用权出让合同的组成部分。未确定规划条件的地块，不得出让国有土地使用权"，出让土地之前应当确定规划条件，否则不得出让。该法第三款还明确规定："城市、县人民政府城乡规划主管部门不得在建设用地规划许可证中，擅自改变作为国有土地使用权出让合同组成部分的规划条件。"由于规划条件已经在出让合同中明确约定。因此当事人办理土地登记时只需要提供出让合同即可，不需要提供"建设用地规划许可证"。

（刘让云）

五、矿产资源管理

问题 54
外商能否投资开采石灰岩矿

【问题】

S市一直是石灰岩矿富藏区，前不久，勘查人员刚刚探明一个石灰岩矿区，消息一出，许多矿山企业欲申请许可证开采此矿区，其中包括某外国公司。该外国公司向当地部门咨询其是否可以在中国投资开采此类资源？如果允许的话，应当由哪一级管理部门进行审批发证？

【解答】

随着我国对外开放程度的不断加深，外商投资矿产资源开发的项目也日渐普遍。为了更好地促进矿产资源有效开发，维护好我国资源主权，我国对外商投资矿产资源开发设定了准入制度。在实践中，主要有以下几点注意事项：

一、投资项目必须符合《外商投资产业指导目录》的规定

《外商投资产业指导目录》由国家发改委和商务部公布，并根据社会经济发展及时进行调整。其根据矿种的不同，将投资产业分为了鼓励类、限制类和禁止类三种类型，并具体规定了合资、合作、中方控股等具体合作开发的模式。对于油气资源由于技术要求较高，一般为鼓励类产业，对于放射性资源、稀土、钨、锑等战略资源和存量较大的优势矿种为禁止类产业。根据该目录规定，石灰岩矿并不属于禁止类投资产业，因此，该外国公司可以投资进行生产。

二、外商投资矿业权的发证审批权限与内资企业相同

1998年的《矿产资源开采登记管理办法》第三条第一款规定："开采下列矿产

资源，由国务院地质矿产主管部门审批登记，颁发采矿许可证：（一）国家规划矿区和对国民经济具有重要价值的矿区内的矿产资源；（二）领海及中国管辖的其他海域的矿产资源；（三）外商投资开采的矿产资源；（四）本办法附录所列的矿产资源。"根据该规定，外商投资开采的矿产资源和附录中规定的 34 种重要矿产资源等应当由国土资源部进行审批登记。但是，为便于外商投资企业及时办理采矿权审批手续，2005 年国土资源部颁布了《关于规范勘查许可证采矿许可证权限有关问题的通知》（国土资发〔2005〕200 号），其第十四条规定："外商投资开采矿产资源，应符合外商投资产业指导目录的有关规定，按照本通知对内资企业发证的权限颁发采矿许可证。"此后 2011 年国土资源部颁布的《国土资源部关于进一步完善采矿权登记管理有关问题的通知》（国土资发〔2011〕14 号）第三十三条也规定："外商投资开采矿产资源的，应符合外商投资产业指导目录的有关规定，依照对内资企业发证的权限颁发采矿许可证。"据此，外资企业在办理采矿权时，其审批机关与内资企业是相同的，不再一律由国土资源部进行发证。

三、石灰岩的采矿权由地方国土资源管理部门审批发证

《矿产资源开采登记管理办法》第三条第三款和第四款规定："开采下列矿产资源，由省、自治区、直辖市人民政府地质矿产主管部门审批登记，颁发采矿许可证：（一）本条第一款、第二款规定以外的矿产储量规模中型以上的矿产资源；（二）国务院地质矿产主管部门授权省、自治区、直辖市人民政府地质矿产主管部门审批登记的矿产资源。开采本条第一款、第二款、第三款规定以外的矿产资源，由县级以上地方人民政府负责地质矿产管理工作的部门，按照省、自治区、直辖市人民代表大会常务委员会制定的管理办法审批登记，颁发采矿许可证。"由于石灰岩矿不属于《矿产资源开采登记管理办法》中规定的 34 种重要矿种，因此开采石灰岩矿的，应该根据该矿的实际规模，以及省人大常委会制定的管理办法来确定具体的审批发证权限，由县级以上地方国土资源管理部门办理审批。例如，《内蒙古自治区矿产资源管理条例》第十八条规定："开采下列矿产资源，由自治区地质矿产行政主管部门审批登记，并颁发采矿许可证：（一）国务院《矿产资源开采登记管理办法》第三条第一款、第二款规定以外的可供开采的矿产储量规模为中型以上的矿产资源；（二）国务院地质矿产行政主管部门授权审批登记的矿产资源。开采前款以外的矿产储量规模为小型以下的矿产资源，由盟市地质矿产行政主管部门审批登记，并颁发采矿许可证。开采用作普遍建筑材料的砂、石、粘土矿产资源的，盟市地质矿产行政主管部门可以委托旗县地质矿产行政主管部门审批登记，并

颁发采矿许可证。矿区范围跨两个以上行政区域的，由所涉及行政区域的共同上一级地质矿产行政主管部门审批登记，颁发采矿许可证。"

四、公司注册资本应符合国家有关政策

依据《国土资源部关于进一步完善采矿权登记管理有关问题的通知》（国土资发〔2011〕14号），申请采矿权的主体应具有独立企业法人资格，企业注册资本应不少于经审定的矿产资源开发利用方案测算的矿山建设投资总额的百分之三十。因此，外商企业也应当具备企业法人资格。

五、石灰岩矿的矿业权采取不同的出让方式

根据《关于进一步规范矿业权出让管理的通知》（国土资源发〔2006〕12号）的规定，对于石灰岩的出让方式进行了区分，对于建筑石料用的石灰岩属于"可按招标拍卖挂牌方式出让采矿权类矿产"，直接出让采矿权；对于其他的石灰岩矿则属于"可按招标拍卖挂牌方式出让探矿权类矿产"，因此应当予以区分。

此外，由于矿业权管理各地一般均结合本地的实际情况，出台了相应的地方性规定，因此，具体的操作办法还应当注意结合地方有关规定。

（刘志强）

问题 55
矿业权抵押与建设用地使用权抵押有哪些不同

【问题】

近些年来，随着矿产品市场和矿业权市场的日益活跃，矿业权抵押融资现象也日渐增多，那么矿业权抵押应当到什么部门办理？与土地使用权的抵押相比，矿业权抵押有哪些不同的要求？

【解答】

目前，在《矿产资源法》、《矿产资源勘查区块登记管理办法》、《矿产资源开

采登记管理办法》等法律和行政法规中还没有对矿业权抵押作出相应规定，规范矿业权抵押的规定主要是《矿业权出让转让管理暂行规定》（国土资发〔2000〕309号）、《国土资源部关于进一步完善采矿权登记管理有关问题的通知》（国土资发〔2011〕14号）等国土资源部出台的规范性文件。同时，个别地方也出台了专门的规定，例如，甘肃省国土资源厅出台了《矿业权抵押备案管理暂行办法》等。根据上述文件，矿业权抵押与土地使用权抵押相比，主要存在以下不同：

一是矿业权的抵押需向矿业权的发证机关办理备案。《矿业权出让转让管理暂行规定》第五十七条规定："矿业权设定抵押时，矿业权人应持抵押合同和矿业权许可证到原发证机关办理备案手续。矿业权抵押解除后20日内，矿业权人应书面告知原发证机关。"可见，矿业权抵押办理的是备案，建设用地使用权抵押则是办理抵押登记；而且矿业权发证机关包含部、省、市、县四级，土地使用权的登记机关一般为县级国土资源管理部门。建设用地使用权抵押登记是抵押权设立的生效要件，而矿业权抵押备案是抵押的生效要件，还是仅仅是一种事后的告知，目前法律规定尚不明确。

二是矿业权抵押需要经过原发证机关的审批。《矿业权出让转让管理暂行规定》第三十六条规定："矿业权转让是指矿业权人将矿业权转移的行为，包括出售、作价出资、合作、重组改制等。矿业权的出租、抵押，按照矿业权转让的条件和程序进行管理，由原发证机关审查批准。"可见，这点与一般的建设用地使用权的抵押不同，土地使用权抵押一般不需要经过审批。

三是采矿权原则上不能重复抵押。《国土资源部关于进一步完善采矿权登记管理有关问题的通知》第二十九条规定了采矿权办理抵押备案的要求，其中第五项明确规定："采矿权未处于抵押备案状态或债权人间就受偿关系达成协议。"建设用地使用权抵押则不受标的物是否已经设定抵押的限制，可以多次抵押，按照《物权法》的规定，受偿时以抵押登记的顺序进行优先受偿。

四是矿业权抵押权实现时受让人有资质要求。《矿业权出让转让管理暂行规定》第五十八条第一款规定："债务人不履行债务时，债权人有权申请实现抵押权，并从处置的矿业权所得中依法受偿。新的矿业权申请人应符合国家规定的资质条件，当事人应依法办理矿业权转让、变更登记手续。"由于我国对矿业权人有主体资质要求，因此，矿业权转让或拍卖时，受让人必须符合矿业权申请人的资质要求。而建设用地使用权的主体相对要求较为宽松，如无特殊要求，即使自然人也可以成为使用权的主体，因此抵押权更加容易得到实现。

五是两者抵押后，对权利之上附属房屋等设施是否同时抵押的规定不同。对于矿业权抵押是否到时附属设施同时抵押，法律行政法规及国土资源部均没有具体规定，在地方性法规中，对此作出了规定，但是也不统一。例如《河南省实施〈矿产资源法〉办法》第三十九条规定："采矿权抵押时，其矿区范围内的采矿设施应当随之抵押。"根据《物权法》第一百八十二条的规定，我国实行房地一体抵押的原则，即：以建筑物抵押的，该建筑物占用范围内的建设用地使用权一并抵押。以建设用地使用权抵押的，该土地上的建筑物一并抵押。抵押人未依照前述规定一并抵押的，未抵押的财产视为一并抵押。

六是两者的抵押权人范围不同。根据《国土资源部关于进一步完善采矿权登记管理有关问题的通知》第二十八条的规定，采矿权人申请抵押采矿权的，应当提交"贷款合同"，因此，实践操作中采矿权抵押的抵押权人一般为银行和金融机构。而建设用地使用权的抵押权人则不限于此。

需要注意的是根据 2014 年新的规定矿业权人已经可以为自己和他人的债务提供抵押。《矿业权出让转让管理暂行规定》第五十五条规定："矿业权抵押是指矿业权人依照有关法律作为债务人以其拥有的矿业权在不转移占有的前提下，向债权人提供担保的行为。以矿业权作抵押的债务人为抵押人，债权人为抵押权人，提供担保的矿业权为抵押物。"可见，根据该规定，矿业权抵押关系中，矿业权人是债务人，而矿业权人不能为第三人提供抵押担保。2014 年，国土资源部关于停止执行《关于印发〈矿业权出让转让管理暂行规定〉的通知》第五十五条规定的通知（国土资发〔2014〕89 号），停止了该条的适用。因此，矿业权的财产权利的性质更加突出，抵押的范围也不再受限。根据《物权法》的规定，土地使用权则不仅可以为权利人的债务抵押，还可以为第三人的债务抵押，担保范围更为广泛。

关于如何具体办理采矿权抵押备案，《国土资源部关于进一步完善采矿权登记管理有关问题的通知》中已经作出了较为详细的规定，采矿权人应持抵押备案申请书、抵押合同、贷款合同、采矿权有偿取得（处置）凭证、采矿许可证（复印件）等相关要件，向登记机关办理备案手续。符合条件的，由登记机关出具抵押备案的通知。

（刘志强）

问题 56
矿业公司未经股东会决议而与第三人签订的保证合同是否必然无效

【问题】

近年来,矿业公司在融资过程中及与其他企业的正常经营过程中,经常应债权人的要求提供担保。担保的主要形式除了动产抵押、不动产抵押、采矿权抵押、股权出质之外,矿业公司还经常由于为自身或合作伙伴提供无限连带责任保证。从合法及合规性来看,公司提供对外担保需要符合公司法及公司章程的规定,但是,矿业公司未经股东会决议而与第三人签订的《保证合同》是否必然无效?

【解答】

《公司法》第十六条规定,公司向其他企业投资或者为他人提供担保,依照公司章程的规定,由董事会或者股东会、股东大会决议;公司章程对投资或者担保的总额及单项投资或者担保的数额有限额规定的,不得超过规定的限额。公司为公司股东或者实际控制人提供担保的,必须经股东会或者股东大会决议。前款规定的股东或者受前款规定的实际控制人支配的股东,不得参加前款规定事项的表决。该项表决由出席会议的其他股东所持表决权的过半数通过。

对于如何理解《公司法》第十六条,《最高人民法院公报》2011 年第 2 期的裁判摘要给出了精辟的解释,"第一,该条款并未明确规定公司违反上述规定对外提供担保导致担保合同无效;第二,公司内部决议程序,不得约束第三人;第三,该条款并非效力性强制性的规定;第四,依据该条款认定担保合同无效,不利于维护合同的稳定和交易的安全"。

根据最高人民法院《关于适用〈中华人民共和国合同法〉若干问题的解释(一)》第四条关于"合同法实施以后,人民法院确认合同无效,应当以全国人大及其常委会制定的法律和国务院制定的行政法规为依据，不得以地方性法规、行政规章为依据"以及最高人民法院《关于适用〈中华人民共和国合同法〉若干问题的解释（二）》第十四条关于"合同法第五十二条第（五）项规定的'强制性规定'，是指效力性强制性规定"的规定可知，《公司法》第十六条的规定并非效力性强制性的规定。

同时，有限责任公司的公司章程不具有对世效力，有限责任公司的公司章程作为公司内部决议的书面载体，它的公开行为不构成第三人应当知道的证据。强加给第三人对公司章程的审查义务不具有可操作性和合理性，第三人对公司章程不负有审查义务。第三人的善意是由法律所推定的，第三人无须举证自己善意；如果公司主张第三人恶意，应对此负举证责任。因此，不能仅凭公司章程的记载和备案就认定第三人应当知道公司的法定代表人超越权限，进而断定第三人恶意。

因此，公司单纯依据《公司法》第十六条，主张无限连带保证合同没有经过股东会决议的公司担保行为无效，将很难得到法院的支持。但是董事、监事、高级管理人员执行公司职务时违反法律、行政法规或者公司章程的规定，给公司造成损失的，应当承担赔偿责任。公司可以另行起诉。

（王振华　范小强）

问题 57
合作探矿、采矿协议是否因无相关资质而无效

【问题】

2006年2月19日，A矿业公司作为甲方，舒某作为乙方，就甲方在桐峪镇小口村的坑口合作探矿、采矿事项签订了一份协议书。协议约定：由甲方负责提供坑口开采的有关合法手续，并协调外部正常生产环境，费用由甲方承担，甲方负责提供现有坑口及坑口设备、设施供乙方无偿使用，并协助乙方调整坑口生产，确保乙方正常生产；乙方负责探矿工程的技术和设计，组织施工，并承担与此相关的费

用，施工队的选用及施工单价由乙方根据具体情况确定。合作期限为乙方认为资源枯竭为止。A 矿业公司具有相关探矿权、采矿权，A 矿业公司和舒某均不具有相关的探矿资质及采矿资质。该协议签订之后舒某投入资金并组织勘探及开采。之后，A 矿业公司诉请法院确认双方之间的合作探矿、采矿协议无效。

【解答】

本案诉讼的争点在于双方 2006 年 2 月 19 日签订的协议书是否有效，具体地说，该协议是否因双方无相关的探矿、采矿资质而无效。

一、违反法律、行政法规的强制性规定的合同并非一概无效

《合同法》第五十二条规定了合同无效的情形，其中第（五）项便是"违反法律、行政法规的强制性规定"。《最高人民法院关于适用〈中华人民共和国合同法〉若干问题的解释（二）》第十四条规定，合同法第五十二条第（五）项规定的"强制性规定"，是指效力性强制性规定。此即意味着，违反强制性规定的合同并非一概无效，只有违反了强制性规定中的效力性强制性规定才确然无效。

《最高人民法院副院长奚晓明在全国民商事审判工作会议上的讲话——充分发挥民商事审判职能作用为构建社会主义和谐社会提供司法保障》中指出，强制性规定包括管理性规范和效力性规范。管理性规范是指法律及行政法规未明确规定违反此类规范将导致合同无效的规范。此类规范旨在管理和处罚违反规定的行为，但并不否认该行为在民商法上的效力。效力性规定是指法律及行政法规明确规定违反该类规定将导致合同无效的规范，或者虽未明确规定违反之后将导致合同无效，但若使合同继续有效将损害国家利益和社会公共利益的规范。此类规范不仅旨在处罚违反之行为，而且意在否定其在民商法上的效力。

如果强制性规定规范的是当事人的"市场准入"资格而非某种类型的合同行为，或者规制的是某种合同的履行行为而非某类合同行为，则应属于强制性规定的管理性规范。

二、探矿、采矿资质要求为管理性规范，合作探矿、采矿协议并不因此而无效

《矿产资源法》第三条规定："从事矿产资源勘查和开采的，必须符合规定的资质条件。"这条并未明确规定违反此类规范将导致合同无效，该法"法律责任"部分亦未规定违反该第三条的法律责任，因而该条规范的应是市场准入资格问题，当属管理性规范，而非效力性规范。

本案中 A 矿业公司与舒某均无矿产资源地质勘查资质，双方在合作协议中理

应约定委托 A 矿业公司申请领取勘查许可证所备案的勘查单位进行勘查作业施工，双方约定"乙方负责探矿工程的技术和设计，组织施工及施工队的选用"，违反了《矿产资源法》第三条规定。但因该规定属强制性规定中的管理性规范，违反该规定当属国家行政主管部门进行规范并依法进行行政处罚范畴，与诉争双方协议效力无涉，不能因此否认协议在民商事合同上的效力。

综上，《矿产资源法》第三条规定的探矿、采矿资质要求为管理性强制性规定，合作探矿、采矿协议并不会仅仅因为双方均无相关资质条件而被认定为无效。

（李小兵）

问题 58
法院能否在判决中确定矿业权归属

【问题】

李某是某矿山企业负责人，为调整企业经营结构，加快经营转型，其欲将拥有的一宗采矿权转让给另一企业，并协商签订了《采矿权转让合同书》。将有关材料报请国土资源部门审批前，李某得知该企业因存在非法集资行为已被有关部门调查并冻结账户资金。为防止该企业无法支付合同价款，李某决定暂不向审批部门提出采矿权转让申请，对方以违反采矿权转让合同约定为由，向法院提起民事诉讼。法院审理后认为，双方签订的《采矿权转让合同书》合法有效，判定该采矿权转让给另一企业，归该企业所有。李某认为法院判决违法。法院能否在判决中直接对采矿权归属进行裁判？李某应如何维护自身合法权益？

【解答】

法院是否有权在判决中直接对矿业权归属进行裁判，并要求行政登记机关协助执行，本质上反映的是矿业权的法律属性问题以及司法权与行政权的关系问题。对这一问题的认识应注意把握以下几个方面：

第一，矿业权不同于一般财产权，是一项兼有财产属性和行政管理属性的特殊财产权。《物权法》第一百二十三条规定："依法取得的探矿权、采矿权、取水权和使用水域、滩涂从事养殖、捕捞的权利受法律保护"，同时，依据《矿产资源法》规定，勘查开采矿产资源必须具备一定资质资信条件，其主体变更必须依法行政审批，非经主管部门核准登记，探矿权采矿权的设立、变更、终止不发生法律效力。矿业权的这种特殊性决定了不能仅用调整一般财产权关系的民事法律规定去处理矿业权纠纷，法院可以对一般财产权归属进行判定，但对于矿业权这类具有行政管理属性的财产性权利不宜直接予以裁决，否则极易造成法律上的冲突和实践中的混乱。

第二，与一般财产权自由流转不同，矿业权流转具有一定的法律条件限制，并需经行政主管部门审批。根据《探矿权采矿权转让管理办法》、《矿产资源勘查区块登记管理办法》、《矿产资源开采登记管理办法》以及《矿业权出让转让管理暂行规定》等政策法律规定，转让探矿权、采矿权，涉及探矿权采矿权转让变更中的受让人的资质审查以及原矿业权人的法定义务履行、矿业权价款处置等诸多问题，矿业权转让合同须经行政机关批准才生效。因此，矿业权流转须由行政机关对是否符合法律条件进行审查后进行。

第三，司法权需在法定权限范围内依法行使，不得违反有关法律规定代行行政管理职能。我国行政权、司法权均来自于宪法和法律的规定，权力的行使均不得超出法律规定的范围。依据《矿产资源法》等法律规定，矿业权的取得、转让等审批权属于国土资源管理部门的行政权力范围，《矿产资源法》由全国人大制定通过，相较于司法权，矿业权流转审批权同样属于国家强制力保障的权力。依据1989年《行政诉讼法》第五十四条规定，人民法院经过审理，根据不同情况，分别作出维持具体行政行为的判决、撤销或部分撤销具体行政行为的判决、重新作出具体行政行为的判决。除对显失公正的行政处罚行为法院可进行直接变更外，我国宪法和法律从未授权人民法院可以代替行政机关作出具体行政行为，也未授权人民法院判决行政机关必须作出何种具体行政行为。

综上分析，李某签订《采矿权转让合同书》后，无合法理由决定暂不向审批部门提出采矿权转让申请，属于合同违约行为，法院审理后认为违约行为成立的，应判决双方签订的《采矿权转让合同书》合法有效，并判定李某继续履行合同或承担违约损害赔偿责任。

（韩菲）

问题 59
无证破坏性开采矿产资源如何定罪处罚

【问题】

公民齐某拥有一家小型爆破公司，当地拥有丰富的铜矿资源。随着有色金属矿产价格的不断上涨，齐某在未取得采矿许可证的情况下，采取私采滥挖、随意爆破等破坏性手段肆意开采矿产资源，造成资源严重破坏，经当地有关部门查处，其行为已构成犯罪，并被移送司法机关。但刑法中与此有关的罪名包括非法采矿罪和破坏性采矿罪，该情形下应如何对违法主体定罪处罚？

【解答】

《刑法》中有关矿产资源犯罪主要是非法采矿罪和破坏性采矿罪。《刑法》第三百四十三条第一款、第二款分别对非法采矿罪、破坏性采矿罪作出了规定：非法采矿罪是指"违反矿产资源法的规定，未取得采矿许可证擅自采矿的，擅自进入国家规划矿区、对国民经济具有重要价值的矿区和他人矿区范围采矿的，或者擅自开采国家规定实行保护性开采的特定矿种"的情形；破坏性采矿罪是指"违反矿产资源法的规定，采取破坏性的开采方法开采矿产资源，造成矿产资源严重破坏的"情形。以上规定侧重在违法行为特征上对两罪名进行描述，但仅此无法完全区分两罪名，比如，问题中提到的"未取得采矿许可证、破坏性开采矿产资源"的情形既符合非法采矿罪"未取得采矿许可证擅自采矿"的规定，也符合破坏性采矿罪"采取破坏性的开采方法开采矿产资源"的规定，实难区分，需要对法律规定作进一步的应用解释。

《最高人民法院关于审理非法采矿、破坏性采矿刑事案件具体应用法律若干问题的解释》（法释〔2003〕9号）对非法采矿罪和破坏性采矿罪具体应用法律作了进一步解释，其中该解释第四条规定："刑法第三百四十三条第二款规定的破坏性采矿罪中'采取破坏性的开采方法开采矿产资源',是指行为人违反地质矿产主管部门审查批准的矿产资源开发利用方案开采矿产资源,并造成矿产资源严重破坏的行为。"由此可见,破坏性采矿罪的"破坏性采矿"是指"违反地质矿产主管部门审查批准的矿产资源开发利用方案开采矿产资源"的行为,按照文义解释和体系解释方法可以得出,既然存在"审查批准的矿产资源开发利用方案",那么"破坏性采矿"的行为人应是取得采矿许可证的采矿权人,而非法采矿罪的行为人应是未取得采矿许可证擅自开采矿产资源的违法主体,如果不作此解释,刑法第三百四十三条第一款、第二款就会相互重合、吸收。

与此相印证的是,《矿产资源法》第四十四条规定,"违反本法规定,采取破坏性的开采方法开采矿产资源的,处以罚款,可以吊销采矿许可证……"既然处罚方式包括"吊销采矿许可证",可以得出"破坏性采矿"的行政法律规制对象是未按批准的矿产资源开发利用方案合理开采矿产资源的采矿权人。因此,非法采矿罪和破坏性采矿罪除犯罪行为特征不同外,犯罪主体身份的不同也是重要区分点。此外,《国土资源部办公厅关于认定破坏性采矿有关问题的复函》(国土资厅函〔2009〕580号)在对个案请示的答复中也对此问题予以明确,复函指出:"……无采矿许可证开采矿产资源的,经责令停止开采后拒不停止开采,造成矿产资源破坏的,依照刑法第三百四十三条第一款的规定,以非法采矿罪定罪处罚,不适用刑法第三百四十三条第二款关于采取破坏性的开采方法开采矿产资源的定罪处罚规定……"因此,问题中提到的未取得采矿许可证的违法主体,采取破坏性手段肆意开采矿产资源,造成资源严重破坏,宜以非法采矿罪定罪处罚。

(韩菲)

问题 60
增设条件的探矿权挂牌出让行为是否合法

【问题】

2012 年 5 月 28 日，A 省国土资源厅委托 A 省土地和矿业权交易中心发布挂牌出让公告，挂牌出让 5.63 平方公里的探矿权，但在挂牌公告中要求"探矿权竞买人必须是 A 省内具有固体矿产勘查甲级勘查资质的地质勘查单位"。6 月 13 日，H 公司提出异议，认为其已在 1998 年就对该勘查区块进行了勘查并经县矿管局盖章确认，其为实际探矿权人，并且其在该探矿权范围内已经取得 0.0321 平方公里的采矿权，即使出让也应当以协议方式出让给 H 公司。7 月 26 日，A 省土地和矿业权交易中心公示挂牌出让结果，明确 B 地质勘查总队为竞得人，探矿许可证有效期限为 2012 年 12 月 14 日至 2013 年 12 月 14 日。后 H 公司对探矿权挂牌出让行为不服，提出行政复议。

【解答】

本案的焦点应该从探矿权挂牌出让的整个过程来考虑，主要有三个焦点：

一、关于申请人是否已经实际取得该勘查区块的探矿权的问题

我国的勘查许可证颁发实行分级管理的制度。根据《矿产资源勘查区块登记管理办法》第四条"勘查下列矿产资源，由国务院地质矿产主管部门审批登记，颁发勘查许可证：（一）跨省、自治区、直辖市的矿产资源；（二）领海及中国管辖的其他海域的矿产资源；（三）外商投资勘查的矿产资源；（四）本办法附录所列的矿产资源。勘查石油、天然气矿产的，经国务院指定的机关审查同意后，由国务院地质矿产主管部门登记，颁发勘查许可证。勘查下列矿产资源，由省、自治区、直辖市人民政府地质矿产主管部门审批登记，颁发勘查许可证，并应当自发证之日起10 日内，向国务院地质矿产主管部门备案：（一）本条第一款、第二款规定以外的矿产资源；（二）国务院地质矿产主管部门授权省、自治区、直辖市人民政府地质矿产主管部门审批登记的矿产资源"的规定，颁发勘查许可证的部门只有国土资源部和省级国土资源主管部门，其他机关都无权力来颁发勘查许可证，因此本案中申请人所主张的其已进行勘查并经县矿管局盖章确认，实际取得探矿权的行为没有法律依据。申请人要取得探矿权必须向省级国土资源主管部门或者国土资源部提出。

二、关于申请人是否可以以协议方式取得探矿权的问题

根据国土资源部《关于进一步规范矿业权出让管理的通知》（国土资发〔2006〕12号）第一条第二款"属于下列情形的，以招标拍卖挂牌方式出让探矿权。1.《分类目录》规定的第二类矿产；2.《分类目录》规定的第一类矿产，已进行过矿产勘查工作并获可供进一步勘查的矿产地或以往采矿活动显示存在可供进一步勘查的矿产地"的规定，由于本案涉及的石灰岩（其他）属于第二类矿产，因此应当以招拍挂方式出让探矿权。

同时根据国土资源部《关于严格控制和规范矿业权协议出让管理有关问题的通知》（国土资发〔2012〕80号）"（一）勘查、开采项目出资人已经确定，并经矿业权协议出让审批机关集体会审、属于下列五种情形之一的，准许以协议方式出让探矿权、采矿权：1.国务院批准的重点矿产资源开发项目和为国务院批准的重点建设项目提供配套资源的矿产地；2.省级人民政府批准的储量规模为大中型的矿产资源开发项目；3.为列入国家专项的老矿山（危机矿山）寻找接替资源的找矿项目；4.已设采矿权需要整合或利用原有生产系统扩大勘查开采范围的毗邻区域；5.已设探矿权需要整合或因整体勘查扩大勘查范围涉及周边零星资源的"的规定，本案中YH公司尽管已经取得0.0321平方公里的采矿权，但本次探矿权出让涉及的面积为5.63平方公里，不属于其主张的"已设采矿权需要整合或利用原有生产系统扩大勘查开采范围的毗邻区域"，因此不属于以协议方式取得探矿权的情形。

三、关于被申请人发布的挂牌公告中是否可以设置探矿权竞买人的资质条件的问题

根据《矿产资源勘查区块登记管理办法》第六条"探矿权申请人申请探矿权时，应当向登记管理机关提交下列资料：（一）申请登记书和申请的区块范围图；（二）勘查单位的资格证书复印件；（三）勘查工作计划、勘查合同或者委托勘查的证明文件；（四）勘查实施方案及附件；（五）勘查项目资金来源证明；（六）国务院地质矿产主管部门规定提交的其他资料"的规定可以看出，并不要求探矿权申请人必须为勘查单位，探矿权申请人可以委托具有资格的勘查单位进行勘查，因此该法规并未对探矿权申请人作出资质条件的约束。

根据《探矿权采矿权招标拍卖挂牌管理办法（试行）》第十七条"招标拍卖挂牌公告应当包括下列内容：（一）主管部门的名称和地址；（二）拟招标拍卖挂牌的勘查区块、开采矿区的简要情况；（三）申请探矿权采矿权的资质条件以及取得投标人、竞买人资格的要求；（四）获取招标拍卖挂牌文件的办法；（五）招标拍卖挂牌的时间、地点；（六）投标或者竞价方式；（七）确定中标人或者竞得人的标准和方法；（八）投标、竞买保证金及其缴纳方式和处置方式；（九）其他需要公告的事项"的规定，该条中并没有突破上位法法规的特殊规定，未对探矿权申请人资质条件作出特殊要求。

而《行政许可法》第十五条规定"地方性法规和省、自治区、直辖市人民政府规章，不得设定应当由国家统一确定的公民、法人或者其他组织的资格、资质的行政许可；不得设定企业或者其他组织的设立登记及其前置性行政许可。其设定的行政许可，不得限制其他地区的个人或者企业到本地区从事生产经营和提供服务，不得限制其他地区的商品进入本地区市场"，同时第十六条也规定"法规、规章对实施上位法设定的行政许可作出的具体规定，不得增设行政许可；对行政许可条件作出的具体规定，不得增设违反上位法的其他条件"。因此，按照《行政许可法》的规定，N 省国土资源厅在挂牌出让公告中要求探矿权竞买人必须是 N 省内具有固体矿产勘查甲级勘查资质的地质勘查单位的条件限制，违反了行政许可法关于不得增设行政许可条件和进行地域限制的规定。

综上，A 省国土资源厅挂牌出让该探矿权的行政行为存在违法情形，需要纠正其不当行政行为，给 H 公司提供公平公正参加招拍挂的机会。从本案中，我们可以看到由于矿产资源方面的法律法规规定比较原则，而且矿产方面的政策变动较多和地方矿产资源管理的混乱，导致实践中的操作容易出现问题。但因修改法律法规的长期性和复杂性，因此建议对于实践中的多发问题，由矿管部门通过作出解释、案例答复或发布规范性操作文件等方式，不断完善矿产资源管理方面的法律政策，待适用成熟后不断上升为规章、法规直至法律。

（王玉娜）

六、执法监察

判定违法用地地类依据现状还是规划

【问题】

我国刑法第342条、第228条规定的非法占用农用地罪、非法转让土地使用权罪，其判定入罪的标准所涉及的土地主要为"基本农田"、"耕地"、"林地"等概念，而这些概念或属于土地利用现状概念，或属于土地利用总体规划概念。那么，依据何种标准确定涉案土地的地类？在具体案件的处理过程中，经常出现土地利用现状和土地利用总体规划就涉案土地地类的界定有一定出入的问题，请问土地利用现状和土地利用总体规划在确定土地地类上的作用及二者之间的关系如何？涉案土地的数量又该如何确定？

【解答】

该问题主要涉及土地违法案件查处中对违法用地地类的判定标准。土地的地类，包括现状地类和规划地类，一般来说违法用地的地类往往是指土地现状地类。土地现状地类一般通过土地调查、土地登记确认；规划地类则通过土地利用总体规划划定。

一、关于土地违法案件中对土地地类的判定标准

《土地管理法》明确土地划分为农用地、建设用地和未利用地三大类。国家标准《土地利用现状分类》将土地利用现状地类划分为12个一级类、57个二级类，其中，一级类包括耕地、园地、林地、草地、商服用地、工矿仓储用地、住宅用地、公共管理与公共服务用地、特殊用地、交通运输用地、水域及水利设施用地和

其他土地等。国土资源部门每年组织土地利用变更调查，在对土地利用现状、土地权属变化进行外业实地调查基础上，获取变化地类图斑、土地权属（宗地）数据，以每年 12 月 31 日为时点，对土地利用现状图和土地利用现状数据库进行更新，这是判定现状土地地类的依据。

规划地类需要根据土地利用总体规划判定。土地利用总体规划是对规划期内区域内土地的预期用途进行划定，要划分出建设用地区域、农用地区域和未利用地区域，同时还要对现状耕地（包括可转换耕地的园地）划定基本农田，这是判定规划地类的依据，也是判定土地利用是否符合规划和用途管制的依据。基本农田是按一定的标准划定并在土地利用总体规划图件上明确标明。

可见，该问题中的三个地类概念含义不同，"耕地"、"林地"属于现状地类判定，而"基本农田"则属于土地利用总体规划划定的不得占用需要实行特殊保护的耕地。因此，在土地违法案件查处中的判定标准和办法也不同。

首先，土地违法案件查处中对违法用地的地类判定，即占用的是否是耕地、园地、林地等，应当以法定土地调查结果为准，即违法占用前的现状地类。具体判定时，应当将违法用地的界址范围或者勘测定界坐标数据套合到违法用地行为发生上一年度土地利用现状图或者土地利用现状数据库上，对照标示的现状地类进行判定，现状图上标示的具体地类即为违法占用的地类。违法用地发生时，该用地已经批准转为建设用地的，应当按照建设用地判定。

其次，判定违法用地是否属于基本农田，应当以法定土地利用总体规划图件为准。判定违法用地是否占用基本农田，应当将违法用地的界址范围（或者界址坐标）与乡（镇）土地利用总体规划纸质图件（或者数据库矢量图件）进行套合比对，对照所标示的基本农田保护地块范围进行判定。违法用地位于土地利用总体规划图上标示的基本农田保护地块范围的，应当判定为占用基本农田。但并不是所有位于土地利用总体规划图上基本农田保护地块范围的建设项目都属于占用基本农田，已列入土地利用总体规划确定的交通廊道或者已列入土地利用总体规划重点建设项目清单的民生、环保等特殊项目，在未超出规划多划基本农田面积额度的前提下，占用规划多划的基本农田时，按照占用一般耕地进行判定，不视为占用基本农田。执法监察工作机构也可以提请国土资源规划管理和耕地保护工作机构进行认定。

二、关于土地利用现状和土地利用总体规划的关系

土地利用现状是土地的实时状态，土地利用总体规划是土地的法定状态。土地用途从现状用途到规划用途转变需要办理审批手续。如一地块现状为农用地，规划

为建设用地，在未经批准并办理农转用审批手续前，土地的地类仍为农用地，不能擅自改变土地用途。

判定违法用地的性质依据的是现状，但不等于规划不影响违法案件的查处。非法占用土地进行建设，该活动是否符合规划，都应当处罚，但是处罚方式不同。根据《土地管理法》第七十六条第一款的规定："未经批准或者采取欺骗手段骗取批准，非法占用土地的，由县级以上人民政府土地行政主管部门责令退还非法占用的土地，对违反土地利用总体规划擅自将农用地改为建设用地的，限期拆除在非法占用的土地上新建的建筑物和其他设施，恢复土地原状，对符合土地利用总体规划的，没收在非法占用的土地上新建的建筑物和其他设施，可以并处罚款；对非法占用土地单位的直接负责的主管人员和其他直接责任人员，依法给予行政处分；构成犯罪的，依法追究刑事责任。"可见，是否符合土地利用总体规划，将直接影响到对涉案土地的处理方式。

三、关于土地类违法案件中涉案土地数量的认定

涉案地块中基本农田、耕地或林地等的具体位置和数量的认定，由国土资源主管部门来完成。实践中，通常由国土资源主管部门的执法人员会同地籍人员去现场进行勘测定界。

（尚晓萍）

问题 62
如何判定违法责任主体

【问题】

A 公司专门从事房地产开发，在多地设有分公司，B 公司就是其分公司之一，B 公司在某市房地产开发中存在未办理完土地使用权手续即开工建设的行为，该市国土资源局在查处其违法行为时直接对 B 公司作出了行政处罚决定，请问，本案

的违法责任主体如何认定？B 公司能否作为违法责任主体？

【解答】

违法责任主体应当是实施违法行为并且能够独立承担法律责任的自然人、法人或者其他组织。本案中的违法主体应当为 A 公司。

事实认定是准确判定违法事实的关键，违法责任主体的认定是事实认定的重要组成部分，也是正确作出行政处罚决定的必备要素。为此，《国土资源违法行为查处工作规程》（国土资发〔2014〕117 号）具体明确了不同情况下判定违法责任主体的原则：

（1）当事人是自然人的，该自然人为违法责任主体。

（2）当事人是法人的（企业法人、机关法人、事业单位法人、社会团体法人等），该法人为违法责任主体；不具有独立法人资格的分公司、内设机构、派出机构、临时机构等实施违法行为的，设立该分公司、内设机构、派出机构、临时机构的法人为违法责任主体。

（3）当事人是其他组织的，能够独立承担法律责任的，该组织为违法责任主体；不能独立承担法律责任的，创办该组织的单位或者个人为违法责任主体。

（4）受委托或者雇佣的自然人、法人或者其他组织在受委托或者雇佣的工作范围内，实施国土资源违法行为，并且能够证明委托或者雇佣关系及委托或者雇佣工作范围的，应当认定委托人或者雇佣人为违法责任主体。

（5）同一违法行为有两个以上当事人的，应当认定为共同违法责任主体。

可见，B 公司作为 A 公司的分公司，不具备独立法人资格，不能独立承担法律责任，在作出国土资源行政处罚时，应当以设立其的 A 公司作为违法责任主体。

（胡梦龄）

问题63
如何判断违法用地是否符合土地利用总体规划

【问题】

某县国土资源局在查处违法案件时，工作人员对违法用地是否符合土地利用总体规划出现了分歧，以致无法作出正确的处罚。对于这类判定是否符合规划的情形，往往因为判定的方法不同，结果就大相径庭，为了避免此类纠纷，遇到此情形该如何判定？

【解答】

是否符合土地利用总体规划的认定，应当以土地利用总体规划图件、文本为准。土地利用总体规划将规划区域划分为农用地、建设用地和未利用地。查处工作中是否符合土地利用总体规划的认定是指违法建设内容与土地利用总体规划确定的规划用途是否一致，即建设范围是否在规划确定的建设用地范围内。判定违法用地是否符合土地利用总体规划，应当将违法用地的界址范围（或者界址坐标）与乡（镇）土地利用总体规划纸质图件（或者数据库矢量图件）套合比对、对照，将项目名称与土地利用总体规划文本对照。

首先，将违法用地界址范围或坐标与乡（镇）土地利用总体规划纸质图件（或者数据库矢量图件）进行套合比对，违法用地位于规划城乡建设用地区域的，应当判定为符合土地利用总体规划。需要注意的是，新一轮土地利用总体规划划定了"三界四区"，即城乡建设用地规模边界、扩展边界和禁止建设边界，允许建设区、有条件建设区、限制建设区和禁止建设区，因此对于规划城乡建设用地范围应当区分情况进行判定：用地位于允许建设区的，判定为符合土地利用总体规划；用地位于有条件建设区、不突破城乡建设用地总规模的，判定为符合土地利用总体规划；用地位于禁止建设区和限制建设区的，判定为不符合土地利用总体规划。

其次，可以与乡（镇）土地利用总体规划纸质图件（或者数据库矢量图件）进行对照，违法用地位于土地利用总体规划确定的交通廊道内、独立工矿用地区域的，应当判定为符合土地利用总体规划。

第三，还可与土地利用总体规划文本进行对照，用地项目已列入土地利用总体规划重点建设项目清单的，应当判定为符合土地利用总体规划。

判定违法用地是否符合土地利用总体规划时还应遵循以下原则：一是原则上以乡（镇）土地利用总体规划为依据，如果乡（镇）土地利用总体规划与市（县）土地利用总体规划不衔接的，应当以市（县）土地利用总体规划为准；二是在作出处罚决定前，土地利用总体规划依法作出了重大调整，违法用地的规划土地用途发生重大变更的，可以按照从轻原则判定是否符合土地利用总体规划；三是执法监察工作机构可以提请国土资源规划管理工作机构进行认定。

（胡梦龄）

问题 64
违法转让土地类行为应否处罚受让方

【问题】

A公司取得某国有建设用地使用权后未进行开发建设就转让给了B公司，B公司又转让给C公司，该县国土资源局对A公司的违法转让行为进行处罚时，在违法的认定及处罚上遇到了问题。请问：如何认定违法转让行为？处罚时能否处罚转让受让双方？连环转让中对于中间的转让和受让人如何处罚？转让所得如何认定？

【解答】

违法转让行为的认定必须具备法定条件，查处违法转让行为应当处罚转让受让双方，还应当计算违法所得。对于这些问题，《国土资源违法行为查处工作规程》

（国土资发〔2014〕117 号）作出了明确规定，国土资源主管部门在查处违法转让行为时应当从以下几方面把握：

一、对违法转让土地行为需要严格判定，不能仅以签订转让合同或者协议、支付转让价款予以认定，还应当确认受让方是否实际接收、占有、控制土地。

二、在违法转让土地类行为中，转让方行为属于违法转让，受让方行为属于非法占地。

对违法转让土地类违法行为的处罚应当针对转让双方，处罚种类应当区别适用。需要注意的是，《土地管理法》第七十三条规定："买卖或者以其他形式非法转让土地的，由县级以上人民政府土地行政主管部门没收违法所得；对违反土地利用总体规划擅自将农用地改为建设用地的，限期拆除在非法转让的土地上新建的建筑物和其他设施，恢复土地原状，对符合土地利用总体规划的，没收在非法转让的土地上新建的建筑物和其他设施；可以并处罚款；对直接负责的主管人员和其他直接责任人员，依法给予行政处分；构成犯罪的，依法追究刑事责任。"适用该条款时，"没收违法所得"适用于转让方，"拆除或者没收地上建筑物"适用于受让方，"可以并处罚款"适用于转让双方。

违法转让土地行为中涉及房地产转让的，优先适用《城市房地产管理法》、《城市房地产开发经营管理条例》；其他违法转让，优先适用《土地管理法》。

三、违法转让土地行为中的受让者将土地再次转让给他人，即再转让土地的，对每个环节的违法转让行为都可以予以处罚。

四、对于违法转让土地使用权的违法所得认定，应当区分转让的土地使用权是否依法取得：依法取得的土地使用权违法转让的，违法所得为当事人转让全部所得扣除当事人依法取得土地使用权的成本和对土地的合法投入；违法取得的土地使用权违法转让的，违法所得为当事人转让全部所得。

转让全部所得数额按照转让合同及交易凭据所列价款确定。没有转让合同及交易凭据、当事人拒不提供或者提供的转让合同及交易凭据所列价款明显不符合实际的，可以按照评估价认定。对土地的合法投入包括土地开发、新建建筑物和构筑物的建设投入等，但是违法新建建筑物和构筑物的建设投入除外。

（胡梦龄）

问题65
违法占地行为因占用土地类型不同应当分别如何处罚

【问题】

我国实行用途管制制度，将土地按照不同类型规定不同的用途，土地使用权人应当按照批准的用途使用土地，不得随意改变用途，针对不同类型土地的违法占地行为，法律规定的处罚内容并不相同，执法部门在实际处罚中应当如何区别运用？

【解答】

《土地管理法》第七十六条对违法占地的责任作出了明确规定："未经批准或者采取欺骗手段骗取批准，非法占用土地的，由县级以上人民政府土地行政主管部门责令退还非法占用的土地，对违反土地利用总体规划擅自将农用地改为建设用地的，限期拆除在非法占用的土地上新建的建筑物和其他设施，恢复土地原状，对符合土地利用总体规划的，没收在非法占用的土地上新建的建筑物和其他设施，可以并处罚款；对非法占用土地单位的直接负责的主管人员和其他直接责任人员，依法给予行政处分；构成犯罪的，依法追究刑事责任。"从上述规定可以看出，针对违法占用土地类型的不同，对其进行处罚的方式和内容也不同，具体如下：

1. 违法占用的土地为农用地的，有三项处罚内容：一是责令退还土地。二是对地上建筑物区分两种情况进行处罚，违反土地利用总体规划擅自将农用地改为建设用地的，限期拆除地上新建的建筑物和其他设施，恢复土地原状，符合土地利用总体规划的，没收地上新建的建筑物和其他设施。三是可以并处罚款。

2. 违法占用的土地为建设用地和未利用地的，也有三项处罚内容：一是责令退还土地。二是对地上建筑物的处罚，对地上新建建筑物和其他设施，由违法当事人与合法的土地所有者或使用者协商处置，涉及违反《城乡规划法》的，应当转交城乡规划主管部门处理。但对土地利用总体规划制定前已建的不符合土地利用总体规划确定用途的建筑物、构筑物（即占用原建设用地），《土地管理法》第六十四条规定不得重建、扩建，《土地管理法实施条例》第三十六条规定重建、扩建的应当责令限期拆除，因此，对于违反规划重建、扩建的，应当责令限期拆除。三是可以并处罚款。

有一种观点认为，《土地管理法》第七十三、七十六条"对违反土地利用总体规划擅自将农用地改为建设用地的"的农用地是指规划用途而不是现状用途。但从《土地管理法》和《土地管理法实施条例》的立法表述来看，无论《土地管理法》第六十条、六十四条、七十八条，还是《土地管理法实施条例》第二十条、二十二条、二十三条、二十四条、三十六条等都可以看出，在讲规划土地用途时都会加上"土地利用总体规划确定的"等限定词，不加此限定词的一般都是指现状用途，因此，《土地管理法》第七十三、七十六条中的农用地应当是现状用途。

（胡梦龄）

问题 66
查处违法勘查行为时应当注意哪些事项

【问题】

基层在查处矿产资源违法勘查行为时经常在违法行为的认定、处罚的主体、处罚的种类等方面遇到问题，那么在查处矿产资源违法勘查行为时到底应当注意哪些事项？

【解答】

违法勘查行为主要有两种类型：一是无证勘查和越界勘查。包括：未取得勘查许可证擅自进行勘查工作；勘查许可证有效期已满，未办理延续登记手续而继续进行矿产资源勘查；超越批准的勘查区块范围进行勘查工作等违法行为。二是擅自进行滚动勘探开发、边探边采或者试采。依照《国土资源违法行为查处工作规程》的规定，查处违法勘查行为时应当注意以下事项：

1. 违法勘查的行政处罚首先适用的是责令行为人停止无证勘查违法行为，再根据情节和违法行为后果决定是否给予其他行政处罚。

2. 勘查中违法行为的处罚权限，依照《关于印发〈市（地）县（市）级国土资源主管部门矿产资源监督管理暂行办法〉的通知》第六条"市（地）县（市）级国土资源主管部门按照《矿产资源法》、《矿产资源勘查区块登记管理办法》的规定，对发生在本行政区的下列违法勘查行为实施行政处罚：（一）未取得勘查许可证擅自进行勘查工作的，超越批准的勘查区块范围进行勘查工作的"执行，即勘查中违法行为包括：未取得勘查许可证擅自进行勘查工作的和超越批准的勘查区块范围进行勘查工作的。

3. 对勘查类违法行为实施处罚，对情节严重需要吊销勘查许可证的，处罚机关在作出除吊销勘查许可证以外的其他处罚决定的同时，应当向原发证机关提出建议，由原发证机关决定是否吊销勘查许可证，也就是说，吊销勘查许可证的处罚只能由原发证机关作出。

4. 采矿权人在其矿区范围进行生产性勘查，不属于无证勘查。

（尚晓萍）

问题 67
查处违法开采行为时应当注意哪些事项

【问题】

基层在查处矿产资源违法开采行为时，经常在违法行为的认定、处罚的主体、处罚的种类等方面遇到问题，那么在查处矿产资源违法开采行为时到底应当注意哪些事项？

【解答】

违法开采类行为主要有三类：一是无证采矿。具体包括九种情形：（1）未依法取得采矿许可证而擅自采矿；（2）采矿许可证有效期已满未办理延续登记手续继续采矿；（3）采矿许可证被依法注销、吊销后继续采矿；（4）未按采矿许可证规定的矿种采矿（共生、伴生矿除外）；（5）持勘查许可证采矿；（6）非法转让采矿权的受让方未进行采矿权变更登记采矿；（7）擅自进入国家规划矿区和对国民经济具有重要价值的矿区范围采矿；（8）擅自开采国家规定实行保护性开采的特定矿种；（9）其他未取得采矿许可证采矿的行为。二是越界采矿。指采矿权人擅自超出《采矿许可证》载明的矿区范围（含平面范围和开采深度）开采矿产资源的行为。三是破坏性采矿。指采矿权人违反矿产资源开发利用方案，采取不合理的开采方法、开采顺序等破坏性的开采方法开采矿产资源、造成矿产资源破坏的行为。依照《国土资源违法行为查处工作规程》的规定，查处违法开采行为时应当注意以下事项：

1. 擅自改变开采矿种（共生、伴生除外）或者探矿权人持勘查许可证采矿的，按照无证开采予以处罚。

2. 对破坏性采矿的处罚，根据《矿产资源法》第四十五条的规定，由省、自治区、直辖市人民政府地质矿产主管部门决定。

3. 对开采中违法行为的处罚，依照《关于印发〈市（地）县（市）级国土资源主管部门矿产资源监督管理暂行办法〉的通知》第七条"市（地）县（市）级国土资源主管部门按照《矿产资源法》、《矿产资源开采登记管理办法》、《矿产资源补偿费征收管理规定》的规定，对发生在本行政区的下列违法开采行为实施行政处罚：（一）未取得采矿许可证擅自开采的；擅自进入国家规划矿区、对国民经济具有重要价值的矿区和他人矿区范围开采的；擅自开采国家实行保护性开采特定矿种的；（二）超越批准的矿区范围采矿的"执行，即违法开采行为包括：未取得采矿许可证擅自开采的；擅自进入国家规划矿区、对国民经济具有重要价值的矿区和他人矿区范围开采的；擅自开采国家实行保护性开采特定矿种的；超越批准的矿区范围采矿的。

4. 对越界开采但未采出矿产品的处罚是责令退回其合法矿区范围。

5. 对井巷工程在批准的矿区范围外且未实施开采的，不属于越界开采。

6. 建设单位因工程施工而动用砂、石、土，但不将其投入流通领域以获取矿产品营利的，或者就地采挖砂、石、土用于公益性建设的，不认定为无证采矿。

7. 对开采类违法行为实施处罚，对情节严重需要吊销采矿许可证的，处罚机关在作出除吊销采矿许可证以外的其他处罚决定的同时，应当向原发证机关提出建议，由原发证机关决定是否吊销采矿许可证。

（尚晓萍）

问题68

查处违法转让矿业权或者矿产资源行为时应当注意哪些事项

【问题】

对于违法转让矿业权或者矿产资源行为如何认定以及如何处罚是基层在执法实践中经常遇到的问题，那么在查处此类违法行为时，执法人员应当注意哪些事项？

【解答】

违法转让矿业权或者矿产资源行为包括四种类型：一是买卖、出租或者以其他形式转让矿产资源；二是将探矿权、采矿权倒卖牟利；三是未经批准，擅自转让探矿权、采矿权；四是以承包等方式擅自转让采矿权。依照《国土资源违法行为查处工作规程》的规定，查处违法转让矿业权或者矿产资源行为时应当注意以下事项：

1. 违法转让矿业权行为不能仅以签订转让合同或者协议、支付转让价款予以认定，还应当确认受让方是否实际接收、控制矿山。

2. 买卖、出租或者以其他形式转让矿产资源，是指农村集体经济组织、其他单位或者个人，允许他人开采依附在自己拥有所有权或使用权的土地上或地表下的矿产资源，从中牟利的行为。此种违法行为与违法转让探矿权、采矿权是有区别的。处罚中要注意加以区分，准确适用法律法规。处罚应当依照《关于印发〈市

（地）县（市）级国土资源主管部门矿产资源监督管理暂行办法〉的通知》第七条"市（地）县（市）级国土资源主管部门按照《矿产资源法》、《矿产资源开采登记管理办法》、《矿产资源补偿费征收管理规定》的规定，对发生在本行政区的下列违法开采行为实施行政处罚：（三）非法买卖、出租或者以其他形式转让矿产资源的"执行。

3. 对探矿权、采矿权转让中违法行为的处罚，依照《关于印发〈市（地）县（市）级国土资源主管部门矿产资源监督管理暂行办法〉的通知》第八条"市（地）县（市）级国土资源主管部门按照《矿产资源法》、《探矿权、采矿权转让管理办法》的规定，对发生在本行政区非法转让探矿权、采矿权的行为实施行政处罚：（一）未经批准擅自转让探矿权、采矿权的；（二）以承包方式擅自转让探矿权、采矿权的"执行。

4. 矿山企业单纯将采掘工程对外承包，不属于采矿权转让。

5. 依照《国务院关于全面整顿和规范矿产资源开发秩序的通知》规定，对非法转让探矿权采矿权的受让方，按无证勘查开采予以处罚。

6. 对转让类违法行为实施处罚，对情节严重需要吊销勘查许可证或者采矿许可证的，处罚机关在作出除吊销勘查许可证或者采矿许可证以外的其他处罚决定的同时，应当向原发证机关提出建议，由原发证机关决定是否吊销勘查许可证或者采矿许可证。

（尚晓萍）

附　　录

一、国务院文件

国务院关于加快棚户区
改造工作的意见

（2013 年 7 月 4 日　国发〔2013〕25 号）

各省、自治区、直辖市人民政府，国务院各部委、各直属机构：

棚户区改造是重大的民生工程和发展工程。2008 年以来，各地区、各有关部门贯彻落实党中央、国务院决策部署，将棚户区改造纳入城镇保障性安居工程，大规模推进实施。2008 年至 2012 年，全国改造各类棚户区 1260 万户，有效改善了困难群众住房条件，缓解了城市内部二元矛盾，提升了城镇综合承载能力，促进了经济增长与社会和谐。但也要看到，目前仍有部分群众居住在棚户区中。这些棚户区住房简陋，环境较差，安全隐患多，改造难度大。为进一步加大棚户区改造力度，让更多困难群众的住房条件早日得到改善，同时，有效拉动投资、消费需求，带动相关产业发展，推进以人为核心的新型城镇化建设，发挥助推经济实现持续健康发展和民生不断改善的积极效应，现提出以下意见：

一、总体要求和基本原则

（一）总体要求。以邓小平理论、"三个代表"重要思想、科学发展观为指导，适应城镇化发展的需要，以改善群众住房条件作为出发点和落脚点，加快推进各类棚户区改造，重点推进资源枯竭型城市及独立工矿棚户区、三线企业集中地区的棚户区改造，稳步实施城中村改造。2013 年至 2017 年改造各类棚户区 1000 万户，使居民住房条件明显改善，基础设施和公共服务设施建设水平不断提高。

（二）基本原则。

1. 科学规划，分步实施。要根据当地经济社会发展水平和政府财政能力，结合城市规划、土地利用规划和保障性住房建设规划，合理确定各类棚户区改造的目标任务，量力而行、逐步推进，先改造成片棚户区、再改造其他棚户区。

2. 政府主导，市场运作。棚户区改造政策性、公益性强，必须发挥政府的组织引导作用，在政策和资金等方面给予积极支持；注重发挥市场机制的作用，充分调动企业和棚户区居民的积极性，动员社会力量广泛参与。

3. 因地制宜，注重实效。要按照小户型、齐功能、配套好、质量高、安全可靠的要求，科学利用空间，有效满足基本居住功能。坚持整治与改造相结合，合理界定改造范围。对规划保留的建筑，主要进行房屋维修加固、完善配套设施、环境综合整治和建筑节能改造。要重视维护城市传统风貌特色，保护历史文化街区、历史建筑以及不可移动文物。

4. 完善配套，同步建设。坚持同步规划、同步施工、同步交付使用，组织好新建安置小区的供水、供电、供气、供热、通讯、污水与垃圾处理等市政基础设施和商业、教育、医疗卫生、无障碍设施等配套公共服务设施的建设，促进以改善民生为重点的社会建设。

二、全面推进各类棚户区改造

（一）城市棚户区改造。2013年至2017年五年改造城市棚户区800万户，其中，2013年改造232万户。在加快推进集中成片城市棚户区改造的基础上，各地区要逐步将其他棚户区、城中村改造，统一纳入城市棚户区改造范围，稳步、有序推进。市、县人民政府应结合当地实际，合理界定城市棚户区具体改造范围。禁止将因城市道路拓展、历史街区保护、文物修缮等带来的房屋拆迁改造项目纳入城市棚户区改造范围。城市棚户区改造可采取拆除新建、改建（扩建、翻建）等多种方式。要加快城镇旧住宅区综合整治，加强环境综合整治和房屋维修改造，完善使用功能和配套设施。在改造中可建设一定数量的租赁型保障房，统筹用于符合条件的保障家庭。

（二）国有工矿棚户区改造。五年改造国有工矿（含煤矿）棚户区90万户，其中，2013年改造17万户。位于城市规划区内的国有工矿棚户区，要统一纳入城市棚户区改造范围。铁路、钢铁、有色、黄金等行业棚户区，要按照属地原则纳入各地棚户区改造规划组织实施。国有工矿（煤矿）各级行业主管部门，要加强对棚户区改造工作的监督指导。

（三）国有林区棚户区改造。五年改造国有林区棚户区和国有林场危旧房30万户，其中，2013年改造18万户。对国有林区（场）之外的其他林业基层单位符合条件的住房困难职工，纳入当地城镇住房保障体系筹解决。

（四）国有垦区危房改造。五年改造国有垦区危房80万户，其中，2013年改造37万户。要优化垦区危房改造布局，方便生产生活，促进产业发展和小城镇建设。将华侨农场非归难侨危房改造，统一纳入国有垦区危房改造中央补助支持范围，加快实施改造。

三、加大政策支持力度

（一）多渠道筹措资金。要采取增加财政补助、加大银行信贷支持、吸引民间资本参与、扩大债券融资、企业和群众自筹等办法筹集资金。

1. 加大各级政府资金支持。中央加大对棚户区改造的补助，对财政困难地区予以倾斜。省级人民政府也要相应加大补助力度。市、县人民政府应切实加大棚户区改造的资金投入，可以从城市维护建设税、城镇公用事业附加、城市基础设施配套费、土地出让收入等渠道中，安排资金用于棚户区改造支出。各地区除上述资金渠道外，还可以从国有资本经营预算中适当安排部分资金用于国有企业棚户区改造。有条件的市、县可对棚户区改造项目给予贷款贴息。

2. 加大信贷支持。各银行业金融机构要按照风险可控、商业可持续原则，创新金融产品，改善金融服务，积极支持棚户区改造，增加棚户区改造信贷资金安排，向符合条件的棚户区改造项目提供贷款。各地区要建立健全棚户区改造贷款还款保障机制，积极吸引信贷资金支持。

3. 鼓励民间资本参与改造。鼓励和引导民间资本根据保障性安居工程任务安排，通过直接投资、间接投资、参股、委托代建等多种方式参与棚户区改造。要积极落实民间资本参与棚户区改造的各项支持政策，消除民间资本参与棚户区改造的政策障碍，加强指导监督。

4. 规范利用企业债券融资。符合规定的地方政府融资平台公司、承担棚户区改造项目的企业可发行企业债券或中期票据，专项用于棚户区改造项目。对发行企业债券用于棚户区改造的，优先办理核准手续，加快审批速度。

5. 加大企业改造资金投入。鼓励企业出资参与棚户区改造，加大改造投入。企业参与政府统一组织的工矿（含中央下放煤矿）棚户区改造、林区棚户区改造、垦区危房改造的，对企业用于符合规定条件的支出，准予在企业所得税前扣除。要充分调动企业职工积极性，积极参与改造，合理承担安置住房建设资金。

（二）确保建设用地供应。棚户区改造安置住房用地纳入当地土地供应计划优先安排，并简化行政审批流程，提高审批效率。安置住房中涉及的经济适用住房、廉租住房和符合条件的公共租赁住房建设项目可以通过划拨方式供地。

（三）落实税费减免政策。对棚户区改造项目，免征城市基础设施配套费等各种行政事业性收费和政府性基金。落实好棚户区改造安置住房税收优惠政策，将优惠范围由城市和国有工矿棚户区扩大到国有林区、垦区棚户区。电力、通讯、市政公用事业等企业要对棚户区改造给予支持，适当减免入网、管网增容等经营性收费。

（四）完善安置补偿政策。棚户区改造实行实物安置和货币补偿相结合，由棚户区居民自愿选择。各地区要按国家有关规定制定具体安置补偿办法，禁止强拆强迁，依法维护群众合法权益。对经济困难、无力购买安置住房的棚户区居民，可以通过提供租赁型保障房等方式满足其基本居住需求，或在符合有关政策规定的条件下，纳入当地住房保障体系统筹解决。

四、提高规划建设水平

（一）优化规划布局。棚户区改造安置住房实行原地和异地建设相结合，优先考虑就近安置；异地安置的，要充分考虑居民就业、就医、就学、出行等需要，合理规划选址，尽可能安排在交通便利、配套设施齐全地段。要贯彻节能、节地、环保的原则，严格控制套型面积，落实节约集约用地和节能减排各项措施。

（二）完善配套基础设施建设。棚户区改造项目要按照有关规定规划建设相应的商业和综合服务设施。各级政府要拓宽融资渠道，加大投入力度，加快配套基础设施和公共服务设施的规划、建设和竣工交付进度。要加强安置住房管理，完善社区公共服务，确保居民安居乐业。

（三）确保工程质量安全。要落实工程质量责任，严格执行基本建设程序和标准规范，特别是抗震设防等强制性标准。严格建筑材料验核制度，防止假冒伪劣建筑材料流入建筑工地。健全项目信息公开制度。项目法人对住房质量负终身责任。勘察、设计、施工、监理等单位依法对建设工程质量负相应责任，积极推行单位负责人和项目负责人终身负责制。推广工程质量责任标牌，公示相关参建单位和负责人，接受社会监督。贯彻落实绿色建筑行动方案，积极执行绿色建筑标准。

五、加强组织领导

（一）强化地方各级政府责任。各地区要进一步提高认识，继续加大棚户区改造工作力度。省级人民政府对本地区棚户区改造工作负总责，按要求抓紧编制 2013 年至 2017 年棚户区改造规划，落实年度建设计划，加强目标责任考核。市、县人民政府要明确具体工作责任和措施，扎实做好棚户区改造的组织工作，特别是要依法依规安置补偿，切实做到规划到位、资金到位、供地到位、政策到位、监管到位、分配补偿到位。要加强信息公开，引导社会舆论，主动发布和准确解读政策措施，及时反映工作进展情况。广泛宣传棚户区改造的重要意义，尊重群众意愿，深入细致做好群众工作，积极引导棚户区居民参与改造，为推进棚户区改造营造良好社会氛围。

（二）明确各部门职责。住房城乡建设部会同有关部门督促各地尽快编制棚户区改造规划，将任务分解到年度，落实到市、县，明确到具体项目和建设地块；加强协调指导，抓好建设进度、工程质量等工作。财政部、发展改革委会同有关部门研究加大中央资金补助力度。人民银行、银监会研究政策措施，引导银行业金融机构继续加大信贷支持力度。国土资源部负责完善土地供应政策。

（三）加强监督检查。监察部、住房城乡建设部等有关部门要建立有效的督查制度，定期对地方棚户区改造工作进行全面督促检查；各地区要加强对棚户区改造的监督检查，全面落实工作任务和各项政策措施，严禁企事业单位借棚户区改造政策建设福利性住房。对资金土地不落实、政策措施不到位、建设进度缓慢、质量安全问题突出的地方政府负责人进行约谈，限期进行整改。对在棚户区改造及安置住房建设、分配和管理过程中滥用职权、玩忽职守、徇私舞弊、失职渎职的行政机关及其工作人员，要依法依纪追究责任；涉嫌犯罪的，移送司法机关处理。

国务院关于加快发展养老服务业的若干意见

（2013 年 9 月 6 日　国发〔2013〕35 号）

各省、自治区、直辖市人民政府，国务院各部委、各直属机构：

近年来，我国养老服务业快速发展，以居家为基础、社区为依托、机构为支撑的养老服务体系初步建立，老年消费市场初步形成，老龄事业发展取得显著成就。但总体上看，养老服务和产品供给不足、市场发育不健全、城乡区域发展不平衡等问题还十分突出。当前，我国已经进入人口老龄化快速发展阶段，2012 年底我国 60 周岁以上老年人口已达 1.94 亿，2020 年将达到 2.43 亿，2025 年将突破 3 亿。积极应对人口老龄化，加快发展养老服务业，不断满足老年人持续增长的养老服务需求，是全面建成小康社会的一项紧迫任务，有利于保障老年人权益，共享改革发展成果，有利于拉动消费、扩大就业，有利于保障和改善民生，促进社会和谐，推进经济社会持续健康发展。为加快发展养老服务业，现提出以下意见：

一、总体要求

（一）指导思想。以邓小平理论、"三个代表"重要思想、科学发展观为指导，从国情出发，把不断满足老年人日益增长的养老服务需求作为出发点和落脚点，充分发挥政府作用，通过简政放权，创新体制机制，激发社会活力，充分发挥社会力量的主体作用，健全养老服务体系，满足多样化养老服务需求，努力使养老服务业成为积极应对人口老龄化、保障和改善民生的重要举措，成为扩大内需、增加就业、促进服务业发展、推动经济转型升级的重要力量。

（二）基本原则。

深化体制改革。加快转变政府职能，减少行政干预，加大政策支持和引导力度，激发各类服务主体活力，创新服务供给方式，加强监督管理，提高服务质量和效率。

坚持保障基本。以政府为主导，发挥社会力量作用，着力保障特殊困难老年人的养老服务需求，确保人人享有基本养老服务。加大对基层和农村养老服务的投入，充分发挥社区基层组织和服务机构在居家养老服务中的重要作用。支持家庭、个人承担应尽责任。

注重统筹发展。统筹发展居家养老、机构养老和其他多种形式的养老，实行普遍性服务和个性化服务相结合。统筹城市和农村养老资源，促进基本养老服务均衡发展。统筹利用各种资源，促进养老服务与医疗、家政、保险、教育、健身、旅游等相关领域的互动发展。

完善市场机制。充分发挥市场在资源配置中的基础性作用，逐步使社会力量成为发展养老服务业的主体，营造平等参与、公平竞争的市场环境，大力发展养老服务业，提供方便可及、价格合理的各类养老服务和产品，满足养老服务多样化、多层次需求。

（三）发展目标。到 2020 年，全面建成以居家为基础、社区为依托、机构为支撑的，功能完善、规模适度、覆盖城乡的养老服务体系。养老服务产品更加丰富，市场机制不断完善，养老服务业持续健康发展。

——服务体系更加健全。生活照料、医疗护理、精神慰藉、紧急救援等养老服务覆盖所有居家老年人。符合标准的日间照料中心、老年人活动中心等服务设施覆盖所有城市社区，90% 以上的乡镇和 60% 以上的农村社区建立包括养老服务在内的社区综合服务设施和站点。全国社会养老床位数达到每千名老年人 35－40 张，服务能力大幅增强。

——产业规模显著扩大。以老年生活照料、老年产品用品、老年健康服务、老年体育健身、老年文化娱乐、老年金融服务、老年旅游等为主的养老服务业全面发展，养老服务业增加值在服务业中的比重显著提升，全国机构养老、居家社区生活

照料和护理等服务提供 1000 万个以上就业岗位。涌现一批带动力强的龙头企业和大批富有创新活力的中小企业，形成一批养老服务产业集群，培育一批知名品牌。

——发展环境更加优化。养老服务业政策法规体系建立健全，行业标准科学规范，监管机制更加完善，服务质量明显提高。全社会积极应对人口老龄化意识显著增强，支持和参与养老服务的氛围更加浓厚，养老志愿服务广泛开展，敬老、养老、助老的优良传统得到进一步弘扬。

二、主要任务

（一）统筹规划发展城市养老服务设施。

加强社区服务设施建设。各地在制定城市总体规划、控制性详细规划时，必须按照人均用地不少于 0.1 平方米的标准，分区分级规划设置养老服务设施。凡新建城区和新建居住（小）区，要按标准要求配套建设养老服务设施，并与住宅同步规划、同步建设、同步验收、同步交付使用；凡老城区和已建成居住（小）区无养老服务设施或现有设施没有达到规划和建设指标要求的，要限期通过购置、置换、租赁等方式开辟养老服务设施，不得挪作他用。

综合发挥多种设施作用。各地要发挥社区公共服务设施的养老服务功能，加强社区养老服务设施与社区服务中心（服务站）及社区卫生、文化、体育等设施的功能衔接，提高使用率，发挥综合效益。要支持和引导各类社会主体参与社区综合服务设施建设、运营和管理，提供养老服务。

各类具有为老年人服务功能的设施都要向老年人开放。

实施社区无障碍环境改造。各地区要按照无障碍设施工程建设相关标准和规范，推动和扶持老年人家庭无障碍设施的改造，加快推进坡道、电梯等与老年人日常生活密切相关的公共设施改造。

（二）大力发展居家养老服务网络。

发展居家养老便捷服务。地方政府要支持建立以企业和机构为主体、社区为纽带、满足老年人各种服务需求的居家养老服务网络。要通过制定扶持政策措施，积极培育居家养老服务企业和机构，上门为居家老年人提供助餐、助浴、助洁、助急、助医等定制服务；大力发展家政服务，为居家老年人提供规范化、个性化服务。要支持社区建立健全居家养老服务网点，引入社会组织和家政、物业等企业，兴办或运营老年供餐、社区日间照料、老年活动中心等形式多样的养老服务项目。

发展老年人文体娱乐服务。地方政府要支持社区利用社区公共服务设施和社会场所组织开展适合老年人的群众性文化体育娱乐活动，并发挥群众组织和个人积极性。鼓励专业养老机构利用自身资源优势，培训和指导社区养老服务组织和人员。

发展居家网络信息服务。地方政府要支持企业和机构运用互联网、物联网等技术手段创新居家养老服务模式，发展老年电子商务，建设居家服务网络平台，提供紧急呼叫、家政预约、健康咨询、物品代购、服务缴费等适合老年人的服务项目。

（三）大力加强养老机构建设。

支持社会力量举办养老机构。各地要根据城乡规划布局要求，统筹考虑建设各类养老机构。在资本金、场地、人员等方面，进一步降低社会力量举办养老机构的门槛，简化手续、规范程序、公开信息，行政许可和登记机关要核定其经营和活动范围，为社会力量举办养老机构提供便捷服务。鼓励境外资本投资养老服务业。鼓励个人举办家庭化、小型化的养老机构，社会力量举办规模化、连锁化的养老机构。鼓励民间资本对企业厂房、商业设施及其他可利用的社会资源进行整合和改造，用于养老服务。

办好公办保障性养老机构。各地公办养老机构要充分发挥托底作用，重点为"三无"（无劳动能力，无生活来源，无赡养人和扶养人、或者其赡养人和扶养人确无赡养和扶养能力）老人、低收入老人、经济困难的失能半失能老人提供无偿或低收费的供养、护理服务。政府举办的养老机构要实用适用，避免铺张豪华。

开展公办养老机构改制试点。有条件的地方可以积极稳妥地把专门面向社会提供经营性服务的公办养老机构转制成为企业，完善法人治理结构。政府投资兴办的养老床位应逐步通过公建民营等方式管理运营，积极鼓励民间资本通过委托管理等方式，运营公有产权的养老服务设施。要开展服务项目和设施安全标准化建设，不断提高服务水平。

（四）切实加强农村养老服务。

健全服务网络。要完善农村养老服务托底的措施，将所有农村"三无"老人全部纳入五保供养范围，适时提高五保供养标准，健全农村五保供养机构功能，使农村五保老人老有所养。在满足农村五保对象集中供养需求的前提下，支持乡镇五保供养机构改善设施条件并向社会开放，提高运营效益，增强护理功能，使之成为区域性养老服务中心。依托行政村、较大自然村，充分利用农家大院等，建设日间照料中心、托老所、老年活动站等互助性养老服务设施。农村党建活动室、卫生室、农家书屋、学校等要支持农村养老服务工作，组织与老年人相关的活动。充分发挥村民自治功能和老年协会作用，督促家庭成员承担赡养责任，组织开展邻里互助、志愿服务，解决周围老年人实际生活困难。

拓宽资金渠道。各地要进一步落实《中华人民共和国老年人权益保障法》有关农村可以将未承包的集体所有的部分土地、山林、水面、滩涂等作为养老基地，收益供老年人养老的要求。鼓励城市资金、资产和资源投向农村养老服务。各级政府用于养老服务的财政性资金应重点向农村倾斜。

建立协作机制。城市公办养老机构要与农村五保供养机构等建立长期稳定的对口支援和合作机制，采取人员培训、技术指导、设备支援等方式，帮助其提高服务能力。建立跨地区养老服务协作机制，鼓励发达地区支援欠发达地区。

（五）繁荣养老服务消费市场。

拓展养老服务内容。各地要积极发展养老服务业，引导养老服务企业和机构优先满足老年人基本服务需求，鼓励和引导相关行业积极拓展适合老年人特点的文化娱乐、体育健身、休闲旅游、健康服务、精神慰藉、法律服务等服务，加强残障老年人专业化服务。

开发老年产品用品。相关部门要围绕适合老年人的衣、食、住、行、医、文化娱乐等需要，支持企业积极开发安全有效的康复辅具、食品药品、服装服饰等老年用品用具和服务产品，引导商场、超市、批发市场设立老年用品专区专柜；开发老年住宅、老年公寓等老年生活设施，提高老年人生活质量。引导和规范商业银行、保险公司、证券公司等金融机构开发适合老年人的理财、信贷、保险等产品。

培育养老产业集群。各地和相关行业部门要加强规划引导，在制定相关产业发展规划中，要鼓励发展养老服务中小企业，扶持发展龙头企业，实施品牌战略，提高创新能力，形成一批产业链长、覆盖领域广、经济社会效益显著的产业集群。健全市场规范和行业标准，确保养老服务和产品质量，营造安全、便利、诚信的消费环境。

（六）积极推进医疗卫生与养老服务相结合。

推动医养融合发展。各地要促进医疗卫生资源进入养老机构、社区和居民家庭。卫生管理部门要支持有条件的养老机构设置医疗机构。医疗机构要积极支持和发展养老服务，有条件的二级以上综合医院应当开设老年病科，增加老年病床数量，做好老年慢病防治和康复护理。要探索医疗机构与养老机构合作新模式，医疗机构、社区卫生服务机构应当为老年人建立健康档案，建立社区医院与老年人家庭医疗契约服务关系，开展上门诊视、健康查体、保健咨询等服务，加快推进面向养老机构的远程医疗服务试点。医疗机构应当为老年人就医提供优先优惠服务。

健全医疗保险机制。对于养老机构内设的医疗机构，符合城镇职工（居民）基本医疗保险和新型农村合作医疗定点条件的，可申请纳入定点范围，入住的参保老年人按规定享受相应待遇。完善医保报销制度，切实解决老年人异地就医结算问题。鼓励老年人投保健康保险、长期护理保险、意外伤害保险等人身保险产品，鼓励和引导商业保险公司开展相关业务。

三、政策措施

（一）完善投融资政策。要通过完善扶持政策，吸引更多民间资本，培育和扶持养老服务机构和企业发展。各级政府要加大投入，安排财政性资金支持养老服务体系建设。金融机构要加快金融产品和服务方式创新，拓宽信贷抵押担保物范围，积极支持养老服务业的信贷需求。积极利用财政贴息、小额贷款等方式，加大对养老服务业的有效信贷投入。加强养老服务机构信用体系建设，增强对信贷资金和民间资本的吸引力。逐步放宽限制，鼓励和支持保险资金投资养老服务领域。开展老

年人住房反向抵押养老保险试点。鼓励养老机构投保责任保险，保险公司承保责任保险。地方政府发行债券应统筹考虑养老服务需求，积极支持养老服务设施建设及无障碍改造。

（二）完善土地供应政策。各地要将各类养老服务设施建设用地纳入城镇土地利用总体规划和年度用地计划，合理安排用地需求，可将闲置的公益性用地调整为养老服务用地。民间资本举办的非营利性养老机构与政府举办的养老机构享有相同的土地使用政策，可以依法使用国有划拨土地或者农民集体所有的土地。对营利性养老机构建设用地，按照国家对经营性用地依法办理有偿用地手续的规定，优先保障供应，并制定支持发展养老服务业的土地政策。严禁养老设施建设用地改变用途、容积率等土地使用条件搞房地产开发。

（三）完善税费优惠政策。落实好国家现行支持养老服务业的税收优惠政策，对养老机构提供的养护服务免征营业税，对非营利性养老机构自用房产、土地免征房产税、城镇土地使用税，对符合条件的非营利性养老机构按规定免征企业所得税。对企事业单位、社会团体和个人向非营利性养老机构的捐赠，符合相关规定的，准予在计算其应纳税所得额时按税法规定比例扣除。各地对非营利性养老机构建设要免征有关行政事业性收费，对营利性养老机构建设要减半征收有关行政事业性收费，对养老机构提供养老服务也要适当减免行政事业性收费，养老机构用电、用水、用

气、用热按居民生活类价格执行。境内外资本举办养老机构享有同等的税收等优惠政策。制定和完善支持民间资本投资养老服务业的税收优惠政策。

（四）完善补贴支持政策。各地要加快建立养老服务评估机制，建立健全经济困难的高龄、失能等老年人补贴制度。可根据养老服务的实际需要，推进民办公助，选择通过补助投资、贷款贴息、运营补贴、购买服务等方式，支持社会力量举办养老服务机构，开展养老服务。民政部本级彩票公益金和地方各级政府用于社会福利事业的彩票公益金，要将50%以上的资金用于支持发展养老服务业，并随老年人口的增加逐步提高投入比例。国家根据经济社会发展水平和职工平均工资增长、物价上涨等情况，进一步完善落实基本养老、基本医疗、最低生活保障等政策，适时提高养老保障水平。要制定政府向社会力量购买养老服务的政策措施。

（五）完善人才培养和就业政策。教育、人力资源社会保障、民政部门要支持高等院校和中等职业学校增设养老服务相关专业和课程，扩大人才培养规模，加快培养老年医学、康复、护理、营养、心理和社会工作等方面的专门人才，制定优惠政策，鼓励大专院校对口专业毕业生从事养老服务工作。充分发挥开放大学作用，开展继续教育和远程学历教育。依托院校和养老机构建立养老服务实训基地。加强老年护理人员专业培训，对符合条件的参加养老护理职业培训和职业技能鉴定的从业人员按规定给予相关补贴，在养老机构和社区开发公益性岗位，吸纳农村转移劳动力、城镇就业困难人员等从事养老服务。养老机构应当积极改善养老护理员工作条件，加强劳动保护和职业防护，依法缴纳养老保险费等社会保险费，提高职工工资福利待遇。养老机构应当科学设置专业技术岗位，重点培养和引进医生、护士、康复医师、康复治疗师、社会工作者等具有执业或职业资格的专业技术人员。对在养老机构就业的专业技术人员，执行与医疗机构、福利机构相同的执业资格、注册考核政策。

（六）鼓励公益慈善组织支持养老服务。引导公益慈善组织重点参与养老机构建设、养老产品开发、养老服务提供，使公益慈善组织成为发展养老服务业的重要力量。积极培育发展为老服务公益慈善组织。积极扶持发展各类为老服务志愿组织，开展志愿服务活动。倡导机关干部和企事业单位职工、大中小学学生参加养老服务志愿活动。支持老年群众组织开展自我管理、自我服务和服务社会活动。探索建立健康老人参与志愿互助服务的工作机制，建立为老志愿服务登记制度。弘扬敬老、养老、助老的优良传统，支持社会服务窗口行业开展"敬老文明号"创建活动。

四、组织领导

（一）健全工作机制。各地要将发展养老服务业纳入国民经济和社会发展规划，纳入政府重要议事日程，进一步强化工作协调机制，定期分析养老服务业发展情况和存在问题，研究推进养老服务业加快发展的各项政策措施，认真落实养老服务业发展的相关任务要求。民政部门要切实履行监督管理、行业规范、业务指导职责，推动公办养老机构改革发展。发展改革部门要将养老服务业发展纳入经济社会发展规划、专项规划和区域规划，支持养老服务设施建设。财政部门要在现有资金渠道内对养老服务业发展给予财力保障。老龄工作机构要发挥综合协调作用，加强督促指导工作。教育、公安消防、卫生计生、国土、住房城乡建设、人力资源社会保障、商务、税务、金融、质检、工商、食品药品监管等部门要各司其职，及时解决工作中遇到的问题，形成齐抓共管、整体推进的工作格局。

（二）开展综合改革试点。国家选择有特点和代表性的区域进行养老服务业综合改革试点，在财政、金融、用地、税费、人才、技术及服务模式等方面进行探索创新，先行先试，完善体制机制和政策措施，为全国养老服务业发展提供经验。

（三）强化行业监管。民政部门要健全养老服务的准入、退出、监管制度，指导养老机构完善管理规范、改善服务质量，及时查处侵害老年人人身财产权益的违法行为和安全生产责任事故。价格主管部门要探索建立科学合理的养老服务定价机制，依法确定适用政府定价和政府指导价的范围。有关部门要建立完善养老服务业统计制度。其他各有关部门要依照职责分工对养老服务业实施监督管理。要积极培育和发展养老服务行业协会，发挥行业自律作用。

（四）加强督促检查。各地要加强工作绩效考核，确保责任到位、任务落实。省级人民政府要根据本意见要求，结合实际抓紧制定实施意见。国务院相关部门要根据本部门职责，制定具体政策措施。民政部、发展改革委、财政部等部门要抓紧研究提出促进民间资本参与养老服务业的具体措施和意见。发展改革委、民政部和老龄工作机构要加强对本意见执行情况的监督检查，及时向国务院报告。国务院将适时组织专项督查。

国务院关于进一步推进户籍制度改革的意见

（2014 年 7 月 24 日　国发〔2014〕25 号）

各省、自治区、直辖市人民政府，国务院各部委、各直属机构：

为深入贯彻落实党的十八大、十八届三中全会和中央城镇化工作会议关于进一步推进户籍制度改革的要求，促进有能力在城镇稳定就业和生活的常住人口有序实现市民化，稳步推进城镇基本公共服务常住人口全覆盖，现提出以下意见。

一、总体要求

（一）指导思想。以邓小平理论、"三个代表"重要思想、科学发展观为指导，适应推进新型城镇化需要，进一步推进户籍制度改革，落实放宽户口迁移政策。统筹推进工业化、信息化、城镇化和农业现代化同步发展，推动大中小城市和小城镇协调发展、产业和城镇融合发展。统筹户籍制度改革和相关经济社会领域改革，合理引导农业人口有序向城镇转移，有序推进农业转移人口市民化。

（二）基本原则。

——坚持积极稳妥、规范有序。立足基本国情，积极稳妥推进，优先解决存量，有序引导增量，合理引导农业转移人口落户城镇的预期和选择。

——坚持以人为本、尊重群众意愿。尊重城乡居民自主定居意愿，依法保障农业转移人口及其他常住人口合法权益，不得采取强迫做法办理落户。

——坚持因地制宜、区别对待。充分考虑当地经济社会发展水平、城市综合承载能力和提供基本公共服务的能力，实施差别化落户政策。

——坚持统筹配套、提供基本保障。统筹推进户籍制度改革和基本公共服务均等化，不断扩大教育、就业、医疗、养老、住房保障等城镇基本公共服务覆盖面。

（三）发展目标。进一步调整户口迁移政策，统一城乡户口登记制度，全面实施居住证制度，加快建设和共享国家人口基础信息库，稳步推进义务教育、就业服务、基本养老、基本医疗卫生、住房保障等城镇基本公共服务覆盖全部常住人口。到2020年，基本建立与全面建成小康社会相适应，有效支撑社会管理和公共服务，依法保障公民权利，以人为本、科学高效、

规范有序的新型户籍制度，努力实现1亿左右农业转移人口和其他常住人口在城镇落户。

二、进一步调整户口迁移政策

（四）全面放开建制镇和小城市落户限制。在县级市市区、县人民政府驻地镇和其他建制镇有合法稳定住所（含租赁）的人员，本人及其共同居住生活的配偶、未成年子女、父母等，可以在当地申请登记常住户口。

（五）有序放开中等城市落户限制。在城区人口50万至100万的城市合法稳定就业并有合法稳定住所（含租赁），同时按照国家规定参加城镇社会保险达到一定年限的人员，本人及其共同居住生活的配偶、未成年子女、父母等，可以在当地申请登记常住户口。城市综合承载能力压力小的地方，可以参照建制镇和小城市标准，全面放开落户限制；城市综合承载能力压力大的地方，可以对合法稳定就业的范围、年限和合法稳定住所（含租赁）的范围、条件等作出具体规定，但对合法稳定住所（含租赁）不得设置住房面积、金额等要求，对参加城镇社会保险年限的要求不得超过3年。

（六）合理确定大城市落户条件。在城区人口100万至300万的城市合法稳定就业达到一定年限并有合法稳定住所（含租赁），同时按照国家规定参加城镇社会保险达到一定年限的人员，本人及其共同居住生活的配偶、未成年子女、父母等，可以在当地申请登记常住户口。城区人口

300万至500万的城市，要适度控制落户规模和节奏，可以对合法稳定就业的范围、年限和合法稳定住所（含租赁）的范围、条件等作出较严格的规定，也可结合本地实际，建立积分落户制度。大城市对参加城镇社会保险年限的要求不得超过5年。

（七）严格控制特大城市人口规模。改进城区人口500万以上的城市现行落户政策，建立完善积分落户制度。根据综合承载能力和经济社会发展需要，以具有合法稳定就业和合法稳定住所（含租赁）、参加城镇社会保险年限、连续居住年限等为主要指标，合理设置积分分值。按照总量控制、公开透明、有序办理、公平公正的原则，达到规定分值的流动人口本人及其共同居住生活的配偶、未成年子女、父母等，可以在当地申请登记常住户口。

（八）有效解决户口迁移中的重点问题。认真落实优先解决存量的要求，重点解决进城时间长、就业能力强、可以适应城镇产业转型升级和市场竞争环境的人员落户问题。不断提高高校毕业生、技术工人、职业院校毕业生、留学回国人员等常住人口的城镇落户率。

三、创新人口管理

（九）建立城乡统一的户口登记制度。取消农业户口与非农业户口性质区分和由此衍生的蓝印户口等户口类型，统一登记为居民户口，体现户籍制度的人口登记管理功能。建立与统一城乡户口登记制度相适应的教育、卫生计生、就业、社保、住房、土地及人口统计制度。

（十）建立居住证制度。公民离开常住户口所在地到其他设区的市级以上城市居住半年以上的，在居住地申领居住证。符合条件的居住证持有人，可以在居住地申请登记常住户口。以居住证为载体，建立健全与居住年限等条件相挂钩的基本公共服务提供机制。居住证持有人享有与当地户籍人口同等的劳动就业、基本公共教育、基本医疗卫生服务、计划生育服务、公共文化服务、证照办理服务等权利；以连续居住年限和参加社会保险年限等为条件，逐步享有与当地户籍人口同等的中等职业教育资助、就业扶持、住房保障、养老服务、社会福利、社会救助等权利，同时结合随迁子女在当地连续就学年限等情况，逐步享有随迁子女在当地参加中考和高考的资格。各地要积极创造条件，不断扩大向居住证持有人提供公共服务的范围。按照权责对等的原则，居住证持有人应当履行服兵役和参加民兵组织等国家和地方规定的公民义务。

（十一）健全人口信息管理制度。建立健全实际居住人口登记制度，加强和完善人口统计调查，全面、准确掌握人口规模、人员结构、地区分布等情况。建设和完善覆盖全国人口、以公民身份证号码为唯一标识、以人口基础信息为基准的国家人口基础信息库，分类完善劳动就业、教育、收入、社保、房产、信用、卫生计生、税务、婚姻、民族等信息系统，逐步实现跨部门、跨地区信息整合和共享，为制定人口发展战略和政策提供信息支持，为人口服务和管理提供支撑。

四、切实保障农业转移人口及其他常住人口合法权益

（十二）完善农村产权制度。土地承包经营权和宅基地使用权是法律赋予农户的用益物权，集体收益分配权是农民作为集体经济组织成员应当享有的合法财产权利。加快推进农村土地确权、登记、颁证，依法保障农民的土地承包经营权、宅基地使用权。推进农村集体经济组织产权制度改革，探索集体经济组织成员资格认定办法和集体经济有效实现形式，保护成员的集体财产权和收益分配权。建立农村产权流转交易市场，推动农村产权流转交易公开、公正、规范运行。坚持依法、自愿、有偿的原则，引导农业转移人口有序流转土地承包经营权。进城落户农民是否有偿退出"三权"，应根据党的十八届三中全会精神，在尊重农民意愿前提下开展试点。现阶段，不得以退出土地承包经营权、宅基地使用权、集体收益分配权作为农民进城落户的条件。

（十三）扩大基本公共服务覆盖面。保障农业转移人口及其他常住人口随迁子女平等享有受教育权利；将随迁子女义务教育纳入各级政府教育发展规划和财政保障范畴；逐步完善并落实随迁子女在流入地接受中等职业教育免学费和普惠性学前教育的政策以及接受义务教育后参加升学考试的实施办法。完善就业失业登记管理制度，面向农业转移人口全面提供政府补贴职业技能培训服务，加大创业扶持力度，促进农村转移劳动力就业。将农业转移人口及其他常住人口纳入社区卫生和计划生育服务体系，提供基本医疗卫生服务。把进城落户农民完全纳入城镇社会保障体系，在农村参加的养老保险和医疗保险规范接入城镇社会保障体系，完善并落实医疗保险关系转移接续办法和异地就医结算办法，整合城乡居民基本医疗保险制度，加快实施统一的城乡医疗救助制度。提高统筹层次，实现基础养老金全国统筹，加快实施统一的城乡居民基本养老保险制度，落实城镇职工基本养老保险关系转移接续政策。加快建立覆盖城乡的社会养老服务体系，促进基本养老服务均等化。完善以低保制度为核心的社会救助体系，实现城乡社会救助统筹发展。把进城落户农民完全纳入城镇住房保障体系，采取多种方式保障农业转移人口基本住房需求。

（十四）加强基本公共服务财力保障。建立财政转移支付同农业转移人口市民化挂钩机制。完善促进基本公共服务均等化的公共财政体系，逐步理顺事权关系，建立事权和支出责任相适应的制度，中央和地方按照事权划分相应承担和分担支出责任。深化税收制度改革，完善地方税体系。完善转移支付制度，加大财力均衡力度，保障地方政府提供基本公共服务的财力。

五、切实加强组织领导

（十五）抓紧落实政策措施。进一步推进户籍制度改革，是涉及亿万农业转移人口的一项重大举措。各地区、各有关部门要充分认识户籍制度改革的重大意义，深刻把握城镇化进程的客观规律，进一步统一思想，加强领导，周密部署，敢于担当，按照走中国特色新型城镇化道路、全面提高城镇化质量的新要求，切实落实户籍制度改革的各项政策措施，防止急于求成、运动式推进。各省、自治区、直辖市人民政府要根据本意见，统筹考虑，因地制宜，抓紧出台本地区具体可操作的户籍制度改革措施，并向社会公布，加强社会监督。公安部、发展改革委、教育部、民政部、财政部、人力资源社会保障部、国土资源部、住房城乡建设部、农业部、卫生计生委、法制办等部门要按照职能分工，抓紧制定教育、就业、医疗、养老、住房保障等方面的配套政策，完善法规，落实经费保障。公安部和发展改革委、人力资源社会保障部要会同有关部门对各地区实施户籍制度改革工作加强跟踪评估、督查指导。公安部和各地公安机关要加强户籍管理和居民身份证管理，严肃法纪，做好户籍制度改革的基础工作。

（十六）积极做好宣传引导。全面阐释适应中国特色新型城镇化发展、进一步推进户籍制度改革的重大意义，准确解读户籍制度改革及相关配套政策。大力宣传各地在解决农业转移人口及其他常住人口落户城镇、保障合法权益、提供基本公共服务等方面的好经验、好做法，合理引导社会预期，回应群众关切，凝聚各方共识，形成改革合力，为进一步推进户籍制度改革营造良好的社会环境。

国务院办公厅关于继续做好房地产市场调控工作的通知

（2013 年 2 月 26 日　国办发〔2013〕17 号）

各省、自治区、直辖市人民政府，国务院各部委、各直属机构：

2011 年以来，各地区、各部门认真贯彻落实中央关于加强房地产市场调控的决策和部署，取得了积极成效。当前房地产市场调控仍处在关键时期，房价上涨预期增强，不同地区房地产市场出现分化。为继续做好今年房地产市场调控工作，促进房地产市场平稳健康发展，经国务院同意，现就有关问题通知如下：

一、完善稳定房价工作责任制

认真落实省级人民政府负总责、城市人民政府抓落实的稳定房价工作责任制。各直辖市、计划单列市和省会城市（除拉萨外），要按照保持房价基本稳定的原则，制定本地区年度新建商品住房（不含保障性住房，下同）价格控制目标，并于一季度向社会公布。各省级人民政府要更加注重区域差异，加强分类指导。对行政区域内住房供不应求、房价上涨过快的热点城市，应指导其增加住房及住房用地的有效供应，制定并公布年度新建商品住房价格控制目标；对存在住房供过于求等情况的城市，也应指导其采取有效措施保持市场稳定。要建立健全稳定房价工作的考核问责制度，加强对所辖城市的督查、考核和问责工作。国务院有关部门要加强对省级人民政府稳定房价工作的监督和检查。对执行住房限购和差别化住房信贷、税收等政策措施不到位、房价上涨过快的，要进行约谈和问责。

二、坚决抑制投机投资性购房

继续严格执行商品住房限购措施。已实施限购措施的直辖市、计划单列市和省会城市，要在严格执行《国务院办公厅关于进一步做好房地产市场调控工作有关问题的通知》（国办发〔2011〕1号）基础上，进一步完善现行住房限购措施。限购区域应覆盖城市全部行政区域；限购住房类型应包括所有新建商品住房和二手住房；购房资格审查环节应前移至签订购房合同（认购）前；对拥有1套及以上住房的非当地户籍居民家庭、无法连续提供一定年限当地纳税证明或社会保险缴纳证明的非当地户籍居民家庭，要暂停在本行政区域内向其售房。住房供需矛盾突出、房价上涨压力较大的城市，要在上述要求的基础上进一步从严调整限购措施；其他城市出现房价过快上涨情况的，省级人民政府应要求其及时采取限购等措施。各地区住房城乡建设、公安、民政、税务、人力资源社会保障等部门要建立分工明确、协调有序的审核工作机制。要严肃查处限购措施执行中的违法违规行为，对存在规避住房限购措施行为的项目，要责令房地产开发企业整改；购房人不具备购房资格的，企业要与购房人解除合同；对教唆、协助购房

人伪造证明材料、骗取购房资格的中介机构，要责令其停业整顿，并严肃处理相关责任人；情节严重的，要追究当事人的法律责任。

继续严格实施差别化住房信贷政策。银行业金融机构要进一步落实好对首套房贷款的首付款比例和贷款利率政策，严格执行第二套（及以上）住房信贷政策。要强化借款人资格审查，严格按规定调查家庭住房登记记录和借款人征信记录，不得向不符合信贷政策的借款人违规发放贷款。银行业监管部门要加强对银行业金融机构执行差别化住房信贷政策的日常管理和专项检查，对违反政策规定的，要及时制止、纠正。对房价上涨过快的城市，人民银行当地分支机构可根据城市人民政府新建商品住房价格控制目标和政策要求，进一步提高第二套住房贷款的首付款比例和贷款利率。

充分发挥税收政策的调节作用。税务、住房城乡建设部门要密切配合，对出售自有住房按规定应征收的个人所得税，通过税收征管、房屋登记等历史信息能核实房屋原值的，应依法严格按转让所得的20%计征。总结个人住房房产税改革试点城市经验，加快推进扩大试点工作，引导住房合理消费。税务部门要继续推进应用房地产价格评估方法加强存量房交易税收征管工作。

三、增加普通商品住房及用地供应

各地区要根据供需情况科学编制年度住房用地供应计划，保持合理、稳定的住房用地供应规模。原则上2013年住房用地

供应总量应不低于过去 5 年平均实际供应量。住房供需矛盾突出、房价上涨压力较大的部分热点城市和区域中心城市，以及前两年住房用地供应计划完成率偏低的城市，要进一步增加年度住房用地供应总量，提高其占年度土地供应计划的比例。加大土地市场信息公开力度，市、县人民政府应于一季度公布年度住房用地供应计划，稳定土地市场预期。各地区要继续采取有效措施，完善土地出让方式，严防高价地扰乱市场预期。各地区住房城乡建设部门要提出商品住房项目的住宅建设套数、套型建筑面积、设施条件、开竣工时间等要求，作为土地出让的依据，并纳入出让合同。

各地区发展改革、国土资源、住房城乡建设部门要建立中小套型普通商品住房建设项目行政审批快速通道，提高办事效率，严格落实开竣工申报制度，督促房地产开发企业严格按照合同约定建设施工，加快中小套型普通商品住房项目的供地、建设和上市，尽快形成有效供应。对中小套型住房套数达到项目开发建设总套数70% 以上的普通商品住房建设项目，银行业金融机构要在符合信贷条件的前提下优先支持其开发贷款需求。

四、加快保障性安居工程规划建设

全面落实 2013 年城镇保障性安居工程基本建成 470 万套、新开工 630 万套的任务。各地区要抓紧把建设任务落实到项目和地块，确保资金尽快到位，尽早开工建设。继续抓好城市和国有工矿（含煤矿）、国有林区、垦区棚户区改造，重点抓好资源型城市及独立工矿区棚户区改造；积极推进非成片棚户区和危旧房改造，逐步开展城镇旧住宅区综合整治，稳步实施城中村改造。

强化规划统筹，从城镇化发展和改善居民住房条件等实际需要出发，把保障性安居工程建设和城市发展充分结合起来，在城市总体规划和土地利用、住房建设等规划中统筹安排保障性安居工程项目。要把好规划设计关、施工质量关、建筑材料关和竣工验收关，落实工程质量责任，确保工程质量安全。要合理安排布局，改进户型设计，方便保障对象的工作和生活。要加大配套基础设施投入力度，做到配套设施与保障性安居工程项目同步规划、同期建设、同时交付使用，确保竣工项目及早投入使用。

加强分配管理。要继续探索创新保障性住房建设和管理机制，完善保障性住房申请家庭经济状况审核机制，严格准入退出，确保公平分配。加大保障性安居工程建设、分配和退出的信息公开力度。严肃查处擅自改变保障性安居工程用途、套型面积等违法违规行为。2013 年底前，地级以上城市要把符合条件的、有稳定就业的外来务工人员纳入当地住房保障范围。要加强小区运营管理，完善社区公共服务，优化居住环境。

五、加强市场监管和预期管理

2013 年起，各地区要提高商品房预售门槛，从工程投资和形象进度、交付时限等方面强化商品房预售许可管理，引导房地产开发企业理性定价，稳步推进商品房预售制度改革。继续严格执行商品房销售明码标价、一房一价规定，严格按照申报价格对外销售。各地区要切实强化预售资金管理，完善监管制度；尚未实行预售资金监管的地区，要加快制定本地区商品房预售资金监管办法。对预售方案报价过高且不接受城市住房城乡建设部门指导，或没有实行预售资金监管的商品房项目，可暂不核发预售许可证书。各地区要大力推进城镇个人住房信息系统建设，完善管理制度，到"十二五"期末，所有地级以上城市原则上要实现联网。

加强房地产企业信用管理，研究建立住房城乡建设、发展改革、国土资源、金融、税务、工商、统计等部门联动共享的信用管理系统，及时记录、公布房地产企业的违法违规行为。对存在闲置土地和炒地、捂盘惜售、哄抬房价等违法违规行为的房地产开发企业，有关部门要建立联动机制，加大查处力度。国土资源部门要禁止其参加土地竞买，银行业金融机构不得发放新开发项目贷款，证券监管部门暂停批准其上市、再融资或重大资产重组，银行业监管部门要禁止其通过信托计划融资。税务部门要强化土地增值税的征收管理工作，严格按照有关规定进行清算审核和稽查。住房城乡建设、工商等部门要联合开展对房屋中介市场的专项治理工作，整顿和规范市场秩序，严肃查处中介机构和经纪人员的违法违规行为。有关部门要加强房地产开发企业资本金管理，加大对资产

负债情况的监测力度，有效防范风险。

各地区、各有关部门要加强市场监测和研究分析，及时主动发布商品住房建设、交易及房价、房租等方面的权威信息，正确解读市场走势和有关调控政策措施，引导社会舆论，稳定市场预期。要加强舆情监测，对涉及房地产市场的不实信息，要及时、主动澄清。对诱导购房者违反限购、限贷等政策措施，造谣、传谣以及炒作不实信息误导消费者的企业、机构、媒体和个人，要进行严肃处理。

六、加快建立和完善引导房地产市场健康发展的长效机制

各有关部门要加强基础性工作，加快研究提出完善住房供应体系、健全房地产市场运行和监管机制的工作思路和政策框架，推进房地产税制改革，完善住房金融体系和住房用地供应机制，推进住宅产业化，促进房地产市场持续平稳健康发展。

国务院办公厅关于进一步加强棚户区改造工作的通知

（2014 年 7 月 21 日　国办发〔2014〕36 号）

各省、自治区、直辖市人民政府，国务院各部委、各直属机构：

《国务院关于加快棚户区改造工作的意见》（国发〔2013〕25 号）印发以来，各地区、各有关部门加大棚户区改造工作力度，全面推进城市、国有工矿、国有林区

（林场）、国有垦区（农场）棚户区改造，2013 年改造各类棚户区 320 万户以上，2014 年计划改造 470 万户以上，为加快新一轮棚户区改造开了好局。但也要看到，目前仍有部分群众居住在棚户区中，与推进以人为核心的新型城镇化、改造约 1 亿人居住的城镇棚户区和城中村的要求相比还有较大差距，棚户区改造中仍存在规划布局不合理、配套建设跟不上、项目前期工作慢等问题。为有效解决棚户区改造中的困难和问题，进一步加强棚户区改造工作，经国务院同意，现就有关要求通知如下：

一、进一步完善棚户区改造规划

各地区要进一步摸清待改造棚户区的底数、面积、类型等情况。区分轻重缓急，结合需要与可能，按照尽力而为、量力而行的原则，有计划有步骤地组织实施。各地区要在摸清底数的基础上，抓紧编制完善 2015—2017 年棚户区改造规划，将包括中央企业在内的国有企业棚户区纳入改造规划，重点安排资源枯竭型城市、独立工矿区和三线企业集中地区棚户区改造，优先改造连片规模较大、住房条件困难、安全隐患严重、群众要求迫切的棚户区。省级人民政府尚未审批棚户区改造规划的，要抓紧审批，并报国务院有关部门。各地区编制完善 2015—2017 年棚户区改造规划，应突出前瞻性、科学性。

二、优化规划布局

（一）完善安置住房选点布局。棚户区改造安置住房实行原地和异地建设相结合，以原地安置为主，优先考虑就近安置；

异地安置的，要充分考虑居民就业、就医、就学、出行等需要，在土地利用总体规划和城市总体规划确定的建设用地范围内，安排在交通便利、配套设施齐全地段。市、县人民政府应当结合棚户区改造规划、城市规划、产业发展和群众生产生活需要，科学合理确定安置住房布局。要统筹中心城区改造和新城新区建设，推动居住与商业、办公、生态空间、交通站点的空间融合及综合开发利用，提高城镇建设用地效率。鼓励国有林区（林场）、垦区（农场）棚户区改造在场部集中安置，促进国有林区、垦区小城镇建设。

（二）改进配套设施规划布局。配套设施应与棚户区改造安置住房同步规划、同步报批、同步建设、同步交付使用。编制城市基础设施建设规划，应做好与棚户区改造规划的衔接，同步规划安置住房小区的城市道路以及公共交通、供水、供电、供气、供热、通讯、污水与垃圾处理等市政基础设施建设。安置住房小区商业、教育、医疗卫生等公共服务设施，配建水平必须与居住人口规模相适应，具体配建项目和建设标准，应遵循《城市居住区规划设计规范》要求，并符合当地棚户区改造公共服务设施配套标准的具体规定。

三、加快项目前期工作

（一）做好征收补偿工作。棚户区改造实行实物安置和货币补偿相结合，由棚户区居民自愿选择。各地区要按照国家有关规定制定具体安置补偿办法，依法实施征收，维护群众合法权益。棚户区改造涉及集体土地征收的，要按照国家相关法律法规，做好土地征收、补偿安置等前期工作。各地区可以探索采取共有产权的办法，做好经济困难棚户区居民的住房安置工作。

（二）建立行政审批快速通道。市、县发展改革、国土资源、住房城乡建设等部门要共同建立棚户区改造项目行政审批快速通道，简化审批程序，提高工作效率，改善服务方式，对符合相关规定的项目，限期完成项目立项、规划许可、土地使用、施工许可等审批手续。

四、加强质量安全管理

（一）强化在建工程质量安全监管。各地区要切实加强对棚户区改造在建工程质量安全的监督管理，重点对勘察、设计、施工、监理等参建单位执行工程建设强制性标准情况进行监督检查，对违法违规行为坚决予以查处。严格执行建筑节能强制性标准，实施绿色建筑行动，积极推广应用新技术、新材料，加快推进住宅产业化。全面推行安置住房质量责任终身制，加大质量安全责任追究力度。建设和施工单位要科学把握工程建设进度，保证工程建设的合理周期和造价，确保工程质量安全。

（二）开展已入住安置住房质量安全检查。市、县人民政府要加强对已入住棚户区改造安置住房质量安全状况的检查，重点是建成入住时间较长的安置住房，对有安全隐患的要督促整改、消除隐患，确保居住安全。

五、加快配套建设

（一）加快配套设施建设。市、县人民政府应当编制棚户区改造配套基础设施年度建设计划，明确建设项目、开工竣工时间等内容。棚户区改造安置住房小区的规划设计条件应当明确配套公共服务设施的种类、建设规模和要求等，相关用地以单独成宗供应为主，并依法办理相关供地手续；对确属规划难以分割的配套设施建设用地，可在招标拍卖挂牌出让商品住房用地或划拨供应保障性住房用地时整体供应，建成后依照约定移交设施、办理用地手续。配套设施建成后验收合格的，要及时移交给接收单位。接收单位应当在规定的时限内投入使用。

（二）完善社区公共服务。新建安置住房小区要及时纳入街道和社区管理。安置住房小区没有实施物业管理的，社区居民委员会应组织做好物业服务工作。要发展便民利民服务，加快发展社区志愿服务。鼓励邮政、金融、电信等公用事业服务单位在社区设点服务。

六、落实好各项支持政策

（一）确保建设用地供应。市、县人民政府应当依据棚户区改造规划与棚户区改造安置住房建设计划，结合改造用地需求、具备供应条件地块的具体情况和实际拆迁进度，编制棚户区改造安置住房用地供应计划。地方各级住房城乡建设、国土资源部门要共同商定棚户区改造用地年度供应计划，并根据用地年度供应计划实行宗地供应预安排，将棚户区改造和配套设施年度建设任务落实到地块。市、县规划部门应及时会同国土资源部门，严格依据经批准的控制性详细规划，确定棚户区改造区域全部拟供应宗地的开发强度、套型建筑面积等规划条件，涉及配套养老设施、科教文卫设施的，还应明确配建的设施种类、比例、面积、设施条件，以及建成后交付政府或政府收购的条件等要求，作为土地供应的条件。市、县国土资源部门应及时向社会公开棚户区改造用地年度供应计划、供地时序、宗地规划条件和土地使用要求，接受社会监督。省级国土资源部门应对市、县棚户区改造用地年度供应计划实施情况进行定期检查，确保用地落实到位。

（二）落实财税支持政策。市、县人民政府要切实加大棚户区改造资金投入，落实好税费减免政策。省级人民政府要进一步加大对本地区财政困难市县、贫困农林场棚户区改造的资金投入，支持国有林区（林场）、垦区（农场）棚户区改造相关的配套设施建设，重点支持资源枯竭型城市、独立工矿区和三线企业集中地区棚户区改造。中央继续加大对棚户区改造的补助力度，对财政困难地区予以倾斜。建立健全地方政府债券制度，加大对棚户区改造的支持。

（三）加大金融支持力度。进一步发挥开发性金融作用。国家开发银行成立住宅金融事业部，重点支持棚户区改造及城市基础设施等相关工程建设。鼓励商业银行等金融机构按照风险可控、商业可持续的原则，积极支持符合信贷条件的棚户区改造项目。纳入国家计划的棚户区改造项目，国家开发银行的贷款与项目资本金可在年度内同比例到位。对经过清理整顿符合条件的省级政府及地级以上城市政府融资平台公司，其实施的棚户区改造项目，银行业金融机构可比照公共租赁住房融资的有关规定给予信贷支持。与棚户区改造项目直接相关的城市基础设施项目，由国家开发银行按国务院有关要求给予信贷支持。各地要建立健全信贷偿还保障机制，确保还款保障得到有效落实。推进债券创新，支持承担棚户区改造项目的企业发行债券，优化棚户区改造债券品种方案设计，研究推出棚户区改造项目收益债券；与开发性金融政策相衔接，扩大"债贷组合"用于棚户区改造范围；适当放宽企业债券发行条件，支持国有大中型企业发债用于棚户区改造。通过投资补助、贷款贴息等多种方式，吸引社会资金，参与投资和运营棚户区改造项目，在市场准入和扶持政策方面对各类投资主体同等对待。支持金融机构创新金融产品和服务，研究建立完善多层次、多元化的棚户区改造融资体系。

七、加强组织领导

各地区、各有关部门要紧紧围绕推进新型城镇化的重大战略部署，进一步加大棚户区改造工作力度，力争超额完成2014年目标任务，并提前谋划2015—2017年棚户区改造工作。各省（区、市）人民政府对本地区棚户区改造负总责，要加强对市、县人民政府棚户区改造工作目标责任考核，落实市、县人民政府具体工作责任，完善工作机制，抓好组织实施。国务院各有关部门要依据各自职责，密切配合，加强对地方的监督指导，研究完善相关政策措施。要广泛宣传棚户区改造的重要意义，主动发布和准确解读政策措施，深入细致做好群众工作，营造良好社会氛围，共同推进棚户区改造工作。

中共中央办公厅、国务院办公厅印发《关于引导农村土地经营权有序流转发展农业适度规模经营的意见》

（2014 年 11 月 20 日）

伴随我国工业化、信息化、城镇化和农业现代化进程，农村劳动力大量转移，农业物质技术装备水平不断提高，农户承包土地的经营权流转明显加快，发展适度规模经营已成为必然趋势。实践证明，土地流转和适度规模经营是发展现代农业的必由之路，有利于优化土地资源配置和提高劳动生产率，有利于保障粮食安全和主要农产品供给，有利于促进农业技术推广应用和农业增效、农民增收，应从我国人多地少、农村情况千差万别的实际出发，积极稳妥地推进。为引导农村土地（指承包耕地）经营权有序流转、发展农业适度规模经营，现提出如下意见。

一、总体要求

（一）指导思想。全面理解、准确把握中央关于全面深化农村改革的精神，按照加快构建以农户家庭经营为基础、合作与联合为纽带、社会化服务为支撑的立体式复合型现代农业经营体系和走生产技术先进、经营规模适度、市场竞争力强、生态环境可持续的中国特色新型农业现代化道路的要求，以保障国家粮食安全、促进农业增效和农民增收为目标，坚持农村土地集体所有，实现所有权、承包权、经营权三权分置，引导土地经营权有序流转，坚持家庭经营的基础性地位，积极培育新型经营主体，发展多种形式的适度规模经营，巩固和完善农村基本经营制度。改革的方向要明，步子要稳，既要加大政策扶持力度，加强典型示范引导，鼓励创新农业经营体制机制，又要因地制宜、循序渐进，不能搞大跃进，不能搞强迫命令，不能搞行政瞎指挥，使农业适度规模经营发展与城镇化进程和农村劳动力转移规模相适应，与农业科技进步和生产手段改进程度相适应，与农业社会化服务水平提高相适应，让农民成为土地流转和规模经营的积极参与者和真正受益者，避免走弯路。

（二）基本原则

——坚持农村土地集体所有权，稳定农户承包权，放活土地经营权，以家庭承包经营为基础，推进家庭经营、集体经营、合作经营、企业经营等多种经营方式共同发展。

——坚持以改革为动力，充分发挥农民首创精神，鼓励创新，支持基层先行先试，靠改革破解发展难题。

——坚持依法、自愿、有偿，以农民为主体，政府扶持引导，市场配置资源，土地经营权流转不得违背承包农户意愿、不得损害农民权益、不得改变土地用途、不得破坏农业综合生产能力和农业生态环境。

——坚持经营规模适度，既要注重提升土地经营规模，又要防止土地过度集中，兼顾效率与公平，不断提高劳动生产率、土地产出率和资源利用率，确保农地农用，重点支持发展粮食规模化生产。

二、稳定完善农村土地承包关系

（三）健全土地承包经营权登记制度。建立健全承包合同取得权利、登记记载权利、证书证明权利的土地承包经营权登记制度，是稳定农村土地承包关系、促进土地经营权流转、发展适度规模经营的重要基础性工作。完善承包合同，健全登记簿，颁发权属证书，强化土地承包经营权物权保护，为开展土地流转、调处土地纠纷、完善补贴政策、进行征地补偿和抵押担保提供重要依据。建立健全土地承包经营权信息应用平台，方便群众查询，利于服务管理。土地承包经营权确权登记原则上确权到户到地，在尊重农民意愿的前提下，也可以确权确股不确地。切实维护妇女的土地承包权益。

（四）推进土地承包经营权确权登记颁证工作。按照中央统一部署、地方全面负责的要求，在稳步扩大试点的基础上，用5年左右时间基本完成土地承包经营权确权登记颁证工作，妥善解决农户承包地块面积不准、四至不清等问题。在工作中，各地要保持承包关系稳定，以现有承包台账、合同、证书为依据确认承包地归属；

坚持依法规范操作，严格执行政策，按照规定内容和程序开展工作；充分调动农民群众积极性，依靠村民民主协商，自主解决矛盾纠纷；从实际出发，以农村集体土地所有权确权为基础，以第二次全国土地调查成果为依据，采用符合标准规范、农民群众认可的技术方法；坚持分级负责，强化县乡两级的责任，建立健全党委和政府统一领导、部门密切协作、群众广泛参与的工作机制；科学制定工作方案，明确时间表和路线图，确保工作质量。有关部门要加强调查研究，有针对性地提出操作性政策建议和具体工作指导意见。土地承包经营权确权登记颁证工作经费纳入地方财政预算，中央财政给予补助。

三、规范引导农村土地经营权有序流转

（五）鼓励创新土地流转形式。鼓励承包农户依法采取转包、出租、互换、转让及入股等方式流转承包地。鼓励有条件的地方制定扶持政策，引导农户长期流转承包地并促进其转移就业。鼓励农民在自愿前提下采取互换并地方式解决承包地细碎化问题。在同等条件下，本集体经济组织成员享有土地流转优先权。以转让方式流转承包地的，原则上应在本集体经济组织成员之间进行，且需经发包方同意。以其他形式流转的，应当依法报发包方备案。抓紧研究探索集体所有权、农户承包权、土地经营权在土地流转中的相互权利关系和具体实现形式。按照全国统一安排，稳步推进土地经营权抵押、担保试点，研究制定统一规范的实施办法，探索建立抵押资产处置机制。

（六）严格规范土地流转行为。土地承包经营权属于农民家庭，土地是否流转、价格如何确定、形式如何选择，应由承包农户自主决定，流转收益应归承包农户所有。流转期限应由流转双方在法律规定的范围内协商确定。没有农户的书面委托，农村基层组织无权以任何方式决定流转农户的承包地，更不能以少数服从多数的名义，将整村整组农户承包地集中对外招商经营。防止少数基层干部私相授受，谋取私利。严禁通过定任务、下指标或将流转面积、流转比例纳入绩效考核等方式推动土地流转。

（七）加强土地流转管理和服务。有关部门要研究制定流转市场运行规范，加快发展多种形式的土地经营权流转市场。依托农村经营管理机构健全土地流转服务平台，完善县乡村三级服务和管理网络，建立土地流转监测制度，为流转双方提供信息发布、政策咨询等服务。土地流转服务主体可以开展信息沟通、委托流转等服务，但禁止层层转包从中牟利。土地流转给非本村（组）集体成员或村（组）集体受农户委托统一组织流转并利用集体资金改良土壤、提高地力的，可向本集体经济组织以外的流入方收取基础设施使用费和土地流转管理服务费，用于农田基本建设或其他公益性支出。引导承包农户与流入方签订书面流转合同，并使用统一的省级合同示范文本。依法保护流入方的土地经营权益，流转合同到期后流入方可在同等条件下优先续约。加强农村土地承包经营纠纷调解仲裁体系建设，健全纠纷调处机制，妥善化解土地承包经营流转纠纷。

（八）合理确定土地经营规模。各地要依据自然经济条件、农村劳动力转移情况、农业机械化水平等因素，研究确定本地区土地规模经营的适宜标准。防止脱离实际、违背农民意愿，片面追求超大规模经营的倾向。现阶段，对土地经营规模相当于当地户均承包地面积10至15倍、务农收入相当于当地二三产业务工收入的，应当给予重点扶持。创新规模经营方式，在引导土地资源适度集聚的同时，通过农民的合作与联合、开展社会化服务等多种形式，提升农业规模化经营水平。

（九）扶持粮食规模化生产。加大粮食生产支持力度，原有粮食直接补贴、良种补贴、农资综合补贴归属由承包农户与流入方协商确定，新增部分应向粮食生产规模经营主体倾斜。在有条件的地方开展按照实际粮食播种面积或产量对生产者补贴试点。对从事粮食规模化生产的农民合作社、家庭农场等经营主体，符合申报农机购置补贴条件的，要优先安排。探索选择运行规范的粮食生产规模经营主体开展目标价格保险试点。抓紧开展粮食生产规模经营主体营销贷款试点，允许用粮食作物、生产及配套辅助设施进行抵押融资。粮食品种保险要逐步实现粮食生产规模经营主体愿保尽保，并适当提高对产粮大县稻谷、小麦、玉米三大粮食品种保险的保费补贴比例。各地区各有关部门要研究制定相应配套办法，更好地为粮食生产规模经营主体提供支持服务。

（十）加强土地流转用途管制。坚持最严格的耕地保护制度，切实保护基本农田。严禁借土地流转之名违规搞非农建设。严禁在流转农地上建设或变相建设旅游度假村、高尔夫球场、别墅、私人会所等。严禁占用基本农田挖塘栽树及其他毁坏种植条件的行为。严禁破坏、污染、圈占闲置耕地和损毁农田基础设施。坚决查处通过"以租代征"违法违规进行非农建设的行为，坚决禁止擅自将耕地"非农化"。利用规划和标准引导设施农业发展，强化设施农用地的用途监管。采取措施保证流转土地用于农业生产，可以通过停发粮食直接补贴、良种补贴、农资综合补贴等办法遏制撂荒耕地的行为。在粮食主产区、粮食生产功能区、高产创建项目实施区，不符合产业规划的经营行为不再享受相关农业生产扶持政策。合理引导粮田流转价格，降低粮食生产成本，稳定粮食种植面积。

四、加快培育新型农业经营主体

（十一）发挥家庭经营的基础作用。在今后相当长时期内，普通农户仍占大多数，要继续重视和扶持其发展农业生产。重点培育以家庭成员为主要劳动力、以农业为主要收入来源，从事专业化、集约化农业生产的家庭农场，使之成为引领适度规模经营、发展现代农业的有生力量。分级建立示范家庭农场名录，健全管理服务制度，加强示范引导。鼓励各地整合涉农

资金建设连片高标准农田，并优先流向家庭农场、专业大户等规模经营农户。

（十二）探索新的集体经营方式。集体经济组织要积极为承包农户开展多种形式的生产服务，通过统一服务降低生产成本、提高生产效率。有条件的地方根据农民意愿，可以统一连片整理耕地，将土地折股量化、确权到户，经营所得收益按股分配，也可以引导农民以承包地入股组建土地股份合作组织，通过自营或委托经营等方式发展农业规模经营。各地要结合实际不断探索和丰富集体经营的实现形式。

（十三）加快发展农户间的合作经营。鼓励承包农户通过共同使用农业机械、开展联合营销等方式发展联户经营。鼓励发展多种形式的农民合作组织，深入推进示范社创建活动，促进农民合作社规范发展。在管理民主、运行规范、带动力强的农民合作社和供销合作社基础上，培育发展农村合作金融。引导发展农民专业合作社联合社，支持农民合作社开展农社对接。允许农民以承包经营权入股发展农业产业化经营。探索建立农户入股土地生产性能评价制度，按照耕地数量质量、参照当地土地经营权流转价格计价折股。

（十四）鼓励发展适合企业化经营的现代种养业。鼓励农业产业化龙头企业等涉农企业重点从事农产品加工流通和农业社会化服务，带动农户和农民合作社发展规模经营。引导工商资本发展良种种苗繁育、高标准设施农业、规模化养殖等适合企业化经营的现代种养业，开发农村"四

荒"资源发展多种经营。支持农业企业与农户、农民合作社建立紧密的利益联结机制，实现合理分工、互利共赢。支持经济发达地区通过农业示范园区引导各类经营主体共同出资、相互持股，发展多种形式的农业混合所有制经济。

（十五）加大对新型农业经营主体的扶持力度。鼓励地方扩大对家庭农场、专业大户、农民合作社、龙头企业、农业社会化服务组织的扶持资金规模。支持符合条件的新型农业经营主体优先承担涉农项目，新增农业补贴向新型农业经营主体倾斜。加快建立财政项目资金直接投向符合条件的合作社、财政补助形成的资产转交合作社持有和管护的管理制度。各省（自治区、直辖市）根据实际情况，在年度建设用地指标中可单列一定比例专门用于新型农业经营主体建设配套辅助设施，并按规定减免相关税费。综合运用货币和财税政策工具，引导金融机构建立健全针对新型农业经营主体的信贷、保险支持机制，创新金融产品和服务，加大信贷支持力度，分散规模经营风险。鼓励符合条件的农业产业化龙头企业通过发行短期融资券、中期票据、中小企业集合票据等多种方式，拓宽融资渠道。鼓励融资担保机构为新型农业经营主体提供融资担保服务，鼓励有条件的地方通过设立融资担保专项资金、担保风险补偿基金等加大扶持力度。落实和完善相关税收优惠政策，支持农民合作社发展农产品加工流通。

（十六）加强对工商企业租赁农户承包地的监管和风险防范。各地对工商企业长时间、大面积租赁农户承包地要有明确的上限控制，建立健全资格审查、项目审核、风险保障金制度，对租地条件、经营范围和违规处罚等作出规定。工商企业租赁农户承包地要按面积实行分级备案，严格准入门槛，加强事中事后监管，防止浪费农地资源、损害农民土地权益，防范承包农户因流入方违约或经营不善遭受损失。定期对租赁土地企业的农业经营能力、土地用途和风险防范能力等开展监督检查，查验土地利用、合同履行等情况，及时查处纠正违法违规行为，对符合要求的可给予政策扶持。有关部门要抓紧制定管理办法，并加强对各地落实情况的监督检查。

五、建立健全农业社会化服务体系

（十七）培育多元社会化服务组织。巩固乡镇涉农公共服务机构基础条件建设成果。鼓励农技推广、动植物防疫、农产品质量安全监管等公共服务机构围绕发展农业适度规模经营拓展服务范围。大力培育各类经营性服务组织，积极发展良种苗繁育、统防统治、测土配方施肥、粪污集中处理等农业生产性服务业，大力发展农产品电子商务等现代流通服务业，支持建设粮食烘干、农机场库棚和仓储物流等配套基础设施。农产品初加工和农业灌溉用电执行农业生产用电价格。鼓励以县为单位开展农业社会化服务示范创建活动。开展政府购买农业公益性服务试点，鼓励向经营性服务组织购买易监管、可量化的公益性服务。研究制定政府购买农业公益性服务的指导性目录，建立健全购买服务的标准合同、规范程序和监督机制。积极推广既不改变农户承包关系，又保证地有人种的托管服务模式，鼓励种粮大户、农机大户和农机合作社开展全程托管或主要生产环节托管，实现统一耕作，规模化生产。

（十八）开展新型职业农民教育培训。制定专门规划和政策，壮大新型职业农民队伍。整合教育培训资源，改善农业职业学校和其他学校涉农专业办学条件，加快发展农业职业教育，大力发展现代农业远程教育。实施新型职业农民培育工程，围绕主导产业开展农业技能和经营能力培养培训，扩大农村实用人才带头人示范培养培训规模，加大对专业大户、家庭农场经营者、农民合作社带头人、农业企业经营管理人员、农业社会化服务人员和返乡农民工的培养培训力度，把青年农民纳入国家实用人才培养计划。努力构建新型职业农民和农村实用人才培养、认定、扶持体系，建立公益性农民培养培训制度，探索建立培育新型职业农民制度。

（十九）发挥供销合作社的优势和作用。扎实推进供销合作社综合改革试点，按照改造自我、服务农民的要求，把供销合作社打造成服务农民生产生活的生力军和综合平台。利用供销合作社农资经营渠道，深化行业合作，推进技物结合，为新型农业经营主体提供服务。推动供销合作社农产品流通企业、农副产品批发市场、网络终端与新型农业经营主体对接，开展农产品生产、加工、流通服务。鼓励基层供销合作社针对农业生产重要环节，与农民签订服务协议，开展合作式、订单式服务，提高服务规模化水平。

土地问题涉及亿万农民切身利益，事关全局。各级党委和政府要充分认识引导农村土地经营权有序流转、发展农业适度规模经营的重要性、复杂性和长期性，切实加强组织领导，严格按照中央政策和国家法律法规办事，及时查处违纪违法行为。坚持从实际出发，加强调查研究，搞好分类指导，充分利用农村改革试验区、现代农业示范区等开展试点试验，认真总结基层和农民群众创造的好经验好做法。加大政策宣传力度，牢固树立政策观念，准确把握政策要求，营造良好的改革发展环境。加强农村经营管理体系建设，明确相应机构承担农村经管工作职责，确保事有人干、责有人负。各有关部门要按照职责分工，抓紧修订完善相关法律法规，建立工作指导和检查监督制度，健全齐抓共管的工作机制，引导农村土地经营权有序流转，促进农业适度规模经营健康发展。

二、部门规章

国土资源行政处罚办法

（2014 年 5 月 7 日国土资源部令第 60 号公布　自 2014 年 7 月 1 日起施行）

第一章　总　　则

第一条　为规范国土资源行政处罚的实施，保障和监督国土资源主管部门依法履行职责，保护自然人、法人或者其他组织的合法权益，根据《中华人民共和国行政处罚法》以及《中华人民共和国土地管理法》、《中华人民共和国矿产资源法》等国土资源管理法律法规，制定本办法。

第二条　县级以上国土资源主管部门依照法定职权和程序，对自然人、法人或者其他组织违反国土资源管理法律法规的行为实施行政处罚，适用本办法。

第三条　国土资源主管部门实施行政处罚，遵循公正、公开的原则，做到事实清楚，证据确凿，定性准确，依据正确，程序合法，处罚适当。

第四条　国土资源行政处罚包括：

（一）警告；

（二）罚款；

（三）没收违法所得、没收非法财物；

（四）限期拆除；

（五）吊销勘查许可证和采矿许可证；

（六）法律法规规定的其他行政处罚。

第二章　管　　辖

第五条　国土资源违法案件由土地、矿产资源所在地的县级国土资源主管部门管辖，但法律法规以及本办法另有规定的除外。

第六条　省级、市级国土资源主管部门管辖本行政区域内重大、复杂和法律法规规定应当由其管辖的国土资源违法案件。

第七条　国土资源部管辖全国范围内重大、复杂和法律法规规定应当由其管辖的国土资源违法案件。

第八条　有下列情形之一的，上级国土资源主管部门有权管辖下级国土资源主管部门管辖的案件：

（一）下级国土资源主管部门应当立案调查而不予立案调查的；

（二）案情复杂，情节恶劣，有重大影响的。

上级国土资源主管部门可以将本级管辖的案件交由下级国土资源主管部门管辖，但是法律法规规定应当由其管辖的除外。

第九条 有管辖权的国土资源主管部门由于特殊原因不能行使管辖权的，可以报请上一级国土资源主管部门指定管辖。

国土资源主管部门之间因管辖权发生争议的，报请共同的上一级国土资源主管部门指定管辖。

上一级国土资源主管部门应当在接到指定管辖申请之日起七个工作日内，作出管辖决定。

第十条 国土资源主管部门发现违法案件不属于本部门管辖的，应当移送有管辖权的国土资源主管部门或者其他部门。受移送的国土资源主管部门对管辖权有异议的，应当报请上一级国土资源主管部门指定管辖，不得再自行移送。

第三章　立案、调查和审理

第十一条 国土资源主管部门发现自然人、法人或者其他组织行为涉嫌违法的，应当及时核查。对正在实施的违法行为，应当依法及时下达《责令停止违法行为通知书》予以制止。

《责令停止违法行为通知书》应当记载下列内容：

（一）违法行为人的姓名或者名称；

（二）违法事实和依据；

（三）其他应当记载的事项。

第十二条 符合下列条件的，国土资源主管部门应当在十个工作日内予以立案：

（一）有明确的行为人；

（二）有违反国土资源管理法律法规的事实；

（三）依照国土资源管理法律法规应当追究法律责任；

（四）属于本部门管辖；

（五）违法行为没有超过追诉时效。

违法行为轻微并及时纠正，没有造成危害后果的，可以不予立案。

第十三条 立案后，国土资源主管部门应当指定案件承办人员，及时组织调查取证。调查取证时，案件调查人员应当不少于二人，并应当向被调查人出示执法证件。

第十四条 调查人员与案件有直接利害关系的，应当回避。

第十五条 国土资源主管部门进行调查取证，有权采取下列措施：

（一）要求被调查的单位或者个人提供有关文件和资料，并就与案件有关的问题作出说明；

（二）询问当事人以及相关人员，进入违法现场进行检查、勘测、拍照、录音、摄像，查阅和复印相关材料；

（三）依法可以采取的其他措施。

第十六条 当事人拒绝调查取证或者采取暴力、威胁的方式阻碍国土资源主管部门调查取证的，国土资源主管部门可以提请公安机关、检察机关、监察机关或者相关部门协助，并向本级人民政府或者上一级国土资源主管部门报告。

第十七条 依法取得并能够证明案件事实情况的书证、物证、视听资料、计算机数据、证人证言、当事人陈述、询问笔录、现场勘测笔录、鉴定结论、认定结论等，作为国土资源行政处罚的证据。

第十八条 调查人员应当收集、调取与案件有关的书证、物证、视听资料、计算机数据的原件、原物、原始载体；收集、调取原件、原物、原始载体确有困难的，可以收集、调取复印件、复制件、节录本、照片、录像等。声音资料应当附有该声音内容的文字记录。

第十九条 证人证言应当符合下列要求：

（一）注明证人的姓名、年龄、性别、职业、住址、联系方式等基本情况；

（二）有证人的签名，不能签名的，应当按手印或者盖章；

（三）注明出具日期；

（四）附有居民身份证复印件等证明证人身份的文件。

第二十条 当事人请求自行提供陈述材料的，应当准许。必要时，调查人员也可以要求当事人自行书写。当事人应当在其提供的陈述材料上签名、按手印或者盖章。

第二十一条 询问应当个别进行，并制作询问笔录。询问笔录应当记载询问的时间、地点和询问情况等。

第二十二条 现场勘测一般由案件调查人实施，也可以委托有资质的单位实施。现场勘测应当制作现场勘测笔录。

第二十三条 为查明事实，需要对案件中的有关问题进行检验鉴定的，国土资源主管部门可以委托具有相应资质的机构进行。

第二十四条 案件调查终结，案件承办人员应当提交调查报告。调查报告应当包括当事人的基本情况、违法事实以及法律依据、相关证据、违法性质、违法情节、违法后果，并提出依法是否应当给予行政处罚以及给予何种行政处罚的处理意见。

涉及需要追究党纪、政纪或者刑事责任的，应当提出移送有权机关的建议。

第二十五条 国土资源主管部门在审理案件调查报告时，应当就下列事项进行审理：

（一）事实是否清楚、证据是否确凿；

（二）定性是否准确；

（三）适用法律是否正确；

（四）程序是否合法；

（五）拟定的处理意见是否适当。

经审理发现调查报告存在问题的，可以要求调查人员重新调查或者补充调查。

第四章 决　定

第二十六条 审理结束后，国土资源主管部门根据不同情况，分别作出下列决定：

（一）违法事实清楚、证据确凿、依

据正确、调查审理符合法定程序的，作出行政处罚决定；

（二）违法情节轻微、依法可以不给予行政处罚的，不予行政处罚；

（三）违法事实不成立的，不得给予行政处罚；

（四）违法行为涉及需要追究党纪、政纪或者刑事责任的，移送有权机关。

第二十七条 违法行为依法需要给予行政处罚的，国土资源主管部门应当制作《行政处罚告知书》，按照法律规定的方式，送达当事人。当事人有权进行陈述和申辩。陈述和申辩应当在收到《行政处罚告知书》后三个工作日内提出。口头形式提出的，案件承办人员应当制作笔录。

第二十八条 对拟给予较大数额罚款或者吊销勘查许可证、采矿许可证等行政处罚，国土资源主管部门应当制作《行政处罚听证告知书》，按照法律规定的方式，送达当事人。当事人要求听证的，应当在收到《行政处罚听证告知书》后三个工作日内提出。

国土资源行政处罚听证适用《国土资源听证规定》。

第二十九条 当事人未在规定时间内陈述、申辩或者要求听证的，以及陈述、申辩或者听证中提出的事实、理由或者证据不成立的，国土资源主管部门应当依法制作《行政处罚决定书》，并按照法律规定的方式，送达当事人。

《行政处罚决定书》中应当包括行政处罚告知、当事人陈述、申辩或者听证的

情况。

《行政处罚决定书》一经送达，即发生法律效力。当事人对行政处罚决定不服申请行政复议或者提起行政诉讼的，在行政复议或者行政诉讼期间，行政处罚决定不停止执行，法律另有规定的除外。

《行政处罚决定书》应当加盖作出处罚决定的国土资源主管部门的印章。

第三十条 法律法规规定的责令改正或者责令限期改正，可以与行政处罚决定一并作出，也可以在作出行政处罚决定之前单独作出。

第三十一条 当事人有两个以上国土资源违法行为的，国土资源主管部门可以制作一份《行政处罚决定书》，合并执行。《行政处罚决定书》应当明确对每个违法行为的处罚内容和合并执行的内容。

违法行为有两个以上当事人的，可以分别作出行政处罚决定，制作一式多份《行政处罚决定书》，分别送达当事人。《行政处罚决定书》应当明确给予每个当事人的处罚内容。

第三十二条 国土资源主管部门应当自立案之日起六十日内作出行政处罚决定。

案情复杂，不能在规定期限内作出行政处罚决定的，经本级国土资源主管部门负责人批准，可以适当延长，但延长期限不得超过三十日，案情特别复杂的除外。

第五章 执 行

第三十三条 行政处罚决定生效后，

当事人逾期不履行的，国土资源主管部门除采取法律法规规定的措施外，还可以采取以下措施：

（一）向本级人民政府和上一级国土资源主管部门报告；

（二）向当事人所在单位或者其上级主管部门通报；

（三）向社会公开通报；

（四）停止办理或者告知相关部门停止办理当事人与本案有关的许可、审批、登记等手续。

第三十四条 国土资源主管部门申请人民法院强制执行前，有充分理由认为被执行人可能逃避执行的，可以申请人民法院采取财产保全措施。

第三十五条 国土资源主管部门作出没收矿产品、建筑物或者其他设施的行政处罚决定后，应当在行政处罚决定生效后九十日内移交同级财政部门处理，或者拟订处置方案报本级人民政府批准后实施。法律法规另有规定的，从其规定。

第三十六条 国土资源主管部门申请人民法院强制执行前，应当催告当事人履行义务。

当事人在法定期限内不申请行政复议或者提起行政诉讼，又不履行的，国土资源主管部门可以自期限届满之日起三个月内，向土地、矿产资源所在地有管辖权的人民法院申请强制执行。

第三十七条 国土资源主管部门向人民法院申请强制执行，应当提供下列材料：

（一）《强制执行申请书》；

（二）《行政处罚决定书》及作出决定的事实、理由和依据；

（三）当事人的意见以及催告情况；

（四）申请强制执行标的情况；

（五）法律法规规定的其他材料。

《强制执行申请书》应当加盖国土资源主管部门的印章。

第三十八条 符合下列条件之一的，经国土资源主管部门负责人批准，案件结案：

（一）执行完毕的；

（二）终结执行的；

（三）已经依法申请人民法院强制执行的；

（四）其他应当结案的情形。

涉及需要移送有关部门追究党纪、政纪或者刑事责任的，应当在结案前移送。

第六章　监督管理

第三十九条 国土资源主管部门应当通过定期或者不定期检查等方式，加强对下级国土资源主管部门实施行政处罚工作的监督，并将发现和制止违法行为、依法实施行政处罚等情况作为监督检查的重点内容。

第四十条 国土资源主管部门应当建立重大违法案件公开通报制度，将案情和处理结果向社会公开通报并接受社会监督。

第四十一条 国土资源主管部门应当建立重大违法案件挂牌督办制度，明确提出办理要求，公开督促下级国土资源主管部门限期办理并接受社会监督。

第四十二条 国土资源主管部门应当建立违法案件统计制度。下级国土资源主管部门应当定期将本行政区域内的违法形势分析、案件发生情况、查处情况等逐级上报。

第四十三条 国土资源主管部门应当建立国土资源违法案件错案追究制度。行政处罚决定错误并造成严重后果的，作出处罚决定的机关应当承担相应的责任。

第四十四条 国土资源主管部门应当配合有关部门加强对行政处罚实施过程中的社会稳定风险防控。

第七章 法律责任

第四十五条 县级以上国土资源主管部门直接负责的主管人员和其他直接责任人员，违反本办法规定，有下列情形之一，致使自然人、法人或者其他组织的合法权益、公共利益和社会秩序遭受损害的，应当依法给予处分：

（一）对违法行为未依法制止的；

（二）应当依法立案查处，无正当理由未依法立案查处的；

（三）在制止以及查处违法案件中受阻，依照有关规定应当向本级人民政府或者上级国土资源主管部门报告而未报告的；

（四）应当依法给予行政处罚而未依法处罚的；

（五）应当依法申请强制执行、提出行政处分建议或者移送有权机关追究党纪、政纪或者刑事责任，而未依法申请强制执行、提出行政处分建议、移送有权机关的；

（六）其他徇私枉法、滥用职权、玩忽职守的情形。

第八章 附 则

第四十六条 国土资源行政处罚法律文书格式，由国土资源部统一制定。

第四十七条 本办法自 2014 年 7 月 1 日起施行。原地质矿产部 1993 年 7 月 19 日发布的《违反矿产资源法规行政处罚办法》和原国家土地管理局 1995 年 12 月 18 日发布的《土地违法案件查处办法》同时废止。

节约集约利用土地规定

（2014 年 5 月 22 日国土资源部令第 61 号公布 自 2014 年 9 月 1 日起施行）

第一章 总 则

第一条 为贯彻十分珍惜、合理利用土地和切实保护耕地的基本国策，落实最严格的耕地保护制度和最严格的节约集约用地制度，提升土地资源对经济社会发展的承载能力，促进生态文明建设，根据《中华人民共和国土地管理法》和《国务院关于促进节约集约用地的通知》，制定本规定。

第二条　本规定所称节约集约利用土地，是指通过规模引导、布局优化、标准控制、市场配置、盘活利用等手段，达到节约土地、减量用地、提升用地强度、促进低效废弃地再利用、优化土地利用结构和布局、提高土地利用效率的各项行为与活动。

第三条　土地管理和利用应当遵循下列原则：

（一）坚持节约优先的原则，各项建设少占地、不占或者少占耕地，珍惜和合理利用每一寸土地；

（二）坚持合理使用的原则，盘活存量土地资源，构建符合资源国情的城乡土地利用新格局；

（三）坚持市场配置的原则，妥善处理好政府与市场的关系，充分发挥市场在土地资源配置中的决定性作用；

（四）坚持改革创新的原则，探索土地管理新机制，创新节约集约用地新模式。

第四条　县级以上地方国土资源主管部门应当加强与发展改革、财政、城乡规划、环境保护等部门的沟通协调，将土地节约集约利用的目标和政策措施纳入地方经济社会发展总体框架、相关规划和考核评价体系。

第五条　国土资源主管部门应当建立节约集约用地制度，开展节约集约用地活动，组织制定节地标准体系和相关标准规范，探索节约集约用地新机制，鼓励采用节约集约用地新技术和新模式，促进土地利用效率的提高。

第六条　在节约集约用地方面成效显著的市、县人民政府，由国土资源部按照有关规定给予表彰和奖励。

第二章　规模引导

第七条　国家通过土地利用总体规划，确定建设用地的规模、布局、结构和时序安排，对建设用地实行总量控制。

土地利用总体规划确定的约束性指标和分区管制规定不得突破。

下级土地利用总体规划不得突破上级土地利用总体规划确定的约束性指标。

第八条　土地利用总体规划对各区域、各行业发展用地规模和布局具有统筹作用。

产业发展、城乡建设、基础设施布局、生态环境建设等相关规划，应当与土地利用总体规划相衔接，所确定的建设用地规模和布局必须符合土地利用总体规划的安排。

相关规划超出土地利用总体规划确定的建设用地规模的，应当及时调整或者修改，核减用地规模，调整用地布局。

第九条　国土资源主管部门应当通过规划、计划、用地标准、市场引导等手段，有效控制特大城市新增建设用地规模，适度增加集约用地程度高、发展潜力大的地区和中小城市、县城建设用地供给，合理保障民生用地需求。

第三章　布局优化

第十条　城乡土地利用应当体现布局

优化的原则。引导工业向开发区集中、人口向城镇集中、住宅向社区集中，推动农村人口向中心村、中心镇集聚，产业向功能区集中，耕地向适度规模经营集中。

禁止在土地利用总体规划和城乡规划确定的城镇建设用地范围之外设立各类城市新区、开发区和工业园区。

鼓励线性基础设施并线规划和建设，促进集约布局和节约用地。

第十一条 国土资源主管部门应当在土地利用总体规划中划定城市开发边界和禁止建设的边界，实行建设用地空间管制。

城市建设用地应当因地制宜采取组团式、串联式、卫星城式布局，避免占用优质耕地。

第十二条 市、县国土资源主管部门应当加强与城乡规划主管部门的协商，促进现有城镇用地内部结构调整优化，控制生产用地，保障生活用地，提高生态用地的比例，加大城镇建设使用存量用地的比例，促进城镇用地效率的提高。

第十三条 鼓励建设项目用地优化设计、分层布局，鼓励充分利用地上、地下空间。

建设用地使用权在地上、地下分层设立的，其取得方式和使用年期参照在地表设立的建设用地使用权的相关规定。

出让分层设立的建设用地使用权，应当根据当地基准地价和不动产实际交易情况，评估确定分层出让的建设用地最低价标准。

第十四条 促进整体设计、合理布局

的建设项目用地节约集约开发。

对不同用途高度关联、需要整体规划建设、确实难以分割供应的综合用途建设项目用地，市、县国土资源主管部门可以按照一宗土地实行整体出让供应，综合确定出让底价。

综合用途建设项目用地供应，包含需要通过招标拍卖挂牌的方式出让的，整宗土地应当采用招标拍卖挂牌的方式出让。

第四章 标准控制

第十五条 国家实行建设项目用地标准控制制度。

国土资源部会同有关部门制定工程建设项目用地控制指标、工业项目建设用地控制指标、房地产开发用地宗地规模和容积率等建设项目用地控制标准。

地方国土资源主管部门可以根据本地实际，制定和实施更加节约集约的地方性建设项目用地控制标准。

第十六条 建设项目应当严格按照建设项目用地控制标准进行测算、设计和施工。

市、县国土资源主管部门应当加强对用地者和勘察设计单位落实建设项目用地控制标准的督促和指导。

第十七条 建设项目用地审查、供应和使用，应当符合建设项目用地控制标准和供地政策。

对违反建设项目用地控制标准和供地政策使用土地的，县级以上国土资源主管

部门应当责令纠正，并依法予以处理。

第十八条 国家和地方尚未出台建设项目用地控制标准的建设项目，或者因安全生产、特殊工艺、地形地貌等原因，确实需要超标准建设的项目，县级以上国土资源主管部门应当组织开展建设项目用地评价，并将其作为建设用地供应的依据。

第十九条 国土资源部会同有关部门根据国家经济社会发展状况和宏观产业政策，制定《禁止用地项目目录》和《限制用地项目目录》，促进土地节约集约利用。

国土资源主管部门为限制用地的建设项目办理建设用地供应手续必须符合规定的条件；不得为禁止用地的建设项目办理建设用地供应手续。

第五章 市 场 配 置

第二十条 各类有偿使用的土地供应应当充分贯彻市场配置的原则，通过运用土地租金和价格杠杆，促进土地节约集约利用。

第二十一条 国家扩大国有土地有偿使用范围，减少非公益性用地划拨。

除军事、保障性住房和涉及国家安全和公共秩序的特殊用地可以以划拨方式供应外，国家机关办公和交通、能源、水利等基础设施（产业）、城市基础设施以及各类社会事业用地中的经营性用地，实行有偿使用。

具体办法由国土资源部另行规定。

第二十二条 经营性用地应当以招标拍卖挂牌的方式确定土地使用者和土地价格。

各类有偿使用的土地供应不得低于国家规定的用地最低价标准。

禁止以土地换项目、先征后返、补贴、奖励等形式变相减免土地出让价款。

第二十三条 市、县国土资源主管部门可以采取先出租后出让、在法定最高年期内实行缩短出让年期等方式出让土地。

采取先出租后出让方式供应工业用地的，应当符合国土资源部规定的行业目录。

第二十四条 鼓励土地使用者在符合规划的前提下，通过厂房加层、厂区改造、内部用地整理等途径提高土地利用率。

在符合规划、不改变用途的前提下，现有工业用地提高土地利用率和增加容积率的，不再增收土地价款。

第二十五条 符合节约集约用地要求、属于国家鼓励产业的工业用地，可以实行差别化的地价政策。

分期建设的大中型工业项目，可以预留规划范围，根据建设进度，实行分期供地。

具体办法由国土资源部另行规定。

第二十六条 市、县国土资源主管部门供应工业用地，应当将工业项目投资强度、容积率、建筑系数、绿地率、非生产设施占地比例等控制性指标纳入土地使用条件。

第二十七条 市、县国土资源主管部门在有偿供应各类建设用地时，应当在建设用地使用权出让、出租合同中明确节约集约用地的规定。

在供应住宅用地时，应当将最低容积率限制、单位土地面积的住房建设套数和住宅建设套型等规划条件写入建设用地使用权出让合同。

第六章 盘活利用

第二十八条 国家鼓励土地整治。县级以上地方国土资源主管部门应当会同有关部门，依据土地利用总体规划和土地整治规划，对田、水、路、林、村进行综合治理，对历史遗留的工矿等废弃地进行复垦利用，对城乡低效利用土地进行再开发，提高土地利用效率和效益，促进土地节约集约利用。

第二十九条 农用地整治应当促进耕地集中连片，增加有效耕地面积，提升耕地质量，改善生产条件和生态环境，优化用地结构和布局。

宜农未利用地开发，应当根据环境和资源承载能力，坚持有利于保护和改善生态环境的原则，因地制宜适度开展。

第三十条 高标准基本农田建设，应当严格控制田间基础设施占地规模，合理缩减田间基础设施占地率。

对基础设施占地率超过国家高标准基本农田建设相关标准规范要求的，县级以上地方国土资源主管部门不得通过项目验收。

第三十一条 县级以上地方国土资源主管部门可以依据国家有关规定，统筹开展农村建设用地整治、历史遗留工矿废弃地和自然灾害毁损土地的整治，提高建设用地利用效率和效益，改善人民群众生产生活条件和生态环境。

第三十二条 县级以上地方国土资源主管部门在本级人民政府的领导下，会同有关部门建立城镇低效用地再开发、废弃地再利用的激励机制，对布局散乱、利用粗放、用途不合理、闲置浪费等低效用地进行再开发，对因采矿损毁、交通改线、居民点搬迁、产业调整形成的废弃地实行复垦再利用，促进土地优化利用。

鼓励社会资金参与城镇低效用地、废弃地再开发和利用。鼓励土地使用者自行开发或者合作开发。

第七章 监督考评

第三十三条 县级以上国土资源主管部门应当加强土地市场动态监测与监管，对建设用地批准和供应后的开发情况实行全程监管，定期在门户网站上公布土地供应、合同履行、欠缴土地价款等情况，接受社会监督。

第三十四条 省级国土资源主管部门应当对本行政区域内的节约集约用地情况进行监督，在用地审批、土地供应和土地使用等环节加强用地准入条件、功能分区、用地规模、用地标准、投入产出强度等方面的检查，依据法律法规对浪费土地的行为和责任主体予以处理并公开通报。

第三十五条 县级以上国土资源主管

部门应当组织开展本行政区域内的建设用地利用情况普查，全面掌握建设用地开发利用和投入产出情况、集约利用程度、潜力规模与空间分布等情况，并将其作为土地管理和节约集约用地评价的基础。

第三十六条 县级以上国土资源主管部门应当根据建设用地利用情况普查，组织开展区域、城市和开发区节约集约用地评价，并将评价结果向社会公开。

节约集约用地评价结果作为主管部门绩效管理和开发区升级、扩区、区位调整和退出的重要依据。

第八章 法律责任

第三十七条 县级以上国土资源主管部门及其工作人员违反本规定，有下列情形之一的，对有关责任人员依法给予处分；构成犯罪的，依法追究刑事责任：

（一）违反本规定第十七条规定，为不符合建设项目用地标准和供地政策的建设项目供地的；

（二）违反本规定第十九条规定，为禁止或者不符合限制用地条件的建设项目办理建设用地供应手续的；

（三）违反本规定第二十二条规定，低于国家规定的工业用地最低价标准供应工业用地的；

（四）违反本规定第三十条规定，通过高标准基本农田项目验收的；

（五）其他徇私舞弊、滥用职权和玩忽职守的行为。

第九章 附 则

第三十八条 本规定自 2014 年 9 月 1 日起实施。

三、部门规范性文件

国土资源部关于进一步规范矿产资源补偿费征收管理的通知

（2013 年 7 月 4 日　国土资发〔2013〕77 号）

各省、自治区、直辖市国土资源主管部门：

矿产资源补偿费自 1994 年开始征收以来，征收额持续增长，管理制度逐步完善，征收水平不断提高，成效显著，但也存在没有严格执行与开采回采率系数挂钩、一些矿产品计征销售收入的核定缺乏统一标准等问题。为解决实际工作中存在的问题，推进矿产资源补偿费征收管理科学化、规范化，切实保护采矿权人合法权益，维护国家财产权益，促进合理开发利用，根据《中华人民共和国矿产资源法》、《矿产资源补偿费征收管理规定》（国务院令第 150 号）及有关规定，现就有关事项通知如下：

一、进一步提高对规范矿产资源补偿费征收管理重要性的认识

矿产资源补偿费征收是采矿权人因开采消耗属于国家所有的矿产资源而对国家的经济补偿，是矿产资源有偿开采和维护国家财产权益的重要体现。进一步加强补偿费征收与开采回采率挂钩，规范征收管理，是贯彻节约资源基本国策，落实节约优先战略的重要措施，是完善资源有偿使用制度的重要经济手段，有利于引导和激励矿山企业提高资源开发利用水平，有利于推进资源节约集约利用，推动资源利用方式转变，有利于维护矿山企业的合法权益。各省（区、市）国土资源主管部门要从全面落实节约优先战略、推进生态文明建设，统筹做好保障科学发展、保护国土资源、维护群众权益的高度，进一步提高认识，加强组织协调，切实抓好落实。

二、科学规范计征矿产资源补偿费

（一）加强矿产资源补偿费征收与开采回采率系数挂钩。

矿山开采回采率高低直接反映矿产资源的开发利用水平，所有应考核开采回采率的矿山要严格按照国务院令第 150 号规定的方式，即矿产资源补偿费征收金额 = 矿产品销售收入 × 费率 × 开采回采率系数

（核定开采回采率与实际开采回采率之比），运用开采回采率系数的实际结果计算征收金额，实际开采回采率高于核定开采回采率，开采回采率系数小于1，相应地少缴，反之多缴，充分发挥开采回采率系数的引导和调节作用。

（二）严格确定开采回采率系数。

1. 煤矿以采区作为开采回采率考核单元，非煤固体矿山以矿山生产的矿块（盘区）作为开采回采率考核单元。

2. 核定开采回采率原则上以经批准的矿山设计或开发利用方案为准。对已有核定开采回采率的矿山企业，要组织进行复查，公示复查结果。复查的要求参照《关于加强矿产资源补偿费征收管理促进煤矿回采率提高的通知》（国土资发〔2006〕88号）。对无核定开采回采率的矿山企业，由各省（区、市）国土资源主管部门组织进行核定。

3. 实际开采回采率应依据矿山储量动态检测的结果确定。按照《关于全面开展矿山储量动态监督管理工作的通知》（国土资发〔2006〕87号）和《国土资源部关于印发〈矿山储量动态管理要求〉的通知》（国土资发〔2008〕163号）的要求，全面开展矿山企业的储量动态检测工作，提交矿山储量年报，计算当年实际开采回采率。

上一年度矿山停采或按照国土资源主管部门规定等没有考核实际开采回采率的，计算开采回采率系数采用的实际开采回采率为最近一次考核的实际数值。

4. 矿泉水及普通建筑砂、石、粘土等

开采回采率系数原则上取1，钾盐矿开采回采率系数以综合利用系数代替，地热以回灌系数代替（见附件）。

5. 开采回采率系数按照"当年用上年的原则"使用，即当年矿产资源补偿费征收用上一年度的开采回采率系数。

（三）规范确定矿产品计征销售收入。

1. 计征对象的界定。计征矿产资源补偿费的矿产品是以公开交易市场价格销售的原矿或者选矿（初加工）产品。对于以原矿或选矿（初加工）产品直接形成市场销售收入的，其实际销售收入即为计征销售收入，不再进行折算。对于采选冶联合企业销售冶炼（加工）产品的，其计征矿产品销售收入应相对于选矿（初加工）产品进行折算，无选矿（初加工）产品的，可相对于原矿进行折算。

2. 矿产品计征销售价格的确定。计征矿产资源补偿费的矿产品价格是指在竞争条件下矿产品公开交易市场的实际销售价格。对于企业内部自用无实际市场销售价格，企业以内部定价或企业垄断价格等计算销售收入，申报、缴纳矿产资源补偿费的，由负责征收的征管机构按照当地国土资源主管部门会同或委托同级物价部门确定的当地公开交易市场平均销售价格核定计征销售价格；无法计算当地公开交易市场平均销售价格的，参照国内行业公认度较高的矿产品现货交易所公布的最近一个季度的平均销售价格核定计征销售价格，征收矿产资源补偿费。

3. 难以核定销售价格或销售收入的矿

产资源补偿费计征办法。

（1）采选冶联合企业销售冶炼（加工）产品的，计征矿产资源补偿费的矿产品销售价格应根据冶炼（加工）产品的销售价格通过计征调整系数进行确定。矿产品计征销售收入计算公式为：矿产品计征销售收入＝计征矿产资源补偿费的矿产品销售量×冶炼（加工）产品销售价格×计征调整系数。

计征调整系数确定原则为：最近三年当地同类选矿（初加工）产品的公开交易市场平均销售价格除以相应冶炼（加工）产品的当地公开交易市场平均销售价格。无法计算当地选矿（初加工）或冶炼（加工）产品市场平均销售价格的，计算计征调整系数的选矿（初加工）和冶炼（加工）产品的公开交易市场平均销售价格均参照国内行业公认度较高的矿产品现货交易所公布的最近三年的平均销售价格。无选矿（初加工）产品或选矿（初加工）产品无实际销售价格的，可使用原矿的实际销售价格计算计征调整系数。采用以上方法仍难以确定计征调整系数的，可采用冶炼（加工）产品的销售收入扣减冶炼（加工）环节直接成本的方法，确定计征矿产资源补偿费的矿产品销售收入。

（2）对于所确定的计征对象无公开交易市场销售价格或难以核定其销售收入的，锰矿等9种矿产计征销售收入按附件确定，如需调整计征调整系数的，须按以上计征调整系数确定原则，由各省级国土资源主管部门研究制定并报部备案；各省级国土

资源主管部门自行组织研究制定其他矿种计征销售收入办法的，须报部备案。

（3）采矿权人生产多种矿产品或矿产品中有多个计价的共伴生成分的，应当分别计算其产品销售收入并按相应费率计征。采矿权人无法区分主矿种与共伴生矿种矿产品销售收入的，以总销售收入和主矿种对应费率计征。

（4）对于开采建筑石材、普通建筑石料等非金属矿产，无市场销售收入或难以核定计征销售收入的，依据实际消耗资源储量，以当地公开交易市场最近一个季度或最近一个年度的平均销售价格核定其计征销售收入，计征矿产资源补偿费；对于间断性生产或财务账目不全的小矿（核定实际生产规模不足小型矿山生产规模上限十分之一）等难以计算其实际储量消耗的，依据采矿许可证批准的年生产规模，以当地矿产品公开交易市场最近一个年度的平均销售价格核定其年度计征销售收入，采用年度定额的方式计征矿产资源补偿费。

三、加强组织领导，完善管理制度

（一）加强队伍建设。各级国土资源主管部门要进一步充实征管队伍，强化征收的技术要求，加强培训，提高征管人员的业务素质，不断巩固履行征收矿产资源补偿费法定职责的主体地位。认真贯彻《财政部国土资源部关于将矿产资源专项收入统筹安排使用的通知》（财建〔2010〕925号）要求，保障对征管工作的投入，落实必要的工作经费，配备必要的设备，确保征管工作正常开展。

（二）完善征收管理制度。各级国土资源主管部门要完善矿产资源补偿费的纳费登记、申报、缴纳、稽查等征收管理制度，进一步细化征收管理。认真执行减免规定，规范减免，对于符合减免条件的要依法给予减免，引导和激励采矿权人提高资源综合利用效率；健全完善减免制度，批准减缴、免缴矿产资源补偿费的，要自批准之日起1个月内按规定备案。各省级国土资源主管部门要重点抓好部颁发采矿许可证的矿山企业以及省级颁发采矿许可证的大型矿山企业的征收工作，推进建立属地征收和分级征收相结合的征收机制。

（三）严格入库管理。各级国土资源主管部门要严格执行"收支两条线"管理。规范使用"矿产资源补偿费自收汇缴专用收据"和"矿产资源补偿费专用缴款书"、"矿产资源补偿费收入退还书"等专用票据，及时将矿山企业缴纳的矿产资源补偿费足额入库，不得设立过渡性账户，不得截留、坐支和挪用。

（四）加强日常监管。各级国土资源主管部门要认真落实矿产开发利用年度检查中关于矿山储量动态检测和实际开采回采率考核的有关要求，充分利用矿产开发利用年度检查网上报备系统，及时掌握矿山企业开发利用情况。做好矿产资源补偿费征收统计网络直报工作，认真审核企业缴费情况，开展年度定期和不定期检查，对存在问题的矿山企业要及时稽查，加强对采矿权人履行缴费义务的日常监管。

矿产资源补偿费征收工作政策性强、技术要求高、任务重，国土资源主管部门作为征收主体，要切实承担起国家和法律赋予的职责，认真落实本通知要求，结合各地实际，进一步加强和规范矿产资源补偿费征收管理工作，征收工作中发生的重大事项和存在的突出问题，及时报部。

本通知自发布之日起实行，有效期5年。原地质矿产部印发的《关于共、伴生矿产征收矿产资源补偿费问题的复函》（地函〔1994〕276号）、《关于如何计征采、选、冶联合企业矿产资源补偿费的函》（地函〔1995〕130号）、《关于征收钾盐资源补偿费问题的复函》（地函〔1996〕184号）、《关于〈河北省地热水、矿泉水、砖瓦粘土矿产资源补偿费计算方式〉的批复》（地函〔1997〕152号）以及国土资源部印发的《关于征收黄金矿产资源补偿费有关问题的通知》（国土资发〔1999〕510号）同时废止。

附件：锰矿等9种矿产计征销售收入确定方法表（略）

国土资源部关于进一步加快农村地籍调查推进集体土地确权登记发证工作的通知

（2013年9月3日　国土资发〔2013〕97号）

各省、自治区、直辖市国土资源主管部门，新疆生产建设兵团国土资源局，解放军土地管理局，部有关直属单位，各派驻地方的国家土地督察局，部机关各司局：

按照党的"十八大"关于推进新型城镇化建设和城乡发展一体化的要求，全面贯彻落实中共中央、国务院《关于加快发展现代农业 进一步增强农村发展活力的若干意见》（中发〔2013〕1号）精神，部研究决定，在现有工作的基础上，采取切实有效措施，进一步加快农村地籍调查，全面推进集体土地确权登记发证工作。现将有关事项通知如下。

一、加快农村地籍调查，保障集体土地确权登记发证工作

（一）充分认识农村地籍调查工作重要意义。农村地籍调查是土地管理中打基础、利长远的工作，是实现土地精细化管理，促进城乡地政统一管理的重要保障，是维护广大农民土地合法权益，促进社会和谐稳定的重要支撑。各地要充分认识农村地籍调查工作的重要意义，通过组织开展农村地籍调查，全面掌握农村范围内每一宗土地的利用类型、数量、分布及权属、界址等产权状况，为当前开展的集体土地确权登记发证工作提供基础支撑，确保全国农村集体土地确权登记发证工作有序推进。同时，也为下一步不动产统一登记奠定坚实的基础。

（二）进一步明确农村地籍调查工作内容。农村地籍调查作为今后一段时期地籍管理工作的重点，主要任务是对农村范围内包括农村宅基地、农村集体建设用地等在内的每一宗地的权属、界址、位置、面积、用途等进行调查。主要内容包括土地权属调查和地籍测量，土地权属调查是调查土地的权属状况和界址，地籍测量是测量宗地的界址边界。各地要严格依据《地籍调查规程》（TD/T1001－2012），按照"统筹谋划，科学组织；需求带动，服务推动；立足基础，节约高效；息纷止争，维权维稳"的总体指导原则，坚持政府主导，建立稳定的长效投入机制，调动各方积极性，加快推进本地区农村地籍调查的各项调查工作。

（三）统筹有序安排农村地籍调查各项任务。各地要客观分析现有工作条件，有计划、有步骤、分阶段稳妥推进本地区的农村地籍调查工作。各地在开展农村地籍调查工作时，要与现有工作统筹安排，当前尤其要充分结合农村集体土地确权登记发证工作的总体部署和要求，在已基本完成集体土地所有权登记发证工作的基础上，继续做好调查成果的整理完善工作，尽快组织开展农村集体建设用地调查和宅基地调查，全力保证农村集体土地确权登记发证工作。

二、因地制宜，严格规范，确保农村地籍调查成果质量

（一）因地制宜加快农村地籍调查工作。地方应根据本地区的特点，制定地籍调查方案，采用切实可行的调查方法开展调查。有条件地区要着眼于地籍管理和国土资源事业的长远发展，兼顾需要和可能，尽可能采用高精度的调查标准和调查方法实测界址点坐标并计算宗地面积，制作大比例尺地籍图；条件不具备的地区，界址点的测量可采用图解法，实地丈量界址边长及界址点与邻近地物的相关距离或条件距离，确保相邻关系的准确。

对于已经调查的宗地实地情况发生变化的，开展日常变更地籍调查及变更登记，保持地籍调查成果的现势性；对已经调查的宗地测量精度不满足需要的，要及时进行修补测；对于已经调查的宗地档案资料缺失及不规范的，应尽快补正完善；对于未开展过地籍调查的地区，按照地籍总调查的模式开展调查。

（二）严格规范开展农村地籍调查工作。各地应以"权属合法、界址清楚、面积准确"为原则，依据《地籍调查规程》，查清农村每一宗土地的权属、界址、面积和用途（地类）等，建立完备的地籍调查数据库。地籍调查工作中，各地要积极探索新技术、新方法的应用，结合已有的宅基地、集体建设用地调查成果，并充分利用第二次全国土地调查成果、年度土地变更调查成果以及最新的遥感影像，开展农村地籍调查工作，并做好与现有调查资料的充分衔接。

同时，各地可结合开展不动产统一登记的新形势、新要求，适时开展涵盖各种权利类型的农村地籍调查工作，探索形成操作性强的工作流程和切实可行的技术方法，为即将开展的不动产统一登记进行积极主动的探索。

（三）加强农村地籍调查成果的信息化。各地应以集体土地确权登记发证工作为契机，采取积极有效措施，加快推进农村地籍调查成果的信息化。要在第二次全国土地调查成果的基础上，以年度土地变更调查数据库为平台，开展农村集体土地所有权调查成果的上图入库工作，补充完善农村集体建设用地调查和宅基地调查成果，建立农村地籍调查数据库，更新土地变更调查数据库中权属、界址、面积等地籍信息。同时，建立农村地籍调查成果动态更新长效机制，以土地登记为切入点，动态更新农村地籍调查成果资料，保持调查成果的现势性。

（四）探索农村地籍调查成果的应用。各地要积极探索农村地籍调查成果的应用，切实为国土资源精细化管理提供支撑和保障。农村宅基地地籍调查成果要充分应用于宅基地审批、城乡建设用地增减挂钩、农村土地整治等工作中，农村集体建设用地调查成果要与年度土地变更调查、土地执法等工作相结合，做到相互印证，相互支撑。

三、采取有效措施，全面推进各项工作

（一）加强组织领导。各地要高度重视，加强对农村地籍调查的组织领导，将加快推进农村地籍调查工作作为夯实农村土地管理基础，特别是农村集体土地确权登记发证的重要内容，统一领导、统一部署、统一组织实施。各地在推进地籍调查工作的过程中，要立足当地工作基础和实际需求，对重点区域和城乡结合部以需求带动为主，体现急需优先的原则，对其他地区，则应加大政府投入力度，以服务推动为主，体现全面开展的要求。各地国土资源主管部门要积极主动地向同级党委、政府汇报调查工作进度，加强与各有关部门的协调联动，建立政府主导的工作推动机制。各省要及时将加快推进农村地籍调查工作的省级实施方案报部备案，部将适时开展督导检查。

（二）保障工作经费。农村地籍调查是一项基础性工作，各地要积极开拓思路，多渠道筹措资金，确保地籍调查所需经费。县级以上地方国土资源主管部门应当配合同级财政部门，根据 2013 年中央 1 号文件精神和《土地调查条例实施办法》的有关规定落实经费。必要时，可以与同级财政部门共同制定调查经费从新增建设用地土地有偿使用费、国有土地使用权有偿出让收入中列支的管理办法。已经完成地籍调查的地区，要积极争取地方政府财政支持，将地籍成果更新和系统建设与维护资金足额纳入年度财政预算。

（三）强化队伍建设。各级国土资源主管部门要有计划地开展地籍调查业务培训，逐步建立地籍调查人员学习培训长效机制，不断提高执行政策和规范开展业务的能力，以及沟通协调和解决实际问题的能力。县级以上国土资源主管部门应明确专门的机构和人员，具体负责地籍调查工作，建立调查队伍人员的定期考核制度。各地要积极引导建立社会化地籍调查中介机构，提高农村地籍调查效率和规范化水平，逐步建立市场化的地籍调查工作机制。

（四）加大宣传力度。各地要采取多种形式，在农村集体土地确权发证工作中，大力宣传农村地籍调查的重要意义，创造良好的舆论环境和工作氛围。部将根据农村集体土地确权登记发证工作进展，适时召开加快推进农村地籍调查工作现场会，总结推广典型经验，促进农村地籍调查工作规范有序开展。

此通知自下发之日起实施，有效期为 5 年。

国土资源部、国务院侨务办公室关于做好华侨农场土地保护和开发利用工作的意见

（2013 年 10 月 28 日　国土资发〔2013〕116 号）

吉林、福建、江西、广东、广西、海南、云南省（区）国土资源主管部门、侨务办

公室：

华侨农场国有土地是广大归难侨职工赖以生存的重要生产资料，是华侨农场发展的资源保障。近年来，通过全面开展土地确权登记工作，华侨农场及归难侨职工土地权益得到有效保障，土地开发利用成效显著，经济社会得到较快发展，广大职工特别是归难侨的生活大大改善。但各地在开发利用华侨农场土地过程中，也不同程度存在一些问题，影响了改革的深入和华侨农场的发展。

为加强华侨农场土地保护和开发利用管理，切实维护华侨农场及广大职工的土地权益，根据《国务院关于推进华侨农场改革和发展的意见》（国发〔2007〕6号）和国务院侨务办公室等十部门《关于进一步推进华侨农场改革和发展工作的意见》（国侨发〔2012〕29号）精神，现提出以下意见：

一、认真做好华侨农场土地保护工作

（一）全面完成华侨农场土地确权工作。坚持按照尊重历史、面对现实的原则，依法加大对华侨农场土地权属争议调处力度，及早解决土地权属纠纷，全面完成华侨农场土地确权工作；结合日常地籍管理，强化华侨农场土地权益保护，避免已确权土地再次产生争议。已登记的华侨农场土地被周边农村集体、农民个人以及其他单位非法侵占的，要坚决依法责令退回。

（二）深化华侨农场土地经营体制改革。稳定和完善以职工家庭土地承包经营为基础、统分结合的双层经营体制，保障

承包户对土地的使用、收益等权利。在承包期内，华侨农场不得强制收回土地承包经营权；确需改变职工家庭土地承包权、承包期、承包费的，应事先征得承包户同意；涉及土地范围较大、承包户较多时，应制定合理的调整和补偿方案，经农场职工代表大会讨论通过并予公示。坚持按照依法、有偿、自愿的原则，规范有序推进华侨农场土地承包经营权的流转。承包户流转土地承包经营权应当签订书面合同，并报华侨农场备案。

（三）落实华侨农场耕地与基本农田保护政策。各地在开发利用华侨农场土地过程中，必须严格遵守耕地保护政策，严格执行土地用途管制制度及占用耕地补偿制度，切实做到耕地占补平衡；根据华侨农场实际及当地经济社会发展的需要，合理确定华侨农场范围内基本农田数量和区位；严格执行基本农田保护政策，确保土地利用总体规划范围内的基本农田总量不减少、用途不改变、质量有提高。严禁擅自通过调整华侨农场隶属关系、撤销华侨农场建制等方式收回华侨农场土地或改变华侨农场农用地用途。

二、有序推进华侨农场土地开发利用

（四）加强华侨农场土地利用规划。各地应按照循序渐进、集约发展的原则，合理确定华侨农场区域功能、产业定位和发展规模，并将华侨农场用地纳入当地土地利用总体规划及城乡规划统筹安排。华侨农场产业布局及其他专项规划应当与土地利用总体规划相衔接。依据规划有序开

展各项土地开发利用活动，不断提高土地节约集约利用水平。

（五）大力推进高标准基本农田建设。切实加大华侨农场土地综合整治力度，积极开展土地整理复垦开发，加大农业物质技术装备投入，加强农业设施建设，提升华侨农场耕地地力等级和农业生产能力。各地在安排国家农田水利建设、农业综合开发、土地开发整理、耕地质量建设、农田林网建设等项目时，对符合条件的华侨农场给予适当倾斜。鼓励和支持基本农田集中连片的华侨农场推进高标准基本农田建设。

（六）鼓励华侨农场发展农业规模化经营。鼓励和支持承包土地向专业大户、家庭农场、农民合作社流转，发展多种形式的适度规模经营；引导职工家庭经营更多地采用先进适用技术和现代生产要素，加快转变农业生产经营方式。积极培育壮大农业产业化龙头企业，鼓励和引导侨资、民营资本等到华侨农场发展适合企业化经营的种养业，切实将符合条件的企业纳入各项支农强农惠农补贴补助范围。

（七）积极支持华侨农场产业发展用地需求。各地国土资源主管部门在安排土地利用年度计划时，要充分考虑华侨农场发展的需求，安排好华侨农场的建设用地。对华侨农场调整优化产业结构，发展现代高效农业，高技术、高附加值、低消耗、低排放的新产业、新工艺、新产品以及旅游文化服务等第三产业，在项目用地上给予适当倾斜。严格控制环境危害大、土地利用强度低、投入产出效益差的项目用地。

（八）节约集约开发利用华侨农场土地。鼓励有条件的华侨农场，规范运用城乡建设用地增减挂钩等政策，优化华侨农场建设用地布局，推进节约集约用地。严格执行闲置土地处置政策，优先开发利用空闲、废弃、闲置和低效利用的土地，努力提高建设用地利用效率。严格执行《工业项目建设用地控制指标》（国土资发〔2008〕24号）、国家和地方颁布的建设项目用地标准，加强标准执行情况的监测监管，在建、已建项目达不到相关标准的，按土地出让合同承担违约责任，避免利用产业项目圈地占地。

（九）积极支持华侨农场城镇化建设用地。有条件的地方，可以在自愿基础上有序推进职工住宅小区建设，引导职工向场镇居民点集中居住，多渠道筹措建设资金，不断改善职工居住条件和居住环境。重点支持华侨农场职工集中居住点，优先安排华侨农场水、电、路网等基础设施建设用地，保障教育、医疗、安置住房等民生用地，提高基础设施建设和社会公共服务水平。

三、切实保障华侨农场及职工土地权益

（十）规范华侨农场国有土地使用权收回行为。因国家经济建设或地方公益性建设需要，收回华侨农场农用地的，涉及农用地转用的需依法办理农用地转用审批手续，并按照国土资源部、国务院侨务办公室等十部委联合印发的国侨发〔2012〕

29号文规定的补偿标准给予补偿；收回华侨农场建设用地的，应按照《国土资源部农业部关于加强国有农场土地使用管理的意见》（国土资发〔2008〕202号）规定的补偿标准给予补偿；征收华侨农场国有土地上房屋的，应按照《国有土地上房屋征收与补偿条例》规定的补偿标准给予补偿。依法收回的华侨农场国有建设用地使用权不符合法定划拨供地范围的，应当实行有偿使用；用于工业、商业、旅游、娱乐和商品住宅等经营性用途的，应当实行招标、拍卖或者挂牌方式供地。

对拟收回的华侨农场土地使用权，在依法报批前，参照集体土地征收办法进行告知、确认、听证，将拟收回土地的权利人名称、用途、位置、面积、补偿标准、安置途径等告知该农场和所涉及的职工。应当书面告知华侨农场国有建设用地使用权人有申请听证的权利，权利人要求举行听证的，市、县国土资源主管部门应当依照《国土资源听证规定》依法组织听证。对拟收回土地的现状调查结果，应当经该农场和所涉及的职工确认，并将该农场和所涉及职工的知情、确认等有关材料作为收回土地报批的必备材料。

（十一）切实做好失地人员的补偿安置工作。坚持先补偿安置、后开发利用的原则，补偿资金和安置方案不落实的，不得收回华侨农场土地。土地补偿费应当归农场所有，农场对土地补偿费的使用应主要用于被收回土地的农场职工；安置补助费应专项用于被收回土地的农场职工安置

支出；地上附着物及青苗补偿费归地上附着物及青苗的所有者所有。各项补偿费用应当及时足额支付给农场和被收回土地的农场职工，任何单位和个人不得截留、挤占和挪用。住房安置应按照"先建新、后拆旧"的原则，确保收回华侨农场土地及征收国有土地上房屋等工作平稳有序进行。土地出让所得中应安排适当资金补助失地人员社会保障支出，逐步建立归难侨生活保障的长效机制。加强就业创业培训，拓宽就业渠道，创造失地人员自主就业创业的条件。

（十二）建立健全华侨农场土地收益分配机制。华侨农场土地出让和增值收益，要严格遵照国土资源部、国务院侨务办公室等十部委联合印发的国侨发〔2012〕29号文有关规定，优先用于解决华侨农场基础设施建设及归难侨民生问题。华侨农场整合原有资产涉及的原划拨建设用地改变用途用于经营性物业开发的，经规划部门同意并报经市县人民政府批准，可以办理协议出让等有偿用地手续；原出让土地改变用途的，经出让方和规划部门同意，市县国土资源主管部门可以与原土地使用权人签订国有土地出让合同变更协议或重新签订出让合同，补缴土地出让金，并按规定办理土地变更登记。华侨农场原有资产和土地资源整合中涉及农用地转为建设用地的，应当在依法办理农用地转用、收回等相关手续后，依法依规供地；不符合划拨和协议出让范围的，应当采取招标拍卖挂牌等方式出让。华侨农场应当因地制宜

发展特色产业，切实提高经营收益，为归难侨职工提供长远生活保障。要进一步深化华侨农场体制改革，尽快与财政、税收、土地等政策做好衔接，落实地方政府各类补贴、返还政策，不断建立和完善各类补贴、返还承接机制，以满足华侨农场长远发展需要。

（十三）切实维护华侨农场及其职工的合法土地权益。各地要加强对华侨农场土地保护和开发利用工作的组织领导，坚决贯彻落实加强土地管理的各项政策措施，严肃查处擅自改变华侨农场土地用途和非法侵占华侨农场土地的行为，切实维护华侨农场及其职工的合法土地权益。

各地国土资源、侨务主管部门要加强协调配合，做好政策落实情况的监督检查。政策执行中的问题和意见请及时报告上级部门。

国土资源部关于强化管控落实最严格耕地保护制度的通知

（2014 年 2 月 13 日　国土资发〔2014〕18 号）

各省、自治区、直辖市及计划单列市国土资源主管部门，新疆生产建设兵团国土资源局，解放军土地管理局，各派驻地方的国家土地督察局，部机关各司局：

党中央、国务院高度重视耕地保护工作。党的十八大、十八届三中全会和中央经济工作会议、城镇化工作会议、农村工作会议就严防死守 18 亿亩耕地保护红线、确保实有耕地面积基本稳定、实行耕地数量和质量保护并重等提出了新的更高要求。为了贯彻落实最严格的耕地保护制度，现通知如下：

一、进一步提高认识，毫不动摇地坚持耕地保护红线

（一）充分认识保护耕地的极端重要性。党中央、国务院的新要求，体现了对坚守耕地保护红线和粮食安全底线的战略定力，体现了深化改革创新和对子孙后代高度负责的鲜明态度。各级国土资源部门要认真学习、深刻领会党中央、国务院决策精神，切实提高对保护耕地极端重要性和现实紧迫性的认识，在思想上、行动上自觉与以习近平同志为总书记的党中央保持高度一致。必须充分认识到，尽管第二次全国土地调查数据显示耕地面积有所增加，但粮食生产的实有耕地面积并未增长，人口多、耕地少的基本国情没有改变，粮食安全和耕地保护形势依然严峻，耕地保护工作绝不能放松；我国经济已经到了必须在发展中加快提质增效升级的重要时期，粗放扩张、浪费资源、破坏环境的老路不能再走，严守耕地红线、节约集约用地比以往任何时候都更为重要和紧迫；经过 30 多年持续快速发展，我国土地开发强度总体偏高，建设用地存量大、利用效率低，划定永久基本农田、严控建设占用耕地不仅十分必要，也已具备条件。

（二）坚决落实党中央、国务院决策

部署。各级国土资源部门要积极行动起来，认真贯彻落实党的十八大和十八届三中全会等一系列重要会议精神，紧紧围绕经济工作的总体要求，将保护耕地作为土地管理的首要任务，坚决落实最严格的耕地保护制度和节约用地制度，坚持耕地保护优先、数量质量并重，全面强化规划统筹、用途管制、用地节约和执法监管，加快建立共同责任、经济激励和社会监督机制，严守耕地红线，确保耕地实有面积基本稳定、质量不下降。

二、强化土地用途管制，全面落实耕地数量和质量保护战略任务

（三）加大土地利用规划计划管控力度。严格按照土地利用总体规划批地用地，严禁突破土地利用总体规划设立新城新区和各类开发区（园区）。建立土地利用总体规划评估修改制度，严格限定条件，规范修改程序，扩大公众参与，禁止随意修改规划，切实维护规划的严肃性。按照国家新型城镇化发展要求，依据第二次全国土地调查成果，合理调整土地利用总体规划，严格划定城市开发边界、永久基本农田和生态保护红线，强化规划硬约束；严格控制城市建设用地规模，确需扩大的，要采取串联式、组团式、卫星城式布局，避让优质耕地。按照国家统一部署，选择部分市、县，探索经济社会发展、城乡、土地利用规划的"多规合一"，强化土地利用规划的基础性、约束性作用。加强年度用地计划与规划的衔接，逐步减少新增建设用地计划指标，重点控制东部地区特

别是京津冀、长三角、珠三角三大城市群建设用地规模，对耕地后备资源不足的地区相应减少建设占用耕地指标。

（四）进一步严格建设占用耕地审批。强化建设项目预审，严格项目选址把关。凡不符合土地利用总体规划、耕地占补平衡要求、征地补偿安置政策、用地标准、产业和供地政策的项目，不得通过用地预审。对线性工程占用耕地 100 公顷以上、块状工程 70 公顷以上的，省级国土资源部门必须组织实地踏勘论证，部组织抽查核实；确需占用的，按照确保粮食生产能力不下降的要求，提出补充耕地安排，补充数量质量相当的耕地，并作为通过预审的必备条件。建设用地审查报批时，要严格审查补充耕地落实情况，达不到规定要求的，不得通过审查。严格审核城市建设用地，除生活用地及公共基础设施用地外，原则上不再安排城市人口 500 万以上特大城市中心城区新增建设用地；人均城市建设用地目标严格控制在 100 平方米以内，后备耕地资源不足的地方相应减少新增建设占用耕地。处理好简政放权、改革审批与保护耕地、严格监管的关系，对符合法律法规规定和以上要求的建设项目，要提高土地审批效率，搞好供地服务。

（五）强化耕地数量和质量占补平衡。各地要严格执行以补定占、先补后占规定，引导建设不占或少占耕地。利用农用地分等定级、土壤地质调查测评分析、第二次全国土地调查等成果，完善现有和后备耕地资源质量等级评定，健全耕地质量等级

评价制度，作为调整完善规划、划定永久基本农田、建设用地审批和补充耕地审查的依据。土地整治补充耕地要先评定等级再验收，没有达到要求的不得验收。省级国土资源部门要在省级人民政府的领导和组织下，会同有关部门，对建设项目耕地占补平衡进行严格审查把关，坚决纠正占优补劣问题。全面实施耕作层剥离再利用制度，建设占用耕地特别是基本农田的耕作层应当予以剥离，用于补充耕地的质量建设，超过合理运距、不宜直接用于补充耕地的，应用于现有耕地的整治。统筹规划，整合资金，大力推进高标准基本农田建设。加大对生产建设活动和自然损毁土地的复垦力度，探索开展受污染严重耕地的修复工作。加强补充耕地立项管理，提高项目工程建设标准，加强项目规划设计审查，严格项目验收。加强土地整治项目的建后管护，严防边整治边撂荒，严禁土地整治后又被非农业建设占用，多措并举提高整治土地的质量等级。除突发性自然灾害等原因外，严禁将耕地等农用地通过人为撂荒、破坏质量等方式变为未利用地。对因生态退化等原因导致耕地等农用地变更为未利用地的，不得纳入土地整治项目并用于占补平衡。

（六）严格划定和永久保护基本农田。各地应以依法批准的土地利用总体规划为依据，在已有工作基础上，从城市人口500万以上城市中心城区周边开始，由大到小、由近及远，加快全国基本农田划定工作，切实做到落地到户、上图入库、网上公布，接受监督。在交通沿线和城镇、村庄周边的显著位置增设永久保护标志牌。按照耕地质量等别从高到低的顺序，城镇、村庄周边和铁路、公路等交通沿线的优质耕地，建成的高标准农田，经县级以上人民政府批准确定的粮、棉、油、蔬菜等生产基地内的耕地，农业科研、教学试验田等，必须划定为基本农田。不得借基本农田划定或者建立数据库之机，擅自改变规划确定的基本农田布局，降低基本农田的质量标准。基本农田一经划定，实行严格管理、永久保护，任何单位和个人不得擅自占用或改变用途；建立和完善基本农田保护负面清单，符合法定条件和供地政策，确需占用和改变基本农田的，必须报国务院批准，并优先将同等面积的优质耕地补划为基本农田。

（七）严防集体土地流转"非农化"。农村土地管理制度改革要按照守住底线、试点先行的原则稳步推进，严格依据经中央批准的改革方案、在批准的试点范围内进行，坚持以符合规划和用途管制为前提，严防擅自扩大建设用地规模、乱占滥用耕地。农村土地承包经营权流转和抵押、担保等，必须在坚持和完善最严格的耕地保护制度前提下进行，坚持农地农用，不得借农地流转之名违规搞非农业建设，严禁在流转农地上建设旅游度假村、高尔夫球场、别墅、农家乐、私人会所等。引导农业结构调整不改变耕地用途，严禁占用基本农田挖塘造湖、种植林果、建绿色通道及其他毁坏基本农田种植条件的行为。设施农业项目要尽可能利用农村存量建设用地和非耕地，不得占用基本农田。生态退耕必须严格按照有关法规规定的条件和经国务院批准的方案，分步骤、有计划进行，基本农田和土地整治形成的耕地不得纳入退耕范围，依据第二次全国土地调查、年度土地变更调查成果审核退耕范围和退耕结果，严防弄虚作假和随意扩大退耕范围。

（八）引导和促进各类建设节约集约用地。各级国土资源部门要按照严控增量、盘活存量、优化结构、提高效率的总要求，综合运用规划调控、市场调节、标准控制、执法监管等手段，全面推进城镇、工矿、农村、基础设施等各类建设节约集约用地，切实减少对耕地的占用，严防侵占优质耕地。统筹安排新增和存量建设用地，新增建设用地计划安排要与节约集约用地绩效相挂钩，促进节约用地、保护耕地。

三、加强土地执法督察，严肃查处乱占滥用耕地行为

（九）强化耕地保护执法监察。加强对违反规划计划扩大建设用地规模、农村土地流转和农业结构调整中大量损坏基本农田等影响面大的违法违规行为的执法检查。充分利用卫星遥感、动态巡查、网络信息、群众举报等手段，健全"天上看、地上查、网上管、群众报"违法行为发现机制，对耕地进行全天候、全覆盖监测。在每年一次全国土地卫片执法检查的基础上，在有条件地区推广应用无人机航拍、基本农田视频监控网等，对重点城市群郊区、耕地集中连片区域和土地违法违规行

为高发地区，加大执法查处频度。认真落实违法行为报告制度，对非法占用基本农田 5 亩以上或基本农田以外的耕地 10 亩以上、非法批准征占基本农田 10 亩以上或基本农田以外的耕地 30 亩以上以及其他造成耕地大量毁坏行为的，国土资源部门必须在核定上述违法行为后 3 个工作日内向同级地方人民政府和上级国土资源部门报告。坚持重大典型违法违规案件挂牌督办制度，对占用耕地重大典型案件及时进行公开查处、公开曝光。加强与法院、检察、公安、监察等部门的协同配合，形成查处合力。

（十）进一步加强耕地保护督察。国家土地督察机构要以耕地保护目标责任落实、规划计划执行、建设用地审批、基本农田划定、耕地占补平衡和农地流转等为重点，加强对省级人民政府耕地保护情况的监督检查，有关工作向国务院报告。2014 年，要将耕地数量质量保护、粮食主产区基本农田划定和保护、农地流转"非农化"、地方违规出台相关政策造成耕地大量流失等作为督察工作的重点。对监督检查中发现的问题，派驻地方的国家土地督察局应及时向督察区域内相关省级和计划单列市人民政府提出整改意见。对整改不力的，由国家土地总督察依照有关规定责令限期整改。整改期间，暂停被责令限期整改地区农用地转用和土地征收的受理和审查报批。

（十一）严格耕地保护责任追究制度。严格执行《违反土地管理规定行为处分办法》（监察部、人力资源和社会保障部、

国土资源部部令第 15 号），积极配合监察机关追究地方人民政府负责人的责任。应当将耕地划入基本农田而不划入，且拒不改正的，对直接负责的主管人员和其他直接责任人员，给予行政处分。对国土资源部门工作人员不依法履行职责，存在徇私舞弊、压案不查、隐瞒不报等行为的，要严格依照相关规定追究有关责任人的责任。

四、落实共同责任，建立耕地保护长效机制

（十二）构建耕地保护共同责任机制。完善省级人民政府耕地保护责任目标考核办法，将永久基本农田划定和保护、高标准基本农田建设、补充耕地质量等纳入考核内容，健全评价标准，实行耕地数量与质量考核并重。积极推动将耕地保护目标纳入地方经济社会发展和领导干部政绩考核评价指标体系，加大指标权重，考核结果作为对领导班子和领导干部综合考核评价的参考依据。推动地方政府严格执行领导干部耕地保护离任审计制度，落实地方政府保护耕地的主体责任。建立奖惩机制，将耕地保护责任目标落实情况与用地指标分配、整治项目安排相挂钩。

（十三）完善耕地保护约束激励机制。支持地方提高非农业建设占用耕地特别是基本农田的成本，加大对耕地保护的补贴力度，探索建立耕地保护经济补偿机制。建立健全制度，鼓励农村集体经济组织和农民依据土地整治规划开展高标准基本农田建设，探索实行"以补代投、以补促建"。积极促进土地税费制度改革，提高新增建设用地土地有偿使用费标准，建立按本地区开垦同等质量耕地成本缴纳耕地开垦费的制度。耕地保有量和基本农田面积少于土地利用总体规划确定的保护目标的，核减相应中央新增建设用地土地有偿使用费预算分配数。

（十四）推进耕地保护调查监测和信息化监管。加强耕地和基本农田变化情况监测及调查，及时预警、发布变化情况。以第二次全国土地调查、年度土地变更调查和卫星遥感监测数据为基础，加快完善土地规划、基本农田保护、土地整治和占补平衡等数据库，建立数据实时更新机制，实现与建设用地审批、在线土地督察等系统的关联应用和全国、省、市、县四级系统的互联互通，纳入国土资源"一张图"和综合监管平台，强化耕地保护全流程动态监管。

（十五）加强耕地保护法制化规范化建设。加强耕地保护立法研究工作，推动土地利用规划、土地整治、土地督察等法制化建设。各地要结合实际，健全耕地保护地方性法规规章。推行重大决策社会稳定风险评估和后评估制度，全面落实耕地保护听证制度。抓紧完善耕地质量等级评定和建设标准，完善工程项目用地控制指标。

管好用好耕地始终是我国现代化进程中一个基础性、全局性、战略性问题。各级国土资源部门要切实增强保护耕地的责任感和使命感，采取有力措施，坚决落实最严格的耕地保护制度，确保国家政令畅通，保障国家粮食安全。

国土资源部关于停止执行《关于印发〈矿业权出让转让管理暂行规定〉的通知》第五十五条规定的通知

（2014 年 7 月 16 日　国土资发〔2014〕89 号）

各省、自治区、直辖市国土资源主管部门，新疆生产建设兵团国土资源局，中国地质调查局，武警黄金指挥部，部其他直属单位，各派驻地方的国家土地督察局，部机关各司局：

根据《中华人民共和国物权法》、《中华人民共和国担保法》的有关规定，为保证财产权人依法行使抵押权，现停止执行《关于印发〈矿业权出让转让管理暂行规定〉的通知》（国土资发〔2000〕309 号）第五十五条规定。

国土资源部关于印发《国土资源违法行为查处工作规程》的通知

（2014 年 9 月 10 日　国土资发〔2014〕117 号）

各省、自治区、直辖市国土资源主管部门，新疆生产建设兵团国土资源局，解放军土地管理局，部有关直属单位，各派驻地方的国家土地督察局，部机关各司局：

《国土资源违法行为查处工作规程》已经部长办公会议审议通过，现予以发布，自 2014 年 10 月 1 日起施行。

国土资源违法行为查处工作规程

为规范国土资源违法行为查处工作，明确查处工作程序和标准，提高执法水平，提升执法效能，根据《中华人民共和国土地管理法》、《中华人民共和国矿产资源法》、《中华人民共和国行政处罚法》等法律法规，制定本规程。

1　适用范围

县级以上人民政府国土资源主管部门查处国土资源违法行为，适用本规程，法律、法规、规章另有规定的除外。

2　引用的标准和文件

下列标准和文件所包含的条文，通过在本规程中引用而构成本规程的条文。本规程颁布时，所示版本均为有效。使用本规程的各方应当使用下列各标准和文件的最新版本。

GB/T 17228 - 1998　《地质矿产勘查测绘术语》

GB/T 17986 - 2000　《房产测量规范》

GB/T 18341 - 2001　《地质矿产勘查测量规范》

GB/T 18507 - 2001　《城镇土地分等定级规程》

GB/T 18508 - 2001　《城镇土地估价规程》

GB/T 19231 - 2003　《土地基本术语》

GB/T 21010 – 2007 《土地利用现状分类》

GB/T 28407 – 2012 《农用地质量分等规程》

GB/T 28405 – 2012 《农用地定级规程》

GB/T 28406 – 2012 《农用地估价规程》

TD/T 1010 – 1999 《土地利用动态遥感监测规程》

TD/T 1008 – 2007 《土地勘测定界规程》

3 依据

(1)《中华人民共和国土地管理法》

(2)《中华人民共和国城市房地产管理法》

(3)《中华人民共和国城乡规划法》

(4)《中华人民共和国矿产资源法》

(5)《中华人民共和国行政处罚法》

(6)《中华人民共和国行政强制法》

(7)《中华人民共和国行政许可法》

(8)《中华人民共和国行政复议法》

(9)《中华人民共和国行政诉讼法》

(10)《中华人民共和国民法通则》

(11)《中华人民共和国物权法》

(12)《中华人民共和国刑法》

(13)《中华人民共和国民事诉讼法》

(14)《中华人民共和国城镇国有土地使用权出让和转让暂行条例》（国务院令第55号）

(15)《矿产资源补偿费征收管理规定》（国务院令第150号）

(16)《中华人民共和国矿产资源法实施细则》（国务院令第152号）

(17)《矿产资源勘查区块登记管理办法》（国务院令第240号）

(18)《矿产资源开采登记管理办法》（国务院令第241号）

(19)《探矿权采矿权转让管理办法》（国务院令第242号）

(20)《城市房地产开发经营管理条例》（国务院令第248号）

(21)《中华人民共和国土地管理法实施条例》（国务院令第256号）

(22)《基本农田保护条例》（国务院令第257号）

(23)《行政执法机关移送涉嫌犯罪案件的规定》（国务院令第310号）

(24)《国务院关于预防煤矿生产安全事故的特别规定》（国务院令第446号）

(25)《中华人民共和国行政复议法实施条例》（国务院令第499号）

(26)《土地调查条例》（国务院令第518号）

(27)《土地复垦条例》（国务院令第592号）

(28)《国务院关于坚决制止占用基本农田进行植树等行为的紧急通知》（国发明电〔2004〕1号）

(29)《国务院关于深化改革严格土地管理的决定》（国发〔2004〕28号）

(30)《国务院关于全面整顿和规范矿产资源开发秩序的通知》（国发〔2005〕28号）

（31）《国务院关于加强土地调控有关问题的通知》（国发〔2006〕31号）

（32）《国务院办公厅关于规范国有土地使用权出让收支管理的通知》（国办发〔2006〕100号）

（33）《国务院办公厅关于严格执行有关农村集体建设用地法律和政策的通知》（国办发〔2007〕71号）

（34）《国务院关于促进节约集约用地的通知》（国发〔2008〕3号）

（35）《关于实行党政领导干部问责的暂行规定》（中办发〔2009〕25号）

（36）《中共中央办公厅 国务院办公厅转发国务院法制办等部门〈关于加强行政执法与刑事司法衔接工作的意见〉的通知》（中办发〔2011〕8号）

（37）《建设用地审查报批管理办法》（国土资源部令第3号）

（38）《划拨用地目录》（国土资源部令第9号）

（39）《违反土地管理规定行为处分办法》（监察部、人力资源和社会保障部、国土资源部令第15号）

（40）《协议出让国有土地使用权规定》（国土资源部令第21号）

（41）《国土资源听证规定》（国土资源部令第22号）

（42）《土地利用年度计划管理办法》（国土资源部令第37号）

（43）《招标拍卖挂牌出让国有建设用地使用权规定》（国土资源部令第39号）

（44）《土地登记办法》（国土资源部令第40号）

（45）《建设项目用地预审管理办法》（国土资源部令第42号）

（46）《土地利用总体规划编制审查办法》（国土资源部令第43号）

（47）《土地调查条例实施办法》（国土资源部令第45号）

（48）《闲置土地处置办法》（国土资源部令第53号）

（49）《土地复垦条例实施办法》（国土资源部令第56号）

（50）《国土资源行政处罚办法》（国土资源部令第60号）

（51）《节约集约利用土地规定》（国土资源部令第61号）

（52）《国土资源部关于加强地热、矿泉水勘查、开采管理的通知》（国土资发〔2000〕209号）

（53）《国土资源部关于印发矿业权出让转让管理暂行规定》的通知（国土资发〔2000〕309号）

（54）《国土资源部关于印发〈国土资源执法监察错案责任追究制度〉的通知》（国土资发〔2000〕431号）

（55）《国土资源部关于印发〈国土资源违法案件会审制度〉等三项制度的通知》（国土资发〔2001〕372号）

（56）《国土资源部关于印发〈市（地）县（市）级国土资源主管部门矿产资源监督管理暂行办法〉的通知》（国土资发〔2003〕17号）

（57）《监察部 国土资源部关于监察机

关和国土资源部门在查处土地违法违纪案件中加强协作配合的通知》（监发〔2005〕6号）

（58）《国土资源部关于印发〈非法采矿、破坏性采矿造成矿产资源破坏价值鉴定程序〉的通知》（国土资发〔2005〕175号）

（59）《国土资源部关于印发〈招标拍卖挂牌出让国有土地使用权规范〉（试行）和〈协议出让国有土地使用权规范〉（试行）的通知》（国土资发〔2006〕114号）

（60）《国土资源部 监察部关于落实工业用地招标拍卖挂牌出让制度有关问题的通知》（国土资发〔2007〕78号）

（61）《国土资源部关于建立健全土地执法监管长效机制的通知》（国土资发〔2008〕173号）

（62）《国土资源部 最高人民检察院 公安部关于国土资源主管部门移送涉嫌国土资源犯罪案件的若干意见》（国土资发〔2008〕203号）

（63）《最高人民法院 最高人民检察院 公安部 国土资源部关于在查处国土资源违法犯罪工作中加强协作配合的若干意见》（国土资发〔2008〕204号）

（64）《监察部 人力资源和社会保障部 国土资源部关于适用〈违反土地管理规定行为处分办法〉第三条有关问题的通知》（监发〔2009〕5号）

（65）《国土资源部 监察部关于进一步落实工业用地出让制度的通知》（国土资发〔2009〕101号）

（66）《国土资源部关于印发〈国土资源执法监察巡查工作规范〉（试行）的通知》（国土资发〔2009〕127号）

（67）《国土资源部关于进一步规范探矿权管理有关问题的通知》（国土资发〔2009〕200号）

（68）《国土资源部办公厅关于印发〈关于进一步加强和规范对违反国土资源管理法律法规行为报告工作的意见〉的通知》（国土资厅发〔2010〕58号）

（69）《国土资源部关于进一步加强对违反国土资源管理法律法规行为发现、制止、报告和查处工作的通知》（国土资电发〔2010〕78号）

（70）《国土资源部 住房和城乡建设部关于进一步加强房地产用地和建设管理调控的通知》（国土资发〔2010〕151号）

（71）《国土资源部 农业部关于完善设施农用地管理有关问题的通知》（国土资发〔2010〕155号）

（72）《国土资源部关于印发城乡建设用地增减挂钩试点和农村土地整治有关问题的处理意见的通知》（国土资发〔2011〕80号）

（73）《国土资源部 国家发展和改革委员会关于发布实施〈限制用地项目目录（2012年本）〉和〈禁止用地项目目录（2012年本）〉的通知》（国土资发〔2012〕98号）

（74）《国土资源部关于严格执行土地使用标准大力促进节约集约用地的通知》（国土资发〔2012〕132号）

（75）《国土资源部关于强化管控落实最严格耕地保护制度的通知》（国土资发〔2014〕18号）

（76）《最高人民法院关于执行〈中华人民共和国行政诉讼法〉若干问题的解释》（法释〔2000〕8号）

（77）《关于审理破坏土地资源刑事案件具体应用法律若干问题的解释》（法释〔2000〕14号）

（78）《最高人民法院关于行政诉讼证据若干问题的规定》（法释〔2002〕21号）

（79）《关于审理非法采矿、破坏性采矿刑事案件具体应用法律若干问题的解释》（法释〔2003〕9号）

（80）《最高人民法院关于审理破坏林地资源刑事案件具体应用法律若干问题的解释》（法释〔2005〕15号）

（81）《最高人民法院关于审理破坏草原资源刑事案件应用法律若干问题的解释》（法释〔2012〕15号）

（82）《最高人民法院关于适用〈中华人民共和国民事诉讼法〉若干问题的意见》（法发〔1992〕22号）

（83）最高人民检察院等10部门《关于在查办渎职案件中加强协调配合建立案件移送制度的意见》（高检会〔1999〕3号）

（84）《最高人民法院 国土资源部 建设部关于依法规范人民法院执行和国土资源房地产管理部门协助执行若干问题的通知》（法发〔2004〕5号）

（85）《最高人民检察院 国土资源部关于印发〈关于人民检察院与国土资源主管部门在查处和预防渎职等职务犯罪工作中协作配合的若干规定（暂行）〉的通知》（高检会〔2007〕7号）

（86）《最高人民检察院 公安部关于印发〈最高人民检察院 公安部关于公安机关管辖的刑事案件立案追诉标准的规定（一）〉的通知》（公通字〔2008〕36号）

（87）《最高人民检察院 公安部关于印发〈最高人民检察院 公安部关于公安机关管辖的刑事案件立案追诉标准的规定（二）〉的通知》（公通字〔2010〕23号）

4 总则

4.1 查处国土资源违法行为的基本内容

查处国土资源违法行为，是指县级以上人民政府国土资源主管部门，依照法定职权和程序，对自然人、法人或者其他组织违反土地、矿产资源法律法规的行为，进行调查处理，实施法律制裁的具体行政执法行为。

4.2 查处国土资源违法行为的原则与要求

查处国土资源违法行为，应当遵循严格、规范、公正、文明的原则，做到事实清楚、证据确凿、定性准确、依据正确、程序合法、处罚适当。

4.3 查处国土资源违法行为的实施主体

县级以上人民政府国土资源主管部门组织实施国土资源违法行为查处工作，具体工作依法由其执法监察工作机构和其他业务职能工作机构按照职责分工承担。

本规程所称国土资源执法监察工作机构是指履行执法监察职责的县级以上人民政府国土资源主管部门执法监察机构、队伍，包括执法监察局、处、科、股和执法监察总队、支队、大队等。

县级人民政府国土资源主管部门可以根据需要依法明确国土资源管理所、执法监察中队承担相应的国土资源执法监察工作。

4.4 国土资源执法监察人员

国土资源执法监察人员应当熟悉土地、矿产资源等法律法规，经过培训，考核合格，取得《国土资源执法监察证》。

执法监察人员在查处国土资源违法行为过程中，应当出示《国土资源执法监察证》，向当事人或者相关人员表明身份。

在国土资源违法行为查处过程中涉及国家秘密、商业秘密或者个人隐私的，执法监察人员应当保守秘密。

4.5 查处国土资源违法行为的工作保障

县级以上人民政府国土资源主管部门应当将执法监察工作经费纳入年度部门预算，提供必要的工作保障。

国土资源主管部门可以为执法监察人员办理人身意外伤害保险。

4.6 查处国土资源违法行为的基本流程

（1）违法线索发现

（2）线索核查与违法行为制止

（3）立案

（4）调查取证

（5）案情分析与调查报告起草

（6）案件审理

（7）作出处理决定（行政处罚决定或者行政处理决定）

（8）执行

（9）结案

（10）立卷归档

涉及需要移送公安、检察、监察、任免机关追究刑事责任、行政纪律责任的，应当依照有关规定移送。

4.7 规范实施行政处罚自由裁量权

省级人民政府国土资源主管部门应当依据法律法规规定的违法行为和相应法律责任，结合当地社会经济发展的实际情况，制定规范行政处罚自由裁量权适用的标准和办法，规定行政处罚自由裁量权适用的条件、种类、幅度、方式和时限等。市（地）级、县级人民政府国土资源主管部门可以根据省级规范行政处罚自由裁量权适用标准和办法，制定实施细则。

县级以上人民政府国土资源主管部门在对国土资源违法行为的调查、形成处理意见、审理、决定等查处过程中应当依照行政处罚自由裁量权标准规范进行。

4.8 地方补充规定

县级以上地方人民政府国土资源主管部门可以依据本规程制定实施细则或者补充规定，报上一级人民政府国土资源主管部门备案。

5 违法线索发现

5.1 违法线索发现渠道

（1）举报发现。通过12336举报电话、举报信件、网络举报等发现的国土资源违法线索。

（2）巡查发现。按照巡查工作计划确定的时间、路线、频率，巡查发现的国土资源违法线索。

（3）卫片执法监督检查发现。利用卫星遥感监测或者土地变更调查成果发现的国土资源违法线索。

（4）媒体反映。通过报刊、广播电视、网络等媒体发现的国土资源违法线索。

（5）上级交办、国家土地督察机构督办或者其他部门移送、转办的国土资源违法线索。

（6）其他渠道发现的国土资源违法线索。

5.2 违法线索处置

对于有明确违法行为发生地和基本违法事实的国土资源违法线索，应当填写《违法线索登记表》，载明线索来源、联系人基本情况、线索内容等，并提出初步处置建议，报执法监察工作机构负责人签批。

执法监察工作机构负责人认为需要对违法线索进行核查的，应当及时安排人员进行核查。

6 线索核查与违法行为制止

6.1 线索核查的主要内容

涉嫌违法当事人的基本情况；

涉嫌违法的基本事实；

（3）违反国土资源管理法律法规的情况；

（4）是否属于本级本部门管辖。

核查过程中，可以采取拍照、询问、复印资料等方式收集相关证据。

6.2 违法行为制止

发现存在国土资源违法行为，执法监察人员应当向违法当事人宣传国土资源法律法规和政策，告知其行为违法及可能承担的法律责任，采取措施予以制止。

6.2.1 责令停止违法行为

对正在实施的违法行为，国土资源主管部门应当依法及时下达《责令停止违法行为通知书》。

《责令停止违法行为通知书》应当记载下列内容：

违法当事人的姓名或者名称；

简要违法事实和法律依据；

责令停止违法行为的要求；

其他应当记载的事项。

6.2.2 其他制止措施

对国土资源违法行为书面制止无效、当事人拒不停止违法行为的，国土资源主管部门应当及时将违法事实书面报告同级人民政府和上一级国土资源主管部门；可以根据情况将涉嫌违法的事实及制止违法行为的情况抄告发展改革、规划、建设、环保、市政、电力、金融、工商、安监、公安等相关部门，提请相关部门按照共同责任机制的要求履行部门职责，采取相关措施，共同制止违法行为；必要时，可以将有关情况向社会通报。

6.3 核查结果处置

核查结束后，核查人员应当提交核查报告，提出立案或者不予立案的建议。

7 立案

7.1　案件管辖

7.1.1　地域管辖

国土资源违法案件由土地、矿产资源所在地的县级以上人民政府国土资源主管部门管辖，法律法规另有规定的除外。

7.1.2　级别管辖

县级人民政府国土资源主管部门管辖本行政区域内发生的国土资源违法案件。

市级、省级人民政府国土资源主管部门管辖本行政区域内重大、复杂和法律法规规定应当由其管辖的国土资源违法案件。

国土资源部管辖全国范围内重大、复杂和法律法规规定应当由其管辖的国土资源违法案件。

有下列情形之一的，上级国土资源主管部门有权管辖下级国土资源主管部门管辖的案件：

（1）下级国土资源主管部门应当立案调查而不予立案调查的；

（2）案情复杂，情节恶劣，有重大影响的；

（3）上级国土资源主管部门认为应当由其管辖的。

必要时，上级国土资源主管部门可以将本机关管辖的案件交由下级国土资源主管部门立案调查，但是法律法规规定应当由其管辖的除外。

7.1.3　指定管辖

有管辖权的国土资源主管部门由于特殊原因不能行使管辖权的，可以报请上一级国土资源主管部门指定管辖；国土资源主管部门之间因管辖权发生争议，报请

共同的上一级国土资源主管部门指定管辖。上一级国土资源主管部门应当在接到指定管辖申请之日起七个工作日内，作出管辖决定。

国土资源主管部门与其他部门之间因管辖权发生争议，经协商无法达成一致意见的，应当报请同级人民政府指定管辖。

7.1.4　移送管辖

国土资源主管部门发现违法行为不属于本级或者本部门管辖时，应当移送有管辖权的国土资源主管部门或者其他部门。受移送的国土资源主管部门对管辖权有异议的，应当报请上一级国土资源主管部门指定管辖，不得再自行移送。

7.2　立案条件

符合下列条件的，国土资源主管部门应当予以立案：

（1）有明确的行为人；

（2）有违反国土资源管理法律法规的事实；

（3）依照国土资源管理法律法规应当追究法律责任；

（4）属于本级本部门管辖；

（5）违法行为没有超过追诉时效。

违法行为轻微并及时纠正，没有造成危害后果，或者立案前违法状态已经消除的，可以不予立案。

7.3　立案呈批

核查后，执法监察工作机构认为符合立案条件的，应当填写《立案呈批表》，报国土资源主管部门负责人审批。符合立案条件的，国土资源主管部门应当在十个

工作日内予以立案。

《立案呈批表》应当载明案件来源、当事人基本情况、涉嫌违法事实、相关建议等内容,必要时,一并提出暂停办理与案件相关的国土资源审批、登记等手续的建议。

7.4 确定承办人员

批准立案后,执法监察工作机构应当确定案件承办人员,承办人员不得少于二人。

承办人员具体组织实施案件调查取证,起草相关法律文书,提出处理建议,撰写案件调查报告等。

7.5 回避

承办人员与案件有利害关系或者可能影响公正处理的,应当主动申请回避。当事人认为承办人员应当回避而没有回避的,可以申请承办人员回避。

承办人员的回避,由执法监察工作机构负责人决定;涉及执法监察工作机构负责人的回避,由国土资源主管部门负责人决定。决定回避的,应当对之前的调查行为是否有效一并决定。决定回避前,被要求回避的承办人员不停止对案件的调查。

其他与案件有利害关系或者可能影响公正处理的人员,不得参与案件的调查、讨论、审理和决定。

8 调查取证

办案人员应当对违法事实进行调查,并收集相关证据。调查取证时,应当不少于二人,并应当向被调查人出示执法证件。

8.1 调查措施

8.1.1 一般调查措施

调查取证时,办案人员有权采取下列措施:

(1)下达《接受调查通知书》,要求被调查的单位或者个人提供有关文件和资料,并就与案件有关的问题作出说明;

(2)询问当事人以及相关人员,进入违法现场进行检查、勘测、拍照、录音、摄像,查阅和复印相关材料;

(3)责令当事人停止违法行为;

(4)根据需要可以对有关证据先行登记保存;

(5)依法可以采取的其他措施。

8.1.2 调查遇阻措施

被调查人员拒绝、逃避调查取证或者采取暴力、威胁等方式阻碍调查取证时,可以采取下列措施:

(1)商请当事人所在单位或者违法行为发生地所在基层组织协助调查;

(2)向上一级国土资源主管部门和本级人民政府报告;

(3)提请公安机关、检察机关、监察机关或者相关部门协助;

(4)向社会通报违法信息。

8.2 调查实施与证据收集

8.2.1 调查前期准备

(1)研究确定调查的主要内容、方法、步骤及拟收集的证据清单等;

(2)收集内业资料;

(3)准备调查装备、设备。

8.2.2 证据种类

(1)书证;

（2）物证；

（3）视听资料；

（4）证人证言；

（5）当事人的陈述；

（6）询问笔录；

（7）现场勘测笔录；

（8）鉴定结论、鉴定意见或者检验报告；

（9）其他。

8.2.3 证据范围

8.2.3.1 土地违法案件证据范围

（1）当事人身份证明材料；

（2）询问笔录；

（3）地类及权属证明材料；

（4）土地利用现状图、土地利用总体规划图等；

（5）现场勘测材料，包括勘测笔录、勘测定界图、勘测报告等；

（6）违法地块现状材料，包括现场照片、视听资料等；

（7）土地来源资料，包括土地征收、农用地转用、预审、先行用地、供地等相关审批材料、土地取得协议或者合同、骗取批准的证明材料等；

（8）项目立项、规划、环评、建设等审批资料；

（9）破坏耕地等农用地涉嫌犯罪的相关鉴定材料；

（10）违法转让的证明材料，包括转让协议、实际交付价款凭证、土地已实际交付证明材料、违法所得认定材料；

（11）违法批地的证明资料，包括批准用地的文件、协议、会议纪要、记录等；

（12）需要收集的其他材料。

8.2.3.2 矿产资源违法案件证据范围

（1）当事人身份证明材料；

（2）询问笔录；

（3）勘查、开采审批登记相关资料；

（4）证明矿产品种类、开采量、品位、价格等的资料；

（5）违法所得证据及认定材料，包括生产记录、销售凭据等；

（6）违法勘查、开采的证明材料，包括现场勘测笔录、现场照片、视听资料等；

（7）违法转让（出租、承包）矿产资源、矿业权的证明材料，包括协议、转让价款凭证、往来账目等；

（8）违法采矿、破坏性采矿涉嫌犯罪的相关鉴定结论、鉴定意见或者检验报告；

（9）需要收集的其他材料。

8.2.4 证据要求

8.2.4.1 书证、物证

书证和物证为原件原物的，制作证据交接单，注明证据名称（品名）、编号（型号）、数量等内容。经核对无误后，双方签字，一式二份，各持一份。

书证为复印件的，应当由保管书证原件的单位或者个人在复印件上注明出处和"本复印件与原件一致"等字样，签名、盖章，并签署时间。单项书证较多的，加盖骑缝章。

收集物证原物确有困难的，可以收集与原物核对无误的复制件或者证明该物证的照片、录像等其他证据。

8.2.4.2 视听资料

录音、录像或者计算机数据等视听资料应当符合下列要求：

（1）收集有关资料的原始载体。收集原始载体确有困难的，可以收集复制件；

（2）注明制作方法、制作时间、制作人和证明对象等；

（3）声音资料应当附有该声音内容的文字记录。

8.2.4.3 证人证言

证人证言应当符合下列要求：

（1）写明证人的姓名、年龄、性别、职业、住址、联系方式等基本情况；

（2）有与案件相关的事实；

（3）有证人签名，证人不能签名的，应当以盖章等方式证明；

（4）注明出具日期；

（5）附有身份证复印件等证明证人身份的文件。

8.2.4.4 当事人的陈述

当事人请求自行提供陈述材料的，应当准许。当事人应当在其提供的书面材料上签名、按手印或者盖章。

8.2.4.5 询问笔录

对当事人、证人等询问时，应当个别进行，并制作《询问笔录》。《询问笔录》包括基本情况和询问记录等内容。

基本情况包括：询问时间、询问地点、询问人、记录人、被询问人基本信息等。

询问记录包括：询问告知情况、案件相关事实和被询问人补充内容。

（1）询问开始时，办案人员应当表明身份，出示执法证件，并告知被询问人诚实作证和配合调查的法律义务，隐瞒事实、作伪证的法律责任以及申请办案人员回避的权利。

（2）案件相关事实包括：时间、地点、原貌与现状、地类、面积、权属、矿种、采出量、违法所得、实施主体、实施目的、实施过程、后果、相关手续办理情况、其他单位或者部门处理情况、相关资料保存情况以及其他需要询问的内容。

询问结束，应当将《询问笔录》交被询问人核对。被询问人阅读有困难的，应当向其宣读。笔录如有差错、遗漏，应当允许被询问人更正或者补充，涂改部分应当由被询问人按手印。经核对无误后，由被询问人在《询问笔录》上逐页签名、按手印，在尾页空白处写明"以上笔录经本人核对无异议"等被询问人认可性语言，签署姓名和时间，并按手印。《询问笔录》应当注明总页数和页码。

被询问人拒绝签名的，办案人员应当在《询问笔录》中注明。有其他见证人在场的，可以由见证人签名。

询问时，在文字记录的同时，根据需要可以在告知被询问人后录音、录像。

8.2.4.6 现场勘测笔录

现场勘测应当告知当事人参加。当事人拒绝参加的，不影响勘测进行，但可以邀请案件发生地村（居）委会等基层组织相关人员作为见证人参加。必要时，可以采取拍照、录像等方式记录现场勘测情况。

现场勘测应当制作《现场勘测笔录》。

《现场勘测笔录》应当记载当事人、案由、勘测内容、勘测时间、勘测地点、勘测人、勘测情况等内容，并附勘测图。《现场勘测笔录》应当由勘测人员、办案人员、当事人或者见证人签名。当事人拒绝签名或者不能签名的，应当注明原因。

8.2.4.7　鉴定结论、鉴定意见或者检验报告

需要对案件涉及的耕地等农用地破坏程度和违法采矿、破坏性采矿造成的矿产资源破坏价值等进行鉴定或者检验的，应当按照有关规定，由市（地）级或者省级人民政府国土资源主管部门组织实施；也可以委托有资质的机构进行，出具相应的鉴定结论、鉴定意见或者检验报告。

8.2.5　证据先行登记保存

调查中发现证据可能灭失或者以后难以取得的情况下，经国土资源主管部门负责人批准，可以先行登记保存，并应当在七日内及时作出处理决定。证据先行登记保存期间，任何人不得销毁或者转移证据。

证据先行登记保存，应当制作《证据先行登记保存通知书》，附具《证据保存清单》，向当事人下达。制作《证据保存清单》，应当有当事人在场，当事人不在场可以邀请其他见证人参加，并由当事人或者见证人核对，确定无误后签字。

先行登记保存的证据，可以交由当事人自己保存，也可以由国土资源主管部门或者其指定单位保存。证据在原地保存可能妨害公共秩序、公共安全或者对证据保存不利的，也可以异地保存。

国土资源主管部门应当自发出《证据先行登记保存通知书》之日起七日内，根据情况分别作出如下处理决定：

（1）采取记录、复制、复印、拍照、录像等方式收集证据；

（2）送交具有资质的专门机构进行鉴定、认定等；

（3）违法事实不成立的，解除证据先行登记保存；

（4）其他应当作出的决定。

8.3　调查中止

有下列情形之一的，办案人员应当填写《中止调查决定呈批表》，报国土资源主管部门负责人批准后，中止调查。

（1）因不可抗力或者意外事件，致使案件暂时无法调查的；

（2）涉及法律适用问题，需要有权机关作出解释或者确认的；

（3）需要公安、检察机关、其他行政机关、组织的决定或者结论作为前提，但尚无定论的；

（4）当事人下落不明致使调查证据不足的；

（5）需要中止调查的其他情形。

案件中止调查的情形消除后，应当及时恢复调查。

8.4　调查终止

有下列情形之一的，办案人员应当填写《终止调查决定呈批表》并提出处理建议，报国土资源主管部门负责人批准后，终止调查。

（1）调查过程中，发现违法事实不成

立的；

（2）违法行为已过行政处罚追诉时效的；

（3）不属本部门管辖，需要向其他部门移送的；

（4）因不可抗力致使案件无法调查处理的；

（5）需要终止调查的其他情形。

9 案情分析与调查报告起草

在调查取证的基础上，办案人员应当对收集的证据、案件事实进行认定，确定违法的性质和法律适用，研究提出处理建议，并起草调查报告。

9.1 证据认定

9.1.1 证据审查

办案人员应当对证据的真实性、合法性和关联性进行审查。

（1）真实性审查主要审查证据是否为原件、原物，复制件、复制品是否符合要求等。

（2）合法性审查主要审查证据取得程序及相关手续是否合法等。

（3）关联性审查主要审查证据与案件的待证事实之间是否具有内在的联系，证据之间能否互相支撑形成证据链等。

9.1.2 证据的证明效力认定

认定各类证据的证明效力应当遵循以下原则：

（1）国家机关以及其他职能部门依职权制作的公文文书优于其他书证；

（2）鉴定结论、鉴定意见或者检验报告、现场勘测笔录、档案材料以及经过公

证或者登记的书证优于其他书证、视听资料和证人证言；

（3）原件、原物优于复制件、复制品；

（4）法定鉴定部门的鉴定结论、鉴定意见或者检验报告优于其他鉴定部门的鉴定结论、鉴定意见或者检验报告；

（5）原始证据优于传来证据；

（6）其他证人证言优于与当事人有亲属关系或者其他密切关系的证人提供的对该当事人有利的证言；

（7）数个种类不同、内容一致的证据优于一个孤立的证据。

9.1.3 辅助证据

下列证据不能单独作为认定案件事实的依据，但可以作为辅助证据。

（1）未成年人的证言；

（2）与当事人有亲属关系或者其他密切关系的证人所作的对该当事人有利的证言，或者与当事人有不利关系的证人所作的对该当事人不利的证言；

（3）难以识别是否经过修改的视听资料；

（4）无法与原件、原物核对的复制件或者复制品；

（5）其他不能单独作为定案依据的证据材料。

9.2 事实认定

9.2.1 违法责任主体认定

违法责任主体应当是实施违法行为并且能够独立承担法律责任的自然人、法人或者其他组织。

（1）当事人是自然人的，该自然人为

违法责任主体。

（2）当事人是法人的（企业法人、机关法人、事业单位法人、社会团体法人等），该法人为违法责任主体；不具有独立法人资格的分公司、内设机构、派出机构、临时机构等实施违法行为的，设立该分公司、内设机构、派出机构、临时机构的法人为违法责任主体。

（3）当事人是其他组织的，能够独立承担法律责任的，该组织为违法责任主体；不能独立承担法律责任的，创办该组织的单位或者个人为违法责任主体。

（4）受委托或者雇佣的自然人、法人或者其他组织在受委托或者雇佣的工作范围内，实施国土资源违法行为，并且能够证明委托或者雇佣关系及委托或者雇佣工作范围的，应当认定委托人或者雇佣人为违法责任主体。

（5）同一违法行为有两个以上当事人的，应当认定为共同违法责任主体。

9.2.2　违法用地占用地类认定

判定违法用地占用地类，应当将违法用地的界址范围或者勘测定界坐标数据套合到违法用地行为发生上一年度土地利用现状图或者土地利用现状数据库上，对照标示的现状地类进行判定。违法用地发生时，该用地已经批准转为建设用地的，应当按照建设用地判定。

执法监察工作机构可以提请地籍管理工作机构进行认定。

9.2.3　是否符合土地利用总体规划的认定

判定违法用地是否符合土地利用总体规划，应当将违法用地的界址范围（或者界址坐标）与乡（镇）土地利用总体规划纸质图件（或者数据库矢量图件）套合比对、对照，将项目名称与土地利用总体规划文本对照。

与乡（镇）土地利用总体规划纸质图件（或者数据库矢量图件）进行套合比对，违法用地位于规划城乡建设用地区域的，应当判定为符合土地利用总体规划；与乡（镇）土地利用总体规划纸质图件（或者数据库矢量图件）进行对照，违法用地位于土地利用总体规划确定的交通廊道内、独立工矿用地区域的，应当判定为符合土地利用总体规划；与土地利用总体规划文本进行对照，用地项目已列入土地利用总体规划重点建设项目清单的，应当判定为符合土地利用总体规划。

在作出处罚决定前，土地利用总体规划依法作出了重大调整，违法用地的规划土地用途发生重大变更的，可以按照从轻原则判定是否符合土地利用总体规划。

执法监察工作机构可以提请国土资源规划管理工作机构进行认定。

9.2.4　占用基本农田的认定

判定违法用地是否占用基本农田，应当将违法用地的界址范围（或者界址坐标）与乡（镇）土地利用总体规划纸质图件（或者数据库矢量图件）进行套合比对，对照所标示的基本农田保护地块范围进行判定。

违法用地位于土地利用总体规划图上

标示的基本农田保护地块范围的，应当判定为占用基本农田。但已列入土地利用总体规划确定的交通廊道或者已列入土地利用总体规划重点建设项目清单的民生、环保等特殊项目，在未超出规划多划基本农田面积额度的前提下，占用规划多划的基本农田时，按照占用一般耕地进行判定，不视为占用基本农田。

执法监察工作机构可以提请国土资源规划管理和耕地保护工作机构进行认定。

9.2.5 违法勘查开采数量和价值认定

违法开采的矿产品数量认定，可以采取计重或者测算体积等方式得出。对于找不到现场堆放的矿产品的，可以通过测量采空区计算或者通过查阅违法当事人销售矿产品的相关台账计算。

违法开采矿产品的价值认定，可以根据违法当事人违法开采的矿产品数量，结合违法行为发生时当地的矿产品价格计算，也可以通过查阅违法当事人销售矿产品的相关台账计算。

9.2.6 违法所得认定

9.2.6.1 违法转让土地使用权的违法所得认定

依法取得的土地使用权违法转让的，违法所得为当事人转让全部所得扣除当事人依法取得土地使用权的成本和对土地的合法投入；违法取得的土地使用权违法转让的，违法所得为当事人转让全部所得。

转让全部所得数额按照转让合同及交易凭据所列价款确定。没有转让合同及交易凭据、当事人拒不提供或者提供的转让合同及交易凭据所列价款明显不符合实际的，可以按照评估价认定。

对土地的合法投入包括土地开发、新建建筑物和构筑物的建设投入等，但是违法新建建筑物和构筑物的建设投入除外。

9.2.6.2 矿产资源违法所得的认定

对无证开采和越界开采的，违法所得数额应当按照销售凭据确定；没有销售凭据的，按照违法行为发生时当地原矿的市场价格计算，不扣除开采成本。

对买卖、出租和转让矿产资源的，违法所得数额应当为买卖、出租和转让的全部所得。

9.3 法律适用和处理建议

办案人员应当依据调查掌握的证据和认定的违法事实，确定违法的性质和适用的法律法规，对照行政处罚自由裁量权标准和办法，研究提出处理建议。

国土资源违法行为主要类型、法律依据与法律责任参照附录 A、附录 B。

9.3.1 不予处罚、从轻或者减轻处罚

办案人员应当依照法律法规规定，根据违法事实、性质、情节、社会危害程度以及是否主动消除违法行为后果等因素，对照行政处罚自由裁量权标准和办法，研究提出处理建议。

国土资源违法行为情节轻微并及时纠正，没有造成危害性后果，或者行政处罚告知书下发前主动消除违法状态的，可以不予行政处罚。

有下列情形之一的，应当从轻或者减轻处罚：

（1）行政处罚决定下达前，主动采取措施减轻违法后果的；

（2）积极主动配合调查处理且未造成严重后果的；

（3）其他依法应当从轻或者减轻处罚的情形。

9.3.2 提出处理建议

办案人员应当在证据认定和事实认定的基础上，综合研究提出处理建议：

（1）事实清楚、证据确凿、属于本级本部门管辖的，应当提出明确的处理建议。其中，对于依法应当给予行政处罚的，明确行政处罚的具体内容；对依法可以不予行政处罚的，明确不予行政处罚的理由；对于单位、个人违法批准征收、使用土地或者违法批准勘查、开采矿产资源的，应当提出确认相关批准文件、协议、纪要、批示等无效及撤销批准文件、废止违法内容、依法收回土地等建议；

（2）依法需要追究当事人及有关责任人员行政纪律责任的，应当提出移送监察、任免机关处理的建议；

（3）涉嫌犯罪，依法需要追究刑事责任的，应当提出将案件向公安、检察机关移送追究刑事责任的建议；

（4）经批准终止调查的，应当提出撤案或者结案的建议。对于违法事实不成立、违法行为已过行政处罚追诉时效的，建议撤案；对不属本部门管辖、因不可抗力致使案件无法调查处理的，建议结案；

（5）案件调查中，发现案件发生地国土资源管理秩序混乱或国土资源管理方面存在问题的，提出限期整改、加强监管或者改进管理和完善政策的建议；

（6）其他处理建议。

9.4 调查报告起草

案件调查结束后，承办人员应当起草《国土资源违法案件调查报告》。

《国土资源违法案件调查报告》包括首部、正文、尾部和证据清单。

9.4.1 首部

首部应当包括案由、调查机关、办案人员、调查时间、当事人基本情况等内容。

9.4.2 正文

正文应当包括调查情况、基本事实、案件定性、责任认定、处理建议等。

9.4.2.1 调查情况

简要介绍案件来源、立案及调查工作开展情况。

9.4.2.2 基本事实

基本事实应当包括违法行为当事人、发生时间、地点、违法行为事实及造成的后果。叙述一般应当按照事件发生的时间顺序客观、全面、真实地反映案情，要注意重点，详细表述主要情节、证据和关联关系。对可能影响量罚的不予处罚、从轻或者减轻处罚的事实，应当作出具体说明。

（1）土地违法案件基本要素：违法主体、违法行为发生、发现、制止及立案查处的时间、用地及建设情况、占用地类、规划用途、相关审批情况、征地补偿安置标准、程序、支付情况等。

（2）矿产资源违法案件基本要素：违法主体、勘查开采地点、勘查开采时间、矿区范围、勘查开采方式、矿种、数量、矿产品价值、违法所得、鉴定结论、鉴定意见或者检验报告、已批准勘查、开采以及登记发证情况等。

9.4.2.3 案件定性

认定调查发现存在的主要问题，对案件的法律适用进行分析，明确认定当事人违法的法律依据以及违反的具体法律法规，提出认定违法行为性质的结论。

9.4.2.4 处理建议

根据法律法规的有关规定，认定相关责任，并提出处理建议。

9.4.3 尾部

承办人员签名，并注明时间。

9.4.4 证据清单

列明案件调查报告涉及的证据。清单所列证据作为调查报告的附件。

10 案件审理

10.1 审理基本要求

承办人员提交《国土资源违法案件调查报告》后，执法监察工作机构或者国土资源主管部门应当组织审理人员对案件调查报告和证据等相关材料进行审理。审理人员不能为同一案件的承办人员。

10.2 审理内容

审理内容包括：

（1）是否符合立案条件；

（2）违法主体是否认定准确；

（3）事实是否清楚，证据是否合法、确实、充分；

（4）定性是否准确，理由是否充分；

（5）适用法律法规是否正确；

（6）程序是否合法；

（7）拟定的处理建议是否适当，行政处罚是否符合自由裁量权标准；

（8）其他需要审理的内容和事项。

10.3 审理方式

一般案件由执法监察内设审理机构或者审理人员负责组织，采用书面或者会议方式进行审理，提出审理意见。

重大、疑难案件由执法监察工作机构负责人组织会审，并提出会审意见。有下列情形之一的，应当由国土资源主管部门负责人召集有关职能机构负责人及其他有关人员进行会审。

（1）依法需要向公安、检察机关移送的；

（2）经过行政复议或者行政诉讼，需要重新作出行政处罚的；

（3）经过听证程序，需要对拟定的行政处罚决定作出实质性修改的；

（4）案情复杂，难以定性的；

（5）国土资源主管部门主要负责人认为应当进行会审的。

10.4 审理程序

（1）承办人员提交案件调查报告和证据等相关材料，并作出说明；

（2）审理人员进行审理，就有关问题提问；

（3）承办人员解答问题，进行补充说明；

（4）审理人员形成审理意见。以会议方式审理的，应当制作《违法案件审理记录》。

10.5 审理意见

根据审理情况，分别提出以下审理意见：

（1）违法主体认定准确、事实清楚、证据合法确实充分、定性准确、适用法律正确、程序合法、处理建议适当的，同意处理建议。

（2）有下列情形之一的，应当提出明确的修改、纠正意见，要求办案人员重新调查或者补充调查：

①不符合立案条件的；

②违法主体认定不准确的；

③案件事实不清楚，证据不确实充分的；

④定性不准确，理由不充分的；

⑤适用法律法规不正确的；

⑥程序不合法的；

⑦处理建议不适当、行政处罚不符合自由裁量权标准的。

承办人员应当按照审理意见进行修改、纠正，并重新提请审理。

承办人员对审理意见有异议的，可以提出理由，连同调查报告、审理意见及证据等相关材料报执法监察工作机构负责人决定。

11 处理决定

11.1 作出处理决定

案件经审理通过的，承办人员应当填写《违法案件处理决定呈批表》，附具《国土资源违法案件调查报告》和案件审理意见，报国土资源主管部门负责人审查，根据不同情况，分别作出如下处理决定：

（1）确有应当予以行政处罚的违法行为的，根据情节轻重及具体情况，作出行政处罚决定；

（2）对于单位、个人违法批准征收、使用土地或者违法批准勘查、开采矿产资源的，应当根据情节轻重及具体情况，作出行政处理决定；

（3）违法行为轻微，依法可以不予行政处罚或者行政处理的，作出不予行政处罚或者行政处理决定，予以结案；

（4）不属于本级本部门管辖的，移送有管辖权的机关，予以结案；

（5）因不可抗力终止调查的，予以结案；

（6）对于违法事实不成立、违法行为已过行政处罚追诉时效的，予以撤案；

（7）依法需要追究当事人及有关责任人行政纪律责任的，移送监察、任免机关；

（8）涉嫌犯罪，依法需要追究刑事责任的，移送公安、检察机关；

（9）对国土资源管理秩序混乱的，作出限期整改、加强监管的具体决定；对国土资源管理方面存在的问题，提出改进管理和完善政策的具体要求。

对情节复杂或者重大违法行为给予较重的行政处罚，国土资源主管部门的负责人应当集体讨论决定。

11.2 实施处理决定

（1）决定给予行政处罚的，按照本规程12的规定办理。

（2）决定给予行政处理的，应当明确违法批准征收、使用土地或者违法批准勘查、开采矿产资源的相关文件无效，提出撤销批准文件、废止违法内容、依法收回土地等具体要求和追究行政纪律责任的建议。有关当事人拒不归还土地的，以违法占用土地论处。

（3）决定撤销案件的，填写《撤销立案决定呈批表》，报国土资源主管部门负责人批准后，予以撤案。

（4）决定移送案件的，按照本规程15的规定办理。

（5）决定结案的，按照本规程16的规定办理。

（6）决定限期整改、加强监管的，书面通知整改地区的人民政府和国土资源主管部门。

12 行政处罚

12.1 国土资源行政处罚的种类

国土资源行政处罚主要包括以下种类：

（1）警告；

（2）罚款；

（3）没收违法所得、没收非法财物；

（4）限期拆除；

（5）吊销勘查许可证、采矿许可证；

（6）法律法规规定的其他行政处罚。

12.2 告知

作出行政处罚之前，国土资源主管部门应当制作《行政处罚告知书》，按照本规程13规定的方式，送达当事人，当事人有权进行陈述和申辩。

《行政处罚告知书》应当载明作出行政处罚的事实、理由、依据和处罚内容，并告知当事人依法享有的陈述和申辩权利。

陈述和申辩应当由当事人在收到《行政处罚告知书》后三个工作日内提出。口头形式提出的，应当制作笔录。

国土资源主管部门对当事人提出的事实、理由和证据应当进行复核。当事人提出的事实、理由或者证据成立的，应当予以采纳。

国土资源主管部门不得因当事人的申辩而加重处罚。

12.3 听证

国土资源主管部门在作出以下行政处罚决定前，应当制作《行政处罚听证告知书》，按照本规程13规定的方式，送达当事人。听证告知和处罚告知可以一并下达或者合并下达。

（1）较大数额罚款；

（2）没收违法用地上的新建建筑物和其他设施；

（3）限期拆除违法用地上的新建建筑物和其他设施，恢复土地原状；

（4）吊销勘查许可证、采矿许可证。

《行政处罚听证告知书》应当载明作出行政处罚的事实、理由、依据和处罚内容，并告知当事人有要求举行听证的权利。

当事人要求听证的，应当在收到《行政处罚听证告知书》后三个工作日内提出申请，口头提出的，应当制作笔录。

国土资源行政处罚听证适用《国土资源听证规定》。

12.4 行政处罚决定

当事人未在规定时间内陈述、申辩、要求听证的，或者陈述、申辩、听证中提出的事实、理由或者证据不成立的，国土资源主管部门应当依法制作《行政处罚决定书》；陈述、申辩或者听证中提出的事实、理由或者证据成立，需要修改拟作出的处理决定的，国土资源主管部门应当按照本规程 11.1 的规定，调整或者重新作出处理决定，依法制作《行政处罚决定书》。《行政处罚决定书》应当按照本规程 13 规定的方式送达当事人。

法律法规规定的责令改正或者责令限期改正，可以与行政处罚决定一并作出，也可以在作出行政处罚决定之前单独作出。

12.4.1 《行政处罚决定书》的内容

（1）国土资源主管部门名称、文书标题及文号；

（2）当事人的姓名或者名称、地址等基本情况；

（3）违反法律、法规或者规章的事实和证据；

（4）告知、听证的情况；

（5）行政处罚的具体依据和内容；

（6）履行方式和期限；

（7）不服行政处罚决定，申请行政复议或者提起行政诉讼的途径和期限；

（8）拒不执行行政处罚决定的法律后果；

（9）作出决定的日期及印章。

12.4.2 制作《行政处罚决定书》的注意事项

（1）《行政处罚决定书》应当由具有行政处罚权的县级以上国土资源主管部门制作并加盖其印章，派出机构、内设机构不能以自己的名义制作。

（2）认定的违法事实应当客观真实，明确违法行为的性质。列举的证据应当全面具体，充分支撑所认定的违法事实。有从轻或者减轻情节的，应当一并说明。

（3）行政处罚前的告知、听证情况应当包括告知、听证程序的履行情况和当事人意见采纳情况。

（4）行政处罚的依据应当结合具体违法事实，分别说明定性和处罚适用的具体法律条款；引用法律条款应当根据条、款、项、目的顺序写明。

（5）行政处罚的内容应当明确、具体，有明确的履行方式和期限。

①责令退还、交还违法占用土地的，应当写明退还、交还土地的对象、范围、期限等。

②责令当事人限期履行的，应当写明履行的具体内容和期限。责令限期改正的，应当表述为"责令限××日内改正××行为"；责令限期拆除、恢复土地原状的，应当写明拆除地上建筑物和其他设施的范围、内容，恢复场地平整或者耕地种植条件，并明确履行的具体期限。

③责令缴纳复垦费、处以罚款、没收违法所得的，应当写明违法所得的金额和币种、交款的期限、指定银行账户等。

④没收地上建筑物和其他设施的，应当写明没收建筑物的范围、内容等。

⑤吊销勘查许可证、采矿许可证的，应当写明矿业权人、勘查许可证或者采矿许可证的证号等。

⑥没收矿产品的，应当写明矿产品的种类、数量和堆放地点等。

（6）申请行政复议或者提起行政诉讼的途径和期限，应当具体明确。当事人申请行政复议的时限为自收到《行政处罚决定书》之日起六十日内，复议机关为作出行政处罚决定的同级人民政府或者上一级国土资源主管部门。当事人提起行政诉讼的时限一般为自收到《行政处罚决定书》之日起三个月内，对责令限期拆除处罚决定不服的，提起行政诉讼的时限为自收到《行政处罚决定书》之日起十五日内，诉讼机关为有管辖权的人民法院。

（7）当事人有两个以上国土资源违法行为的，国土资源主管部门可以制作一份《行政处罚决定书》，合并执行。《行政处罚决定书》中应当明确对每个违法行为的处罚内容和合并执行的内容。

（8）国土资源违法行为有两个以上当事人的，可以分别作出行政处罚决定，制作一式多份《行政处罚决定书》，分别送达当事人。

（9）有条件的地方，可以使用说理式《行政处罚决定书》。

12.5 作出行政处罚决定的期限

作出行政处罚决定的期限一般为立案之日起六十日内。案情复杂不能在规定期限内作出行政处罚决定的，报本级国土资源主管部门负责人批准，可以适当延长，但延长期限原则上不超过三十日，案情特别复杂的除外。

案件查处过程中的鉴定、听证、委托

其他部门的认定、公告、邮递在途等时间不计入前款规定的期限；涉嫌犯罪移送的，等待公安机关、检察机关作出决定的时间，不计入前款规定的期限。

13 送达

《责令停止违法行为通知书》、《行政处罚决定书》等国土资源法律文书作出后，应当及时送达当事人，并制作《法律文书送达回证》，送达人应当为两人以上。

国土资源法律文书一经送达，即发生法律效力。

国土资源法律文书应当采用直接送达方式。直接送达有困难的，可以采用留置送达、委托送达、传真或者电子信息送达、委托或者邮寄送达、转交送达和公告送达等方式。

13.1 直接送达

直接送达的应当直接送交受送达人。受送达人是自然人的，本人不在交其同住成年家属签收；受送达人是法人或者其他组织的，应当由法人的法定代表人、其他组织的主要负责人或者该法人、组织负责收件的人签收；受送达人有代理人的，可以送交其代理人签收；受送达人已向国土资源主管部门指定代收人的，送交代收人签收。

送达回证上签收的日期为送达日期。

13.2 留置送达

受送达人或者其同住成年家属拒绝接收法律文书的，送达人可以邀请有关基层组织或者所在单位的代表到场，说明情况，在送达回证上记明拒收事由和日期，由送达人、见证人签名或者盖章，把法律文书留在受送达人的住所或者张贴在违法用地现场，并采用拍照、录像等方式记录送达过程，即视为送达。

影像中应当体现送达文书内容、明确的送达日期、当事人住所等现场情况。

送达回证上记明的日期为送达日期。

13.3 传真或者电子信息送达

经当事人同意，可以采用传真、电子邮件、手机信息等能够确认其收悉的方式送达法律文书，但《行政处罚决定书》除外。

传真、电子邮件、手机信息等到达当事人特定系统的日期为送达日期。

13.4 委托或者邮寄送达

直接送达法律文书有困难的，可以委托其他国土资源主管部门或者其他机关代为送达，或者邮寄送达。

委托送达，以受送达人在送达回证上签收的日期为送达日期。邮寄送达，应当附有送达回证，回执上注明的收件日期与送达回证上注明的收件日期不一致的，或者送达回证没有寄回的，以回执上注明的收件日期为送达日期。

13.5 转交送达

当事人是军人的，通过其所在部队团以上单位的政治机关转交；当事人被监禁的，通过其所在监所转交，以在送达回证上的签收日期为送达日期。

13.6 公告送达

当事人下落不明或者上述方式无法送达的，可以公告送达。公告送达，可以在当地主要媒体上予以公告或者在本部门公告栏、当事人所在基层组织公告栏、当事人住所地等地张贴公告并拍照，并在本部门或者本系统门户网站上公告。

自发出公告之日起，经过六十日，即视为送达。公告送达，应当在案卷中记明原因和经过，并应保存公告的有关材料。

14 执行

行政处罚决定、行政处理决定生效后，除涉及国家秘密外，国土资源主管部门可以将其内容在门户网站公开，督促违法当事人自觉履行，接受社会监督。

14.1 当事人履行

当事人收到行政处罚决定后，应当在行政处罚决定规定的期限内自行履行。

14.2 督促履行

行政处罚决定生效后，当事人逾期不履行的，国土资源主管部门可以采取以下措施督促其履行：

（1）向本级人民政府和上一级国土资源主管部门报告；

（2）向当事人所在单位或者其上级主管部门通报；

（3）向社会公开通报；

（4）停止办理或者告知相关部门停止办理当事人与本案有关的许可、审批、登记等手续。

14.3 催告履行

国土资源主管部门申请人民法院强制执行前，应当制作《履行行政处罚决定催告书》送达当事人，催告其履行义务。

14.4 申请人民法院强制执行

《履行行政处罚决定催告书》送达十日后，当事人仍未履行行政处罚决定的，国土资源主管部门可以向土地、矿产资源所在地有管辖权的人民法院申请强制执行。

当事人在法定期限内不申请行政复议或者提起行政诉讼，又不履行行政处罚决定的，国土资源主管部门可以自期限届满之日起三个月内，申请人民法院强制执行。

14.4.1 申请程序

申请人民法院强制执行，应当填写《强制执行申请书》，由国土资源主管部门负责人签名，加盖国土资源主管部门印章，注明日期，并附下列材料：

（1）《行政处罚决定书》及作出决定的事实、理由和依据；

（2）当事人意见及催告情况；

（3）申请强制执行标的情况；

（4）法律法规规定的其他材料。

递交《强制执行申请书》时，应当取得人民法院接收人员签字或者盖章的回执；接收人员拒收或者拒绝签字、盖章的，应当记录申请书是否递交、拒收或者拒签情形。

人民法院裁定不予受理强制执行申请或者受理后裁定不予执行，国土资源主管部门对裁定有异议的，可以自收到裁定之日起十五日内向上一级人民法院申请复议；对裁定无异议或者有异议但经复议维持原裁定的，国土资源主管部门应当纠正存在的问题。

14.4.2 财产保全

国土资源主管部门申请人民法院强制执行前，有充分理由认为被执行人可能逃避执行的，可以依法申请人民法院采取财产保全措施。

14.5 执行要求

（1）给予没收违法所得、罚款处罚的，罚没款足额缴入指定的银行账户，并取得缴款凭证。

当事人确有经济困难，需要延期或者分期缴纳罚款的，当事人应当提出申请，报国土资源主管部门主管负责人批准后，可以暂缓或者分期缴纳。

（2）给予拆除新建建筑物和其他设施、恢复土地原状处罚的，新建建筑物和其他设施已拆除，恢复场地平整或者耕地种植条件。

（3）给予没收新建建筑物和其他设施、矿产品或者其他实物处罚的，作出行政处罚决定的国土资源主管部门填写《非法财物移交书》，连同《行政处罚决定书》移交县级以上人民政府或者其指定的部门处理。涉及没收新建建筑物和其他设施的，移交不动产所在地县级以上人民政府或者其指定的部门。对没收后的地上建筑物和其他设施处置，不动产所在地县级以上人民政府可以根据情况决定拆除或保留。

（4）责令退还、交还土地的，将土地退还、交还至土地权利人或者管理人。

（5）责令限期履行义务，治理、改正、采取补救措施的，当事人在限定期限内履行义务、改正违法行为或者达到治理要求、采取相应的补救措施。

（6）给予吊销勘查许可证、采矿许可

证处罚的，国土资源主管部门予以吊销，并公告。

（7）给予行政处理的，撤销或者废止违法批准征收、使用土地或者违法批准勘查、开采矿产资源的相关文件，依法收回土地，向有关单位提出对责任人的处理建议。

当事人对行政处罚决定不服申请行政复议或者提起行政诉讼的，在行政复议或者行政诉讼期间，行政处罚决定不停止执行，法律另有规定的除外。

14.6 终结执行

有下列情形之一的，终结执行：

（1）自然人死亡，无遗产可供执行，又无义务承受人的；

（2）法人或者其他组织终止，无财产可供执行，又无义务承受人的；

（3）执行标的灭失的；

（4）据以执行的行政处罚决定被撤销的；

（5）需要终结执行的其他情形。

14.7 执行记录

国土资源主管部门应当根据执行情况制作《行政处罚决定执行记录》。

《行政处罚决定执行记录》中应当载明案由、当事人、行政处罚事项、行政处罚内容的执行方式、执行结果等情况。其中，申请人民法院强制执行的，应当记录申请、受理、裁定执行情况等。

15 移送

国土资源主管部门在查处违法行为过程中，发现违法行为涉嫌犯罪依法应当追

究刑事责任的，或者当事人及有关责任人员违规违纪应当追究行政纪律责任的，应当依照有关规定移送有关机关。

15.1 移送公安、检察机关

15.1.1 移送情形

国土资源主管部门在依法查处违法行为过程中，发现单位或者个人违法转让倒卖土地使用权、违法占用农用地、违法采矿、破坏性采矿等行为，达到刑事追诉标准、涉嫌犯罪的，在调查终结后，应当依法及时将案件移送公安机关。

国土资源主管部门在依法查处违法行为过程中，发现国家机关工作人员有违法批准、占用土地、违法低价出让国有土地使用权以及其他贪污贿赂、渎职等行为，达到刑事追诉标准、涉嫌犯罪的，在调查终结后，应当依法及时将案件移送检察机关。

15.1.2 移送程序

（1）依法需要移送公安、检察机关追究刑事责任的，办案人员应当制作《违法案件处理决定呈批表》，提出移送公安、检察机关的建议。

（2）国土资源主管部门负责人收到《违法案件处理决定呈批表》后，应当在三个工作日内作出是否批准移送的决定。决定不移送的，应当写明不予批准的理由。

（3）决定移送的，应当制作《涉嫌犯罪案件移送书》，附具案件调查报告、涉案物品清单、有关鉴定结论、鉴定意见或者检验报告及其他有关涉嫌犯罪的材料，在移送决定批准后 24 小时内办理移送手续。

国土资源主管部门在移送案件时已经作出行政处罚决定的，应当同时移送《行政处罚决定书》和作出行政处罚决定的证据材料。

向公安机关移送的案件，应当同时将《涉嫌犯罪案件移送书》及相关材料目录抄送同级人民检察院备案。

（4）公安机关对移送的案件决定不予立案，国土资源主管部门有异议的，可以在收到不予立案通知之日起三个工作日内，提请作出决定的公安机关复议。

检察机关对移送的案件决定不予立案，国土资源主管部门有异议的，可以在收到不予立案通知之日起五个工作日内，提请作出决定的检察机关复议。

（5）移送时，国土资源主管部门未作出行政处罚或者行政处理决定，人民法院判决后，违法状态仍未消除的，国土资源主管部门应当依法作出行政处罚或者行政处理，其中，人民法院已给予罚金处罚的，不再给予罚款的行政处罚。

15.2 移送监察、任免机关

15.2.1 移送情形

国土资源主管部门在依法查处违法行为的过程中，发现依法需要追究当事人及有关责任人员行政纪律责任，本部门无权处理的，在作出行政处罚决定或者行政处理决定后，应当依法及时将有关案件材料移送监察、任免机关。

由监察机关或者任免机关按照管理权限依法处分的人员主要包括：行政机关公务人员，法律、法规授权的具有公共事务管理职能的事业单位中经批准参照《公务员法》管理的工作人员，行政机关依法委托的组织中除工勤人员以外的工作人员，企业、事业单位中由行政机关任命的人员，法律、行政法规、国务院决定和国务院监察机关、国务院人力资源和社会保障部门制定的处分规章规定应当给予处分的人员。

15.2.2 移送程序

（1）需要移送监察、任免机关追究责任的，办案人员应当制作《违法案件处理决定呈批表》，提出移送监察、任免机关的建议。

（2）国土资源主管部门负责人收到《违法案件处理决定呈批表》后，应当作出是否批准移送的决定。决定不移送的，应当写明不予批准的理由。

（3）决定移送的，应当在作出行政处罚决定或者其他处理决定后十个工作日内，制作《行政处分建议书》，附具案件来源及立案材料、案件调查报告、处罚或者处理决定、有关证据材料及其他需要移送的材料。

15.3 移送送达回证

国土资源主管部门向有关机关移送案件，应当制作《法律文书送达回证》。受送达人接受移送的案件材料，并在送达回证上签字、盖章。受送达人拒收或者拒签的，送达人详细填写送达回证中的拒收、拒签的情况和理由。

16 结案

16.1 结案条件

符合下列条件之一的，可以结案：

（1）案件已经移送管辖的；

（2）终止调查的；

（3）决定不予行政处罚或者行政处理的；

（4）行政处罚决定或者行政处理决定执行完毕的；

（5）行政处罚决定终结执行的；

（6）已经依法申请人民法院强制执行的。

涉及需要移送有关部门追究刑事责任、行政纪律责任的，结案前应当已经依法移送。

16.2　结案呈批

符合结案条件的，承办人员应当填写《结案呈批表》，报国土资源主管部门负责人批准后结案。

《结案呈批表》应当载明案由、立案时间、立案编号、调查时间、当事人、主要违法事实、执行情况、相关建议等内容。

对终止调查或者终结执行但地上违法新建建筑物或者其他设施尚未处置的，结案呈批时，可以建议将有关情况报告或者函告地上违法新建建筑物或者其他设施所在地政府，由其依法妥善处置。

16.3　后续工作

结案后，有关部门开展与本案相关的强制执行、刑事责任、行政纪律责任追究等工作，需要国土资源主管部门配合的，国土资源主管部门应当予以配合。

17　立卷归档

办案人员应当将办案过程中形成的全部材料，及时整理装订成卷，并按照规定归档。

17.1　归档材料

卷宗内的归档材料应当包括：

（1）封面、目录；

（2）案件来源材料；

（3）责令停止违法行为通知书、责令履行法定义务通知书、责令改正违法行为通知书及送达回证；

（4）立案呈批表；

（5）证据材料；

（6）调查报告；

（7）审理记录；

（8）案件处理决定呈批表；

（9）行政处罚告知书及送达回证；

（10）当事人陈述申辩材料、复核意见书；

（11）行政处罚听证告知书、听证通知书、听证笔录、听证意见书、违法案件陈述、申辩、听证复核意见书等；

（12）《行政处罚决定书》或者行政处理决定及送达回证；

（13）行政处分决定、行政处分建议书、刑事判决书、涉嫌犯罪案件移送书、案件管辖移送书；

（14）有关法律文书送达回证；

（15）履行处罚决定催告书及送达回证；

（16）强制执行申请书及送达回证、申请送达情况记录；

（17）行政处罚决定执行记录、罚没收据、缴纳相关费用收据、暂缓或者分期缴纳罚款的审批材料、吊销采矿许可证或者勘查许可证公告、非法财物移交书、非法财物清单、退地证明、证明拆除和恢复土地原状的图像资料、撤销批准文件的决定及相关材料；

（18）经行政复议机关复议的应当附具行政复议决定书、经人民法院审理的应当附具人民法院判决书副本；

（19）案件结案呈批表；

（20）其他需要归档的材料。

17.2 归档要求

（1）所有归档的材料，应当合法、完整、真实、准确，文字清楚，日期完备。应当保证归档材料之间的有机联系，同一案件形成的档案应当作为一个整体统一归档，不得分散归档，案卷较厚的可分卷归档。案卷应当标注总页码和分页码，加盖档号章。

（2）卷内各类材料的排列，应当按照结论、决定、裁决性文件在前，依据性材料在后的原则，即批复在前、请示在后，正文在前、附件在后，印件在前、草稿在后的顺序组卷。

（3）案卷资料归档应当按照档案管理要求统一归档保存或者交本部门档案室保存。

18 监督与责任追究

18.1 监督

国土资源主管部门应当通过定期或者不定期检查等方式，加强对本级和下级国土资源主管部门查处工作的监督，及时发现、纠正存在的问题。

县级以上人民政府国土资源主管部门发现作出的行政处罚、行政处理有错误的，应当主动改正。

国土资源主管部门应当建立重大违法案件挂牌督办制度，明确提出办理要求，公开督促下级国土资源主管部门限期办理并接受社会监督。

国土资源主管部门应当建立重大违法案件公开通报制度，将案情和处理结果向社会公开通报并接受社会监督。

18.2 责任追究

国土资源主管部门直接负责的主管人员和其他直接责任人员有下列情形之一，致使自然人、法人或者其他组织的合法权益、公共利益和社会秩序遭受损害的，应当依法追究责任：

（1）对发现的违法行为未依法制止的；

（2）应当依法立案查处，无正当理由未依法立案查处的；

（3）在制止以及查处违法案件中受阻，依照有关规定应当向本级人民政府或者上级国土资源主管部门报告而未报告的；

（4）应当依法给予行政处罚而未依法处罚的；

（5）应当依法申请强制执行、提出行政处分建议或者移送有权机关追究行政纪律或者刑事责任，而未依法申请强制执行、提出行政处分建议、移送有权机关的；

（6）其他徇私枉法、滥用职权、玩忽职守的情形。

国土资源执法监察工作机构和人员已经按照规定履行相应查处职责的，不得以玩忽职守、渎职等名义追究责任。

19 附则

19.1 期间

期间以时、日、月、年计算。期间开始的时和日不计算在期间内。工作日不包括法定节假日。

期间届满的最后一日是节假日的，以节假日后的第一日为期间届满的日期。

期间不包括在途时间。法律文书在期满前交邮的，不算过期。

19.2 数量关系的规范

本规程中的"以上"、"以下"、"内"、"前"，均包括本数；"后"不包括本数。

19.3 行政处罚追诉时效

国土资源违法行为在两年内未被发现的，不再给予行政处罚。法律另有规定的除外。

前款规定的期限，从违法行为发生之日起计算；违法行为有连续或者继续状态的，从行为终了之日起计算。

违法占用土地的行为，恢复土地原状前，应当视为具有继续状态。

19.4 解释机关

本规程由国土资源部负责解释。

附录A 主要土地违法行为、法律依据与法律责任（略）

附录B 主要矿产资源违法行为、法律依据与法律责任（略）

附录C 国土资源违法行为查处法律文书参考格式（略）

国土资源部关于推进土地节约集约利用的指导意见

（2014年9月12日 国土资发〔2014〕119号）

各省、自治区、直辖市及计划单列市国土资源主管部门，新疆生产建设兵团国土资源局，解放军土地管理局，中国地质调查局及部其他直属单位，各派驻地方的国家土地督察局，部机关各司局：

土地节约集约利用是生态文明建设的根本之策，是新型城镇化的战略选择。党中央、国务院高度重视土地节约集约利用，针对我国经济发展进入新常态，处于经济增长换挡期、结构调整阵痛期、前期刺激政策消化期"三期叠加"的阶段特征，对大力推进节约集约用地提出了新要求。近年来，各地采取措施推进土地节约集约利用，取得了积极进展，但是，土地粗放利用状况没有根本改变，建设用地低效闲置现象仍较普遍。为了深入贯彻落实党中央、国务院的决策部署，切实解决土地粗放利用和浪费问题，以土地利用方式转变促进经济发展方式转变，推动生态文明建设和新型城镇化，提出如下指导意见。

一、总体要求

（一）指导思想。以邓小平理论、"三个代表"重要思想和科学发展观为指导，认真贯彻生态文明建设和新型城镇化战略部署，紧紧围绕使市场在资源配置中起决定性作用和更好发挥政府作用，坚持和完善最严格的节约用地制度，遵循严控增量、盘活存量、优化结构、提高效率的总要求，全面做好定标准、建制度、重服务、强监管工作，大力推进节约集约用地，促进土地利用方式和经济发展方式加快转变，为全面建成小康社会和实现中华民族伟大复兴的中国梦提供坚实保障。

（二）主要目标。

——建设用地总量得到严格控制。实施建设用地总量控制和减量化战略，城乡建设用地总量控制在土地利用总体规划确定的目标之内，努力实现全国新增建设用地规模逐步减少，到2020年，单位建设用地二、三产业增加值比2010年翻一番，单位固定资产投资建设用地面积下降80%，城市新区平均容积率比现城区提高30%以上。

——土地利用结构和布局不断优化。实施土地空间引导和布局优化战略，完成全国城市开发边界、永久基本农田和生态保护红线划定，引导城市建设向组团式、串联式、卫星城式发展，工业用地逐步减少，生活和基础设施用地逐步增加，中西部地区建设用地占全国建设用地的比例有所提高。

——土地存量挖潜和综合整治取得明显进展。实施土地内涵挖潜和整治再开发战略，"十二五"和"十三五"期间，累计完成城镇低效用地再开发750万亩、农村建设用地整治900万亩、历史遗留工矿

废弃地复垦利用300万亩，土地批后供应率、实际利用率明显提高。

——土地节约集约利用制度更加完善，机制更加健全。"党委领导、政府负责、部门协同、公众参与、上下联动"的国土资源管理新格局基本形成，节约集约用地制度更加完备，市场配置、政策激励、科技应用、考核评价、共同责任等机制更加完善，建成一批国土资源节约集约利用示范省、模范县（市）。

二、严格用地规模管控

（三）严格控制城乡建设用地规模。实行城乡建设用地总量控制制度，强化县市城乡建设用地规模刚性约束，遏制土地过度开发和建设用地低效利用。加强相关规划与土地利用总体规划的协调衔接，相关规划的建设用地规模不得超过土地利用总体规划确定的建设用地规模。依据二次土地调查成果和土地变更调查成果，按照国家统一部署，调整完善土地利用总体规划，从严控制城乡建设用地规模。探索编制实施重点城市群土地利用总体规划和村土地利用规划，强化对城镇建设用地总规模的控制，合理引导乡村建设集中布局、集约用地。严格执行围填海造地政策，控制围填海造地规模。

（四）逐步减少新增建设用地规模。与国民经济和社会发展计划、节约集约用地目标要求相适应，逐步减少新增建设用地计划和供应，东部地区特别是优化开发的三大城市群地区要以盘活存量为主，率先压减新增建设用地规模。严格核定各类

城市新增建设用地规模，适当增加城区人口 100 万~300 万的大城市新增建设用地，合理确定城区人口 300 万~500 万的大城市新增建设用地，从严控制城区人口 500 万以上的特大城市新增建设用地。

（五）着力盘活存量建设用地。着力释放存量建设用地空间，提高存量建设用地在土地供应总量中的比重。制定促进批而未征、征而未供、供而未用土地有效利用的政策，将实际供地率作为安排新增建设用地计划和城镇批次用地规模的重要依据，对近五年平均供地率小于 60% 的市、县，除国家重点项目和民生保障项目外，暂停安排新增建设用地指标，促进建设用地以盘活存量为主。严格执行依法收回闲置土地或征收土地闲置费的规定，加快闲置土地的认定、公示和处置。建立健全低效用地再开发激励约束机制，推进城乡存量建设用地挖潜利用和高效配置。完善土地收购储备制度，制定工业用地等各类存量用地回购和转让政策，建立存量建设用地盘活利用激励机制。

（六）有序增加建设用地流量。按照土地利用总体规划和土地整治规划，在安排新增建设用地时同步减少原有存量建设用地，既保持建设用地总量不变又增加建设用地流量，保障经济社会发展用地，提高土地节约集约利用水平。在确保城乡建设用地总量稳定、新增建设用地规模逐步减少的前提下，逐步增加城乡建设用地增减挂钩、工矿废弃地复垦利用和城镇低效用地再开发等流量指标，统筹保障建设用

地供给。建设用地流量供应，主要用于促进存量建设用地的布局优化，推动建设用地在城镇和农村内部、城乡之间合理流动。各地要探索创新"以补充量定新增量、以压增量倒逼存量挖潜"的建设用地流量管理办法和机制，合理保障城乡建设用地，促进土地利用和经济发展方式转变。

（七）提高建设用地利用效率。合理确定城市用地规模和开发边界，强化城市建设用地开发强度、土地投资强度、人均用地指标整体控制，提高区域平均容积率，优化城市内部用地结构，促进城市紧凑发展，提高城市土地综合承载能力。制定地上地下空间开发利用管理规范，统筹地上地下空间开发，推进建设用地的多功能立体开发和复合利用，提高空间利用效率。完善城市、基础设施、公共服务设施、交通枢纽等公共空间土地综合开发利用模式和供地方式，提高土地利用强度。统筹城市新区各功能区用地，鼓励功能混合和产城融合，促进人口集中、产业集聚、用地集约。加强开发区用地功能改造，合理调整用地结构和布局，推动单一生产功能向城市综合功能转型，提高土地利用经济、社会、生态综合效益。

三、优化开发利用格局

（八）优化建设用地布局。发挥国土规划和土地利用总体规划的引导管控作用，最大限度保护耕地、园地和河流、湖泊、山峦等自然生态用地，促进形成规模适度、布局合理、功能互补的城镇空间体系，加快构建以城市群为主体、大中小城市和小

城镇协调发展的城镇化格局。加快划定城市开发边界、永久基本农田和生态保护红线，促进生产、生活、生态用地合理布局。结合农村土地综合整治，因地制宜、量力而行，在具备条件的地方对农村建设用地按规划进行区位调整、产权置换，促进农民住宅向集镇、中心村集中。完善与区域发展战略相适应、与人口城镇化相匹配、与节约集约用地相挂钩的土地政策体系，促进区域、城乡用地布局优化。

（九）严控城市新区无序扩张。严格城市新区用地管控，除因中心城区功能过度叠加、人口密度过高或规避自然灾害等原因外，不得设立城市新区；确需设立城市新区的，必须以人口密度、用地产出强度和资源环境承载能力为基准，以符合土地利用总体规划为前提。按照《城市新区设立审核办法》，严格审核城市新区规划建设用地规模和布局。制定新区用地扩张与旧城改造相挂钩的方案，促进新旧城区联动发展。

（十）加强产业与用地的空间协同。强化产业发展规划与土地利用总体规划的协调衔接，统筹各业各类用地，重点保障与区域资源环境和发展条件相适应的主导产业用地，合理布局战略性新兴产业、先进制造业和基础产业用地，引导产业集聚、用地集约。完善用地激励和约束机制，严禁为产能严重过剩行业新增产能项目提供用地，促进落后产能淘汰退出和企业兼并重组。推动特大城市中心城区部分产业向卫星城疏散，强化大中城市中心城区现代

商贸、现代服务等功能，提高城市土地产业支撑能力。

（十一）合理调整建设用地比例结构。与新型城镇化和新农村建设进程相适应，引导城镇建设用地结构调整，控制生产用地，保障生活用地，增加生态用地；优化农村建设用地结构，保障农业生产、农民生活必需的建设用地，支持农村基础设施建设和社会事业发展；促进城乡用地结构调整，合理增加城镇建设用地，加大农村空闲、闲置和低效用地整治，力争到2020年，城镇工矿用地在城乡建设用地总量中的比例提高到40%左右。调整产业用地结构，保障水利、交通、能源等重点基础设施用地，优先安排社会民生、扶贫开发、战略性新兴产业以及国家扶持的健康和养老服务业、文化产业、旅游业、生产性服务业发展用地。

四、健全用地控制标准

（十二）完善区域节约集约用地控制标准。继续落实"十二五"单位国内生产总值建设用地下降30%的目标要求。探索开展土地开发利用强度和效益考核，依据区域人口密度、二三产业产值、产业结构、税收等指标和建设用地结构、总量的变化，提出控制标准，加快建立综合反映土地利用对经济社会发展承载能力和水平的评价标准。

（十三）引导城乡提高土地利用强度。加强对城镇和功能区土地利用强度的管控和引导，依据城镇建设用地普查，开展人均城镇建设用地、城市土地平均容积率、

各功能区容积率和不同用途容积率、建筑密度、单位土地投资等土地利用效率和效益的控制标准研究。提出"十三五"平均容积率等节约集约用地考核具体指标。逐步确立由国家和省市调控城镇区域投入产出、平均建筑密度、平均容积率控制标准，各城镇自主确定具体地块土地利用强度的管理制度，实现城镇整体节约集约、功能结构完整、利用疏密有致、建筑形态各具特点的土地利用新格局。

（十四）严格执行各行各业建设项目用地标准。在建设项目可行性研究、初步设计、土地审批、土地供应、供后监管、竣工验收等环节，严格执行建设用地标准，建设项目的用地规模和功能分区，不得突破标准控制。各地要在用地批准文件、出让合同、划拨决定书等法律文本中，明确用地标准的控制性要求，加强土地使用标准执行的监督检查。鼓励各地在严格执行国家标准的基础上，结合实际制定地方土地使用标准，细化和提高相关要求。对国家和地方尚未编制用地标准的建设项目，国家和地方已编制用地标准但因安全生产、地形地貌、工艺技术有特殊要求需要突破标准的建设项目，必须开展建设项目节地评价论证，合理确定用地规模。

五、发挥市场机制作用

（十五）发挥市场机制的激励约束作用。深化国有建设用地有偿使用制度改革，扩大国有土地有偿使用范围，逐步对经营性基础设施和社会事业用地实行有偿使用，缩小划拨供地范围。加快形成充分反映市场供求关系、资源稀缺程度和环境损害成本的土地市场价格机制，通过价格杠杆约束粗放利用，激励节约集约用地。完善土地租赁、转让、抵押二级市场。健全完善主体平等、规则一致、竞争有序的市场规制，营造有利于土地市场规范运行、有效落实节约集约用地的制度环境。

（十六）鼓励划拨土地盘活利用。按照促进流转、鼓励利用的原则，进一步细化原划拨土地利用政策，加快推进原划拨土地入市交易和开发利用，提高土地要素市场周转率和利用效率。符合规划并经市、县人民政府批准，原划拨土地可依法办理出让、转让、租赁等有偿使用手续。符合规划并经依法批准后，原划拨土地既可与其他存量土地一并整体开发，也可由原土地使用权人自行开发。经依法批准后，鼓励闲置划拨土地上的工业厂房、仓库等用于养老、流通、服务、旅游、文化创意等行业发展，在一定时间内可继续以划拨方式使用土地，暂不变更土地使用性质。

（十七）完善土地价租均衡的调节机制。完善工业用地出让最低价标准相关实施政策，建立有效调节工业用地和居住用地合理比价机制，提高工业用地价格，优化居住用地和工业用地结构比例。实行新增工业用地弹性出让年期制，重点推行工业用地长期租赁。加快制订有利于节约集约用地的租金标准，根据产业类型和生产经营周期确定各类用地单位的租期和用地量，引导企业减少占地规模，缩短占地年期，防止工业企业长期大量圈占土地。进一步完善土地价租税体系，提高土地保有成本，强化对土地取得、占有和使用的经济约束，提高土地利用效率和效益。

六、实施综合整治利用

（十八）推动城乡土地综合利用。在符合建设要求、不影响质量安全和生态环境的基础上，因地制宜推动城市交通、商业、娱乐、人防、绿化等多功能、一体化、综合型公共空间立体开发建设，引导城镇建设提高开发强度和社会经济活动承载力。引导工业企业通过技改、压缩绿地和辅助设施用地，扩大生产用地，提高工业用地投资强度和利用效率。推动农村各类用地科学布局，鼓励农用地按循环经济模式引导、组合各类生产功能，实现土地复合利用、立体利用。结合永久基本农田和生态保护红线的划定，保留连片优质农田和菜地，作为城市绿心、绿带，发挥耕地的生产、生态和景观等多重功能。

（十九）大力推进城镇低效用地再开发。坚持规划统筹、政府引导、市场运作、公众参与、利益共享、严格监管的原则，在严格保护历史文化遗产、传统建筑和保持特色风貌的前提下，规范有序推进城镇更新和用地再开发，提升城镇用地人口、产业承载能力。结合城市棚户区改造，建立合理利益分配机制，采取协商收回、收购储备等方式，推进"旧城镇"改造；依法办理相关手续，鼓励"旧工厂"改造和产业升级；充分尊重权利人意愿，鼓励采取自主开发、联合开发、收购开发等模式，分类推动"城中村"改造。

（二十）强化开发区用地内涵挖潜。推动开发区存量建设用地盘活利用，鼓励对现有工业用地追加投资、转型改造，提高土地利用强度。提高开发区工业用地准入门槛，制订各开发区亩均投资强度标准和最低单独供地标准，并定期更新。推动开发区建设一定规模的多层标准厂房，支持各类投资开发主体参与建设和运营管理。加强标准厂房建设的土地供应，国家级和省级开发区建设标准厂房容积率超过1.2的，所需新增建设用地年度计划指标由省级国土资源主管部门单列。各地可结合实际，制订扶持标准厂房建设和鼓励中小项目向标准厂房集中的政策，促进中小企业节约集约用地。

（二十一）因地制宜盘活农村建设用地。统筹运用土地整治、城乡建设用地增减挂钩等政策手段，整合涉地资金和项目，推进田、水、路、林、村综合整治，促进农村低效和空闲土地盘活利用，改善农村生产生活条件和农村人居环境。土地整治和增减挂钩要按照新农村建设、现代农业发展和农村人居环境改造的要求，尊重农民意愿，坚持因地制宜、分类指导、规划先行、循序渐进，保持乡村特色，防止大拆大建；要坚持政府统一组织和农民主体地位，增加工作的公开性和透明度，维护农民土地合法权益，确保农民自愿、农民参与、农民受益。在同一乡镇范围内调整村庄建设用地布局的，由省级国土资源部门统筹安排，纳入城乡建设用地增减挂钩管理。

（二十二）积极推进矿区土地复垦利用。按照生态文明建设和矿区可持续发展的要求，坚持强化主体责任与完善激励机制相结合，综合运用矿山地质环境治理恢复、土地复垦等政策手段，全面推进矿区土地复垦，改善矿区生态环境，提高矿区土地利用效率。依法落实矿山土地复垦主体责任，确保新建在建矿山损毁土地及时全面复垦。创新土地管理方式，在集中成片、条件具备的地区，推动历史遗留工矿废弃地复垦和挂钩利用，确保建设用地规模不增加、耕地综合生产能力有提高、生态环境有改善，废弃地得到盘活利用。

七、推动科技示范引领

（二十三）推广应用节地技术和模式。及时总结提炼各类有利于节约集约用地的建造技术和利用模式，完善激励机制和政策，加大推广应用力度。要重点推广城市公交场站、大型批发市场、会展和文体中心、城市新区建设中的地上地下空间立体开发、综合利用、无缝衔接等节地技术和节地模式，鼓励城市内涵发展；加快推广标准厂房等节地技术和模式，降低工业项目占地规模；引导铁路、公路、水利等基础设施建设采取措施，减少工程用地和取弃土用地；推进盐碱地、污染地、工矿废弃地的治理与生态修复技术创新，加强暗管改碱节地技术研发和应用，实现土地循环利用。

（二十四）研究制定激励配套政策。加大节地技术和节地模式的配套政策支持力度，在用地取得、供地方式、土地价格

等方面，制定鼓励政策，形成节约集约用地的激励机制。对现有工业项目不改变用途前提下提高利用率和新建工业项目建筑容积率超过国家、省、市规定容积率部分的，不再增收土地价款。在土地供应中，可将节地技术和节地模式作为供地要求，落实到供地文件和土地使用合同中。协助相关部门，探索土地使用税差别化征收措施，按照节约集约利用水平完善土地税收调节政策，鼓励提高土地利用效率和效益。

（二十五）组织开展土地整治技术集成与应用。加强土地整治技术集成方法研究，组织实施一批土地整治重大科技专项，选取典型区域开展应用示范攻关。在土地整理、土地复垦、土地开发和土地修复中，综合运用先进科学技术，推进农村土地整治和城市更新，修复损毁土地，保障土地可持续利用，提高节约集约用地水平。

（二十六）深入开展节约集约用地模范县市创建。完善创建活动指标标准体系和评选考核办法，深化创建活动工作机制建设，定期评选模范县市，引导开展节约集约示范省建设。以创建活动引导各地树立正确的政绩观和科学发展理念；广泛动员社会各方力量，推进土地节约集约利用进社区、进企业、进家庭、进课堂。

八、加强评价监管宣传

（二十七）全面清查城乡建设用地情况。以第二次全国土地调查和城镇地籍调查为基础，通过年度土地变更调查和年度城镇地籍调查数据更新汇总，全面掌握城乡建设用地的结构、布局、强度、密度等

现状及其变化情况。在此基础上,各地可根据需要开展补充调查,为充分利用各类闲置、低效和未利用土地及开展节约集约用地评价考核提供详实的建设用地基础数据。

(二十八) 全面推进节约集约用地评价。持续开展单位国内生产总值建设用地消耗下降目标的年度评价。进一步完善开发区建设用地节约集约利用评价,适时更新评价制度。部署开展城市节约集约用地初始评价,在初始评价基础上开展区域和中心城区更新评价。加快建立工程建设项目节地评价制度,明确节地评价的范围、原则和实施程序,通过制度规范促进节约集约用地。

(二十九) 加强建设用地全程监管及执法督察。全面落实土地利用动态巡查制度,超过土地使用合同规定的开工时间一年以上未开工、且未开工建设用地总面积已超过近五年年均供地量的市、县,要暂停新增建设用地供应。建立健全土地市场监测监管实地核查办法,加大违法违规信息的网上排查和实地核查。充分运用执法、督察手段,加强与审计、纪检监察、检察等监督或司法机关的联动,有效制止和严肃查处违法违规用地行为。

(三十) 强化舆论宣传和引导。充分利用多种媒体渠道和"6.25"土地日等活动平台,广泛宣传我国土地资源国情和形势,增强社会各界的资源忧患意识,促进形成节约集约用地全民共识。深入宣传全面落实节约优先战略,提高土地利用效率

和效益的做法和典型经验。加强科普宣传和人才培训,普及推广节约集约用地知识。

推进土地节约集约利用,是各级国土资源部门的中心工作和主要职责。各省(区、市)国土资源部门积极争取党委、政府的支持,结合实际制定细化方案和配套措施,认真贯彻落实本指导意见。部机关各司局、各派驻地方的国家土地督察局及相关单位要结合职责,明确目标任务、具体措施、责任分工和推进时限,确保指导意见的落实。

本文件有效期为8年。

国土资源部办公厅关于发布《国有建设用地使用权出让地价评估技术规范(试行)》的通知

(2013年4月8日 国土资厅发〔2013〕20号)

各省、自治区、直辖市国土资源主管部门,解放军土地管理局,新疆生产建设兵团国土资源局:

为规范国有建设用地使用权出让地价评估行为,部制订了《国有建设用地使用权出让地价评估技术规范(试行)》(见附件,以下简称"《规范》"),现予发布。请转发至辖区内各级国土资源主管部门、相关行业协会和土地估价中介机构,结合本地实际遵照执行。同时,为进一步完善国有土地出让底价确定程序,加强出让地价

评估管理，促进土地市场平稳健康运行，现就有关问题通知如下：

一、要进一步健全国有建设用地使用权出让的定价程序，地价需经专业评估，底价应由集体决策。在国有建设用地使用权出让前，市、县国土资源主管部门应当组织对拟出让宗地的地价进行评估，为确定出让底价提供参考依据。委托给土地估价中介机构的，应采用公开方式。因改变土地使用条件、发生土地增值等情况，需要补缴地价款的，市、县国土资源主管部门在确定补缴金额之前，也应按照上述要求组织评估。

二、出让土地估价报告应由土地估价师完成，并且符合《城镇土地估价规程》和《规范》。市、县国土资源主管部门不应干预评估活动，由被委托方客观、独立、公正地出具土地估价报告。

三、出让土地估价报告，一律按照《关于实行电子化备案完善土地估价报告备案制度的通知》（国土资厅发〔2012〕35号）要求，由报告出具方履行电子备案程序，取得电子备案号。报告出具方无法登录"土地估价报告备案系统"的，市、县国土资源主管部门应将单位名称、单位性质、土地估价师姓名和资格证书号等情况，经省级国土资源主管部门核实汇总后，报部土地利用管理司，按规定登录。

四、市、县国土资源主管部门或国有建设用地使用权出让协调决策机构，应以土地估价报告的估价结果为重要参考依据，并统筹考虑产业政策、土地供应政策和土地市场运行情况，集体决策确定土地出让底价。从土地出让收入或土地出让收益中计提的各类专项资金，不得计入出让底价。对估价结果的采用情况及其理由，应纳入集体决策的记录文件，存档备查。

起拍（始）价应当根据当地土地市场的实际情况合理确定，可以高于、低于或等于出让底价，但成交价不能低于底价。

五、省级国土资源主管部门要加大监督指导力度，定期组织土地估价行业协会或专家，对已备案的土地估价报告进行随机抽查和评议，并向社会公布抽查评议结果。

六、出让方对估价结果有异议的，可申请省级土地估价师协会或中国土地估价师协会进行技术审裁，也可以另行组织评估。

七、部将根据各地实际和土地市场运行情况，适时修订《规范》，各省级国土资源主管部门可制订本地实施细则。

本文件的有效期为五年。

附件：国有建设用地使用权出让地价评估技术规范（试行）（略）

国土资源部办公厅关于下放部分建设项目用地预审权限的通知

（2013 年 10 月 8 日　国土资厅发〔2013〕44 号）

各省、自治区、直辖市国土资源主管部门，新疆生产建设兵团国土资源局，解放军土地管理局，各派驻地方的国家土地督察局，部有关直属单位，机关各司局：

为了落实国务院关于职能转变、简政放权的决定，现就建设项目用地预审权限下放有关事项通知如下：

一、坚决落实国务院关于取消和下放部分行政审批项目等事项的决定

今年以来，国务院取消和下放了一批行政审批事项，《国务院关于取消和下放一批行政审批项目等事项的决定》（国发〔2013〕19号，以下简称《决定》）涉及国家发展改革委下放12类企业投资项目的核准权限，取消13类企业投资项目的核准事项，调整管理方式为备案。对《决定》下放核准权限的12类项目，按照建设项目用地预审"同级审查"的原则，由省级或相应的地方国土资源主管部门办理。

二、下放备案类项目用地预审权限

按照投资管理权限规定原相应需报部用地预审的备案类项目（含《决定》包括的核准类调整为备案类的项目），由省级国土资源主管部门预审。各地要严格依据有关法律法规和《建设项目用地预审管理办法》（国土资源部令第42号）等规定，规范程序，严格把关，加强监督监管。

三、进一步做好零星分散建设项目用地预审工作

国土资源部令第42号文件规定，应当由国土资源部负责预审的输电线塔基、钻探井位、通讯基站等小面积零星分散建设项目用地，由省级国土资源管理部门预审，并报国土资源部备案。各地要合理界定零星分散建设项目范围，切实负责，进一步做好用地预审服务。

国土资源部办公厅关于印发《养老服务设施用地指导意见》的通知

（2014年4月17日　国土资厅发〔2014〕11号）

各省、自治区、直辖市国土资源主管部门，新疆生产建设兵团国土资源局，计划单列市国土资源主管部门：

为贯彻落实《国务院关于加快发展养老服务业的若干意见》（国发〔2013〕35号）文件精神，保障养老服务设施用地供应，规范养老服务设施用地开发利用管理，大力支持养老服务业发展，部制定了《养老服务设施用地指导意见》（以下简称"《意见》"），现予印发，请结合本地实际认真贯彻执行。

本通知自下发之日起执行，有效期五年。

养老服务设施用地指导意见

一、合理界定养老服务设施用地范围。专门为老年人提供生活照料、康复护理、托管等服务的房屋和场地设施占用土地，可确定为养老服务设施用地。老年酒店、宾馆、会所、商场、俱乐部等商业性设施占用土地，不属于本《意见》中的养老服务设施用地。

二、依法确定养老服务设施土地用途和年期。养老服务设施用地在办理供地手续和土地登记时，土地用途应确定为医卫慈善用地。

依据《土地利用现状分类》（GB/T21010－2007），规划为公共管理用地、公共服务用地中的医卫慈善用地，可布局和安排养老服务设施用地，其他用地中只能配套建设养老服务设施用房并分摊相应的土地面积。

养老服务设施用地以出让方式供应的，建设用地使用权出让年限按最高不超过50年确定。以租赁方式供应的，租赁年限在合同中约定，最长租赁期限不得超过同类用途土地出让最高年期。

三、规范编制养老服务设施供地计划。养老服务设施用地供应应当纳入国有建设用地供应计划。新建城区和居住小区配建养老服务设施用地的，建设规模应一并纳入住房建设用地供应计划；新建养老机构服务设施用地的，应根据城乡规划布局要求，统筹考虑，分期分阶段纳入国有建设用地供应计划。对闲置土地依法处置后由政府收回的，规划用途符合要求的，可优先用于养老服务设施用地，一并纳入国有建设用地供应计划。

四、细化养老服务设施供地政策。经养老主管部门认定的非营利性养老服务机构的，其养老服务设施用地可采取划拨方式供地。民间资本举办的非营利性养老服务机构，经养老主管部门认定后同意变更为营利性养老服务机构的，其养老服务设

施用地应当报经市、县人民政府批准后，可以办理协议出让（租赁）土地手续，补缴土地出让金（租金）。但法律法规规章和原《国有建设用地划拨决定书》明确应当收回划拨建设用地使用权的除外。

营利性养老服务设施用地，应当以租赁、出让等有偿方式供应，原则上以租赁方式为主。土地出让（租赁）计划公布后，同一宗养老服务设施用地有两个或者两个以上意向用地者的，应当以招标、拍卖或者挂牌方式供地。以招标、拍卖或者挂牌方式供应养老服务设施用地时，不得设置要求竞买人具备相应资质、资格等影响公平公正竞争的限制条件。房地产用地中配套建设养老服务设施的，可将养老服务设施的建设要求作为出让条件，但不得将养老服务机构的资格或资信等级等作为出让条件。

五、鼓励租赁供应养老服务设施用地。为降低营利性养老服务机构的建设成本，各地可制订养老服务设施用地以出租或先租后让供应的鼓励政策和租金标准，明确相应的权利和义务，向社会公开后执行。市县国土资源管理部门与用地者应当签订养老服务设施用地租赁合同，约定租赁国有建设用地的出租人和承租人、地块的位置、用途、面积、空间范围、容积率、租期、租金标准及调整时间和方式、到期处置与续期或出让等内容。

六、实行养老服务设施用地分类管理。新建城区和居住（小）区按规定配建养老服务设施，依据规划用途可以划分为不同

宗地的，应当先行分割成不同宗地，再按宗供应；不能分宗的，应当明确养老服务设施用地、社区其他用途土地的面积比例和供应方式。

新建养老服务机构项目用地涉及新增建设用地，符合土地利用总体规划和城乡规划的，应当在土地利用年度计划指标中优先予以安排。

新建养老服务设施用地依据规划单独办理供地手续的，其宗地面积原则上控制在 3 公顷以下。有集中配建医疗、保健、康复等医卫设施的，不得超过 5 公顷。新建城区和居住（小）区按规定配建养老服务设施用地，应当在《国有建设用地使用权出让合同》或《国有建设用地划拨决定书》中予以特别说明，应明确配建的面积、容积率、开发投资条件和开发建设周期，以及建成后交付、运营、管理、后续监管的方式等。

七、加强养老服务设施用地监管。在核发国有建设用地划拨决定书、签订出让合同和租赁合同时，应当作出以下规定或者约定：

（一）建设用地使用权可以整体转让和转租、不得分割转让和转租；

（二）不得改变规划确定的土地用途，改变用途用于住宅、商业等房地产开发的，由市、县国土资源管理部门依法收回建设用地使用权；

（三）签订出让合同和租赁合同时，应当约定出让或租赁建设用地使用权可以设定抵押权。划拨建设用地要设定抵押权，

在核发划拨决定书时，应当约定划拨建设用地使用权不得单独设定抵押权，设定房地产抵押权的建设用地使用权是以划拨方式取得的，应当从拍卖所得的价款中缴纳相当于应缴纳的土地使用权出让金的款额后，抵押权人方可优先受偿；

（四）养老服务设施用地内建设的老年公寓、宿舍等居住用房，可参照公共租赁住房套型建筑面积标准，限定在 40 平方米以内；

（五）向符合养老申请条件的老年人出租老年公寓、宿舍等居住用房，出租服务合同应约定服务期限一次最长不能超过 5 年，期限届满，原承租人有优先承租权。

八、鼓励盘活存量用地用于养老服务设施建设。对营利性养老服务机构利用存量建设用地从事养老设施建设，涉及划拨建设用地使用权出让（租赁）或转让的，在原土地用途符合规划的前提下，可不改变土地用途，允许补缴土地出让金（租金），办理协议出让或租赁手续。在符合规划的前提下，在已建成的住宅小区内增加非营利性养老服务设施建筑面积的，可不增收土地价款。若后续调整为营利性养老服务设施的，应补缴相应土地价款。

企事业单位、个人对城镇现有空闲的厂房、学校、社区用房等进行改造和利用，兴办养老服务机构，经规划批准临时改变建筑使用功能从事非营利性养老服务且连续经营一年以上的，五年内可不增收土地年租金或土地收益差价，土地使用性质也

可暂不作变更。

九、利用集体建设用地兴办养老服务设施。农村集体经济组织可依法使用本集体所有土地，为本集体经济组织内部成员兴办非营利性养老服务设施。民间资本举办的非营利性养老机构与政府举办的养老机构可以依法使用农民集体所有的土地。

国土资源部办公厅关于印发国土资源部政府信息公开工作规范的通知

（2014 年 8 月 22 日　国土资厅发〔2014〕28 号）

部机关各司局，中国地质调查局及部其他直属单位，各派驻地方的国家土地督察局：

《国土资源部政府信息公开工作规范》已经部同意，现予印发，请遵照执行。

附件：

国土资源部政府信息公开工作规范

第一章　总　　则

第一条　为推进和规范国土资源部（以下简称部）政府信息公开工作，保障公民、法人或者其他组织依法获取政府信息，充分发挥政府信息对人民群众生产、生活和经济社会活动的服务作用，依据

《中华人民共和国政府信息公开条例》（以下简称《条例》）及国家有关规定，结合工作实际，制定本规范。

第二条　本规范适用于部机关各司局、派驻地方的国家土地督察局以及经部授权或者委托的直属单位（以下简称各司局和单位）在履行行政管理职能和提供公共服务过程中，依据法律、行政法规和国家有关规定，向公民、法人或者其他组织公开相关政府信息的活动。

第三条　本规范所称政府信息，是指部在履行职责过程中制作或者获取的，以一定形式记录、保存的信息。

第四条　部政府信息公开办公室（以下简称部公开办，设在部办公厅），负责推进、指导、协调、监督部政府信息公开工作。具体职责是：

（一）组织制定部政府信息公开工作制度；

（二）组织编制部政府信息公开指南、政府信息公开目录，起草和发布部政府信息公开工作年度报告；

（三）督促检查各司局和单位做好政府信息主动公开工作；

（四）组织协调各司局和单位依法办理政府信息依申请公开工作；

（五）对各司局和单位办理政府信息依申请公开的有关文书、行政复议答复、行政诉讼答辩状进行形式审查和文字审核；

（六）组织对各司局和单位政府信息公开工作进行考核；

（七）指导、协调地方国土资源行政

主管部门的政府信息公开工作；

（八）与部政府信息公开工作相关的其他职责。

第五条 部公开政府信息，应当遵循依法、公正、公平和便民的原则。

第六条 部政府信息公开工作按照"谁制作，谁公开；谁获取，谁公开；谁主办，谁负责"的原则，各司局和单位为政府信息公开主办单位，应当依法及时、准确地公开本单位制作或者获取的政府信息，并对其具体行政行为负责。

第七条 发现影响或者可能影响社会稳定和国土资源管理秩序的虚假或者不完整信息，部公开办应当组织有关司局和单位根据职责及时发布准确的政府信息予以澄清。

第八条 建立健全政府信息发布协调机制。拟发布的政府信息涉及其他单位的，主办单位应当主动与相关单位沟通、确认，确保发布的信息真实、准确。

发布政府信息依照国家和部有关规定需要批准的，应当按照规定程序报批，未经批准不得发布。

第二章 公开的范围

第九条 根据《条例》规定和部职能，以下政府信息应当主动公开：

（一）国土资源管理有关法律、行政法规、部门规章和规范性文件；

（二）全国土地利用总体规划、矿产资源规划等各类国土资源规划；

（三）有关国土资源统计信息；

（四）部年度财务预算、决算报告；

（五）部行政事业性收费的项目、依据、标准；

（六）部行政审批事项目录和行政审批事项办事指南、审批流程；

（七）国土资源管理业务的办理部门、办理程序、办理时间、地点等；

（八）挂牌督办的国土资源重大、典型违法违规案件处理情况，国家土地督察公告和国家土地督察年鉴；

（九）突发地质灾害应急预案以及其他与国土资源管理有关的突发公共事件应急预案、地质灾害预报预警信息等；

（十）部机关机构设置及其工作职责、职能；

（十一）干部任免和公务员考试录用、选调和遴选情况；

（十二）部制定部门规章、规范性文件、重大政策措施和编制重要规划过程中，需要社会公众广泛知晓和参与，应当主动公开的政府信息；

（十三）依照法律、行政法规和国家有关规定应当主动公开的其他政府信息。

法律、行政法规和国家有关规定对上述事项的公开权限另有规定的，从其规定。

第十条 公民、法人或者其他组织根据自身生产、生活、科研等特殊需要，可向部申请获取相关政府信息。

第十一条 下列政府信息不予公开，法律、行政法规另有规定的除外：

（一）可能危及国家安全、公共安全、

经济安全和社会稳定的政府信息；

（二）涉及国家秘密、商业秘密、个人隐私的政府信息。

但是，经权利人同意，或者不公开可能对公共利益造成重大影响的涉及商业秘密、个人隐私的政府信息，可以予以公开；

（三）处于内部讨论、研究或者审查中的过程性信息以及内部管理信息；

（四）法律、行政法规规定的其他不予公开的政府信息。

第十二条 建立部政府信息公开保密审查制度。按照"谁公开，谁审查"的原则，由主办单位按照部有关规定对政府信息公开事项进行保密审查，凡涉及国家秘密的，不得公开；主办单位不能确定是否可以公开的，提请部保密委员会办公室组织研究确定。

第三章 主动公开的方式和程序

第十三条 属于主动公开范围的政府信息，均须在部门户网站予以公开。根据内容和需要，可同时采用以下一种或多种方式予以公开：

（一）部门户网站；

（二）新闻发布会；

（三）中国国土资源报及其他正式出版物；

（四）部政务大厅电子大屏幕和电子触摸屏；

（五）其他便于公众知晓的方式。

第十四条 属于主动公开范围的政府信息，主办单位应当自该政府信息形成或者变更之日起20个工作日内按照第十三条规定的方式予以公开。法律、行政法规对政府信息公开的期限另有规定的，从其规定。

政府信息标注具体时间的，以该时间为信息形成时间；政府信息未标注具体时间的，以审定时间为信息形成时间。

第十五条 政府信息是否主动公开及公开方式由制作或者获取该信息的司局和单位按以下规定确定：

（一）公文类政府信息，主办单位在起草文件时须标明主动公开、依申请公开或者不公开。确定为依申请公开或者不公开的，应当说明理由；确定为主动公开的，由主办单位在法定期限内予以公开。联合发文的政府信息，由主办单位与联合发文单位确定是否公开。

（二）公文类以外的其他拟主动公开的政府信息，主办单位确定可以公开的，由主办单位负责人审定后予以公开；主办单位不能确定是否可以公开的，由主办单位提请部公开办组织研究确定是否予以公开，必要时由部公开办报请部领导审定。

在部门户网站发布政府信息按照《国土资源部门户网站管理办法》办理。

第四章 依申请公开的方式和程序

第十六条 部依申请公开政府信息，各司局和单位按照"接办分离"的原则办理：

（一）部政务大厅统一受理政府信息公开申请，负责政府信息公开申请的审查、受理、转办分送；告知书等相关文书的发送；申请材料、告知书等相关文书的保存；提示主办单位在规定期限内制作告知书；

（二）各司局和单位在规定期限内制作告知书等相关文书，并按程序办理相关事宜；

（三）部公开办对各司局和单位制作的政府信息公开告知书等相关文书进行审核。

第十七条 部政务大厅在接收政府信息公开申请时，应当审查申请人的申请资格及其相关身份证明材料，并对申请人提交的《国土资源部政府信息公开申请表》（以下简称申请表）进行形式审查。申请人采用书面形式提出申请确有困难的，经申请人口头提出，部政务大厅代为填写申请表。

部政务大厅应当对申请表的下列内容进行审查：

（一）申请人以及代理人、代表人的姓名或者名称，身份证明材料，联系电话、通讯地址等有效联系方式；

（二）申请人本人签名、盖章（或摁手印）；

（三）申请公开政府信息的内容描述；

（四）所需信息用途；

（五）获取政府信息的方式和形式要求。

申请人以其他书面或数据电文形式提交申请的，如申请内容符合上述要求，可以视为有效申请。

第十八条 部应当自收到政府信息公开申请之日起15个工作日内予以答复。如确需延长答复期限，由主办单位提出书面申请，报经部公开办负责人审签后，起草延期答复通知书，交由政务大厅发送申请人。延长答复的期限最长不得超过15个工作日。

第十九条 部政务大厅应当自收到申请1个工作日内对申请进行形式审查。根据申请提交情况，按以下情形分别办理：

（一）申请表符合第十七条规定的，应当予以登记受理；

（二）申请表填写不完整、不规范的，告知申请人作出更改、补充；申请公开的政府信息过于繁杂或者涉及多个主办单位的，可要求申请人按照"一事一申请"的原则作出更改。

申请人作出更改、补充所需时间不计算在第十八条规定的期限内。

第二十条 部政务大厅应当于受理当日将申请材料转送主办单位：

（一）属于部制作的政府信息，转送制作该信息的单位；政府信息由多个单位制作的，转送牵头制作该信息的单位；

（二）不属于部制作的政府信息，但属于国土资源行政管理职责范围的，按照职能转送有关单位；

（三）不属于国土资源政府信息或难以确定主办单位的，由部公开办提出办理意见。

第二十一条 主办单位自收到申请材

料之日起 8 个工作日内，按照统一格式起草告知书等相关文书，经本单位负责人审签后，连同拟公开的政府信息材料一并送部公开办审核。

第二十二条 部公开办应当于 2 个工作日内对告知书等相关文书以及拟公开的政府信息材料进行审核并签署意见，反馈主办单位。主办单位应当于 2 个工作日内，将告知书等相关文书连同拟公开的政府信息材料一并转交部政务大厅。

第二十三条 部政务大厅应当于 2 个工作日内，将告知书等相关文书和公开的政府信息，按照申请人要求的形式发送申请人。

第二十四条 主办单位根据申请内容，按照以下类型分别作出书面答复：

（一）申请公开的政府信息属于部政府信息公开范围的，按照申请人要求的形式向申请人提供政府信息；申请公开的政府信息已经主动公开的，告知申请人获取该信息的方式和途径；

（二）申请公开的政府信息不属于部政府信息公开范围的，告知申请人并说明理由。能够确定该政府信息公开机关的，应当告知申请人该行政机关的名称、联系方式；

（三）申请公开的政府信息不存在的，告知申请人该政府信息不存在；

（四）申请内容不属于《条例》中所指的政府信息的（举报投诉、核实情况、咨询问题等），告知申请人通过其他相应渠道办理；

（五）申请内容属于部行政程序中的当事人、利害关系人查阅案卷材料的，告知申请人按照相关法律、法规的规定办理；

（六）申请公开的政府信息已移送国家档案馆的，告知申请人依照有关档案管理的法律、法规和国家有关规定进行查阅；

（七）申请内容不明确的，告知申请人作出更改、补充；

（八）申请公开的政府信息属于不予公开范围的，告知申请人不予公开并说明理由；

（九）申请公开的政府信息中含有不予公开的内容，但是能够作出区分处理的，向申请人提供可以公开的政府信息。不予公开的内容，告知申请人并说明理由。

第二十五条 对疑难、复杂、敏感的政府信息公开申请，主办单位可提请部公开办组织相关单位进行会商。会商意见不一致的，由部公开办报请部领导研究确定。

第二十六条 依申请公开政府信息办理中存在下列情况，可按下列方式处理：

（一）对于同一申请人就同一事项再次提出申请的，经部公开办同意后，主办单位可以不作重复答复，但需以书面形式告知申请人；

（二）对于同一申请人同时提出多项申请的，可以合并答复；

（三）对于多个申请人同时就同一事项提出多份申请的，可以合并答复，并将告知书等相关文书分别发送申请人。

第二十七条 申请公开的政府信息涉及商业秘密、个人隐私，公开后可能损害第三方合法权益的，应当由主办单位书面征求第三方意见。第三方不同意公开的，不得公开。但主办单位认为不公开可能对公共利益造成重大影响的，经部公开办审核，报部领导批准后予以公开，并将决定公开的政府信息内容和理由书面通知第三方。

征求第三方意见所需时间不计算在第十八条规定的期限内。

第二十八条 无法按照申请人要求的形式提供的政府信息，主办单位可以安排申请人查阅相关材料。由部政务大厅指导申请人填写《国土资源部政府信息查阅审批单》，经主办单位、办公厅负责人签字同意，由主办单位办理借阅手续，在部政务大厅进行查阅。主办单位应对申请人查阅材料进行全程监督并提供服务。申请人如需对查阅材料进行复制、摘录、拍照，主办单位应按照国家和部有关规定执行。查阅后主办单位应当及时将材料交还部档案管理部门。

第二十九条 制作政府信息公开相关文书、登记回执、转办单等，需加盖"国土资源部政府信息公开专用章"。

第三十条 部政务大厅应当妥善保管在办理依申请公开政府信息过程中获取和产生的相关资料，并定期交送部档案管理部门归档。

第三十一条 部依申请公开政府信息，除可以依法收取检索、复制、邮寄等成本费用外，不得收取其他费用，不得通过其他组织、个人以有偿服务方式提供政府信息。

收取检索、复制、邮寄等成本费用的标准，按照国务院价格主管部门会同国务院财政部门制定的标准执行。

申请公开政府信息的公民确有经济困难的，经本人申请、部公开办审核同意，可以减免相关费用。

第五章 监督和保障

第三十二条 公民、法人或者其他组织认为部在政府信息公开工作中的具体行政行为侵犯其合法权益，依法申请行政复议（行政裁决）或者提起行政诉讼的，按照"谁主办，谁负责"的原则，确定答复和应诉主办单位。

因对政府信息公开内容不服引起的行政复议（行政裁决）和行政诉讼，由主办单位办理答复和应诉。因对政府信息公开程序、方式不服引起的行政复议（行政裁决）和行政诉讼，由部公开办办理答复和应诉。但是，因未在规定期限内公开政府信息或未履行答复义务的，由主办单位答复和应诉。

第三十三条 主办单位起草行政复议（行政裁决）答复或行政诉讼答辩状并收集、整理有关证据材料后，经部公开办会签后报部领导审定。在法定时限内报送答复书、答辩状等相关材料。

行政诉讼应诉单位应当确定1至2名代理人出庭应诉，政策法规司负责组织应诉和办理有关协调联络事宜。

第三十四条 各司局和单位应在每年的 2 月底前将本单位上一年度的政府信息公开工作情况报部公开办。部公开办负责起草部政府信息公开工作年度报告，经部领导审定后，于每年 3 月 31 日前发布上一年度部政府信息公开工作报告。

第三十五条 部公开办会同相关部门对部政府信息公开的实施情况进行监督检查，同时负责受理公民、法人或者其他组织对部政府信息公开工作的举报和建议。

各司局和单位、部公开办、部政务大厅及其工作人员违反本规范，有下列情形之一的，由部责令改正；情节严重的，依据相关规定对直接负责的主管人员和其他直接责任人员给予处分；构成违法的，依法追究法律责任：

（一）不依法履行政府信息公开义务的；

（二）违反规定收取费用的；

（三）通过其他组织、个人以有偿服务方式提供政府信息的；

（四）公开不应当公开的信息的；

（五）篡改政府信息的；

（六）违反《条例》规定的其他情形。

第三十六条 部公开办对各司局和单位履行政府信息公开职责情况进行考核，考核的具体内容依据国务院和部政府信息公开工作要求确定，考核结果作为领导班子和领导干部年度考核的参考依据。

第三十七条 部公开办加强对地方国土资源行政主管部门政府信息公开工作的指导和协调，健全和完善国土资源政府信息公开制度，确保公民、法人或者其他组织便捷地获取国土资源政府信息。

第六章 附 则

第三十八条 本规范自发布之日起施行。2009 年 4 月 20 日部办公厅印发的《国土资源部政府信息依申请公开暂行规定》和 2009 年 8 月 4 日部办公厅印发的《国土资源部政府信息公开暂行办法》同时废止。

国土资源部办公厅关于进一步做好市县征地信息公开工作有关问题的通知

（2014 年 9 月 23 日 国土资厅发〔2014〕29 号）

各省、自治区、直辖市国土资源主管部门，新疆生产建设兵团国土资源局：

党中央、国务院高度重视政府信息公开工作，将政府信息公开作为推进依法行政、建设法治政府的重要内容，并将征地信息公开纳入重点领域信息公开范畴。为贯彻落实党中央、国务院部署要求和《中华人民共和国政府信息公开条例》，2013 年 1 月，部印发《关于做好征地信息公开工作的通知》（国土资厅发〔2013〕3 号），明确了各级国土资源主管部门职责，规范了公开渠道和办理要求，有力地推进了征地信息公开工作。为进一步落实市、县征地信息公开工作责任，细化工作要求，加大公开力度，尽可能将征地矛盾纠纷化解在基层，现就有关问题通知如下：

一、进一步提高做好征地信息公开工作的认识

征地工作事关群众切身利益与社会和谐稳定，做好征地信息公开是加强征地管理，促进依法征地、阳光征地、和谐征地的基本要求，也是保障被征地农民享有知情权、参与权和监督权的重要渠道，有利于增强政府在征地工作中的公信力和执行力。从目前征地信息公开工作情况看，还普遍存在征地信息公开不到位问题，主要体现在基层征地信息公开内容不全面、公开行为不规范、公开程序不健全、群众获知公开信息不便捷不及时等方面，与农民群众的期望还有较大差距，影响了征地实施工作。因此，地方各级国土资源主管部门要充分认识做好征地信息公开工作的重要性和紧迫性，进一步增强责任感和使命感，按照部的部署和要求扎实推进征地信息公开工作。针对当前征地信息公开工作的重点和薄弱环节，省级国土资源主管部门要指导市、县切实履行职责，着力从基层管理层面做到征地信息依法、全面、准确公开，保障被征地农民知情权，坚决维护好农民群众合法权益。

二、切实落实市县征地信息公开的主体责任

依据土地管理法律法规规定，市、县政府组织用地报批和征地实施，征地补偿安置等信息由市、县政府及其国土资源主管部门产生。按照"谁制作、谁公开"和"就近、便民"的原则，市、县政府是征地实施的主体，也是征地信息公开的主体，对做好征地信息公开工作起到关键作用。市、县要依据《中华人民共和国政府信息公开条例》规定，切实将征地信息公开列为政府信息公开工作重点，完善制度，明确职责，强化落实。要按有关规定要求，严格履行征地报批前"告知、确认、听证"和批后"两公告一登记"程序，并通过多种有效途径及时公开征地信息，方便群众查询。通过加强征地信息公开，促进预防和化解征地矛盾纠纷，树立行政规范、公正透明、服务高效的政府形象。

三、全面及时公开征地信息

（一）加强征地信息主动公开。按照政府信息"公开为原则，不公开为例外"的要求，市、县要在严格执行征地报批与实施程序的基础上，加大征地信息主动公开力度，积极主动公开征地中与群众密切相关的信息。根据《中华人民共和国政府信息公开条例》和征地管理的有关规定，市、县征地信息主动公开的内容主要包括以下方面：

1. 国务院或省级人民政府依法批准用地的批复文件，其中，国务院批准的城市用地还应公开省级人民政府审核同意农用地转用和土地征收实施方案的文件；

2. 地方人民政府转发国务院批准用地的文件（用地面积、补偿标准、安置途径等批准情况与申报情况相比发生变化的，转发文件中应明确表述变化后情况）；

3. 征地告知书以及履行征地报批前程序的相关证明材料；

4. 市、县政府用地报批时拟定的"一书四方案"（建设用地项目呈报说明书、农用地转用方案、补充耕地方案、征收土地方案、供地方案）；城市建设用地为"一书三方案"，即建设用地项目呈报说明书、农用地转用方案、补充耕地方案、征收土地方案）；

5. 征地批后实施中征地公告、征地补偿安置方案公告等有关材料。

（二）做好征地信息依申请公开。征地过程中，一些不便于向社会主动公开的信息，市、县应依法依规将其纳入依申请公开范围。公民、法人或其他组织可根据自身生产、生活、科研等特殊需要，由申请人持有效身份证件申请信息公开。征地信息依申请公开的内容主要包括以下方面：

1. 用地报批前征地调查结果、听证笔录；

2. 用地批准后征地补偿登记材料；

3. 征地补偿费用支付相关凭证；

4. 勘测定界图（国家测绘资料保密规定的涉及军事、国家安全和国民经济重要工程设施的项目除外）；

5. 其他属依申请公开范围的有关材料。

（三）畅通公开渠道。市、县应通过在政府门户网站或国土资源主管部门网站设置"征地信息"专栏的方式，同时利用报刊、广播、电视、微博等载体，建立征地信息主动公开渠道。属于征地信息主动

公开内容的，在收到上级有关用地批复文件后，10个工作日内向社会主动公开，其中"征地批后实施中征地公告、征地补偿安置方案公告等有关材料"在批准或形成生效后10个工作日内主动公开。

市、县要充分利用现有政务大厅、行政服务中心等场所，或者设立专门的接待窗口和场所，办理征地信息依申请公开答复工作。有条件的地方应借助信息化手段，建立征地信息依申请公开查询平台，为群众获取征地信息提供便利。

四、相关工作要求

（一）严格信息核对，确保公开信息准确。征地信息公开前，要注意核实核对，确保公开的信息与用地报批材料、批准情况及批后实施情况相一致，做到信息真实、准确，杜绝弄虚作假，侵犯公民知情权；征地信息中涉及保密事项的，要按照保密制度的有关规定进行处理，防止泄露国家秘密。

（二）广泛宣传，告知征地信息公开渠道。市、县在征地过程中，要告知被征地农民征地信息获取的渠道；要充分利用报刊、广播、电视等媒体开展宣传，让群众知晓征地信息公开的途径、方式和内容，方便群众查询；广泛宣传征地相关法律法规和政策规定。通过加强宣传、信息公开与舆论引导，促进征地工作公开公正，维护被征地农民合法权益，营造良好的征地环境。

（三）加强组织领导，保障工作落实到位。市、县国土资源主管部门要严格按

照征地信息公开工作要求，加强组织领导，建立规章制度，明确职责，抓紧抓好工作落实。2015 年 3 月 31 日前，市、县原则上完成"征地信息"专栏网页设计工作，并投入运行；2015 年 4 月 1 日起批准征地的信息，应按要求及时纳入网页公开；2008 年 5 月 1 日《中华人民共和国政府信息公开条例》颁布施行之后至 2015 年 3 月 31 日批准征地的信息，要通过两年左右时间补充纳入网页公开；1999 年 1 月 1 日新《中华人民共和国土地管理法》颁布施行之后至 2008 年 4 月 30 日批准征地的信息，也要有计划、按要求做好征地信息公开工作。

省级国土资源主管部门要在做好自身征地信息公开工作基础上，加强对市、县工作的督促与指导，及时总结推广好的做法，研究解决存在的问题，开创性地做好政府征地信息公开工作。2015 年 3 月 31 日前，省级国土资源主管部门要将本省（区、市）市、县征地信息公开专栏网页设计及有关工作开展情况汇总报部。部将适时组织督促检查与情况通报，促进工作落实到位。

本通知自发布之日起施行，有效期 5 年。国土资厅发〔2013〕3 号文件与本通知规定不一致的，以本通知规定为准。

四、司法解释

最高人民法院关于审理涉及农村土地承包经营纠纷调解仲裁案件适用法律若干问题的解释

（2013年12月27日最高人民法院审判委员会第1601次会议通过　2014年1月9日最高人民法院公告公布　自2014年1月24日起施行　法释〔2014〕1号）

为正确审理涉及农村土地承包经营纠纷调解仲裁案件，根据《中华人民共和国农村土地承包法》《中华人民共和国农村土地承包经营纠纷调解仲裁法》《中华人民共和国民事诉讼法》等法律的规定，结合民事审判实践，就审理涉及农村土地承包经营纠纷调解仲裁案件适用法律的若干问题，制定本解释。

第一条　农村土地承包仲裁委员会根据农村土地承包经营纠纷调解仲裁法第十八条规定，以超过申请仲裁的时效期间为由驳回申请后，当事人就同一纠纷提起诉讼的，人民法院应予受理。

第二条　当事人在收到农村土地承包仲裁委员会作出的裁决书之日起三十日后或者签收农村土地承包仲裁委员会作出的调解书后，就同一纠纷向人民法院提起诉讼的，裁定不予受理；已经受理的，裁定驳回起诉。

第三条　当事人在收到农村土地承包仲裁委员会作出的裁决书之日起三十日内，向人民法院提起诉讼，请求撤销仲裁裁决的，人民法院应当告知当事人就原纠纷提起诉讼。

第四条　农村土地承包仲裁委员会依法向人民法院提交当事人财产保全申请的，申请财产保全的当事人为申请人。

农村土地承包仲裁委员会应当提交下列材料：

（一）财产保全申请书；

（二）农村土地承包仲裁委员会发出的受理案件通知书；

（三）申请人的身份证明；

（四）申请保全财产的具体情况。

人民法院采取保全措施，可以责令申

请人提供担保，申请人不提供担保的，裁定驳回申请。

第五条 人民法院对农村土地承包仲裁委员会提交的财产保全申请材料，应当进行审查。符合前条规定的，应予受理；申请材料不齐全或不符合规定的，人民法院应当告知农村土地承包仲裁委员会需要补齐的内容。

人民法院决定受理的，应当于三日内向当事人送达受理通知书并告知农村土地承包仲裁委员会。

第六条 人民法院受理财产保全申请后，应当在十日内作出裁定。因特殊情况需要延长的，经本院院长批准，可以延长五日。

人民法院接受申请后，对情况紧急的，必须在四十八小时内作出裁定；裁定采取保全措施的，应当立即开始执行。

第七条 农村土地承包经营纠纷仲裁中采取的财产保全措施，在申请保全的当事人依法提起诉讼后，自动转为诉讼中的财产保全措施，并适用《最高人民法院关于人民法院民事执行中查封、扣押、冻结财产的规定》第二十九条关于查封、扣押、冻结期限的规定。

第八条 农村土地承包仲裁委员会依法向人民法院提交当事人证据保全申请的，应当提供下列材料：

（一）证据保全申请书；

（二）农村土地承包仲裁委员会发出的受理案件通知书；

（三）申请人的身份证明；

（四）申请保全证据的具体情况。

对证据保全的具体程序事项，适用本解释第五、六、七条关于财产保全的规定。

第九条 农村土地承包仲裁委员会作出先行裁定后，一方当事人依法向被执行人住所地或者被执行的财产所在地基层人民法院申请执行的，人民法院应予受理和执行。

申请执行先行裁定的，应当提供以下材料：

（一）申请执行书；

（二）农村土地承包仲裁委员会作出的先行裁定书；

（三）申请执行人的身份证明；

（四）申请执行人提供的担保情况；

（五）其他应当提交的文件或证件。

第十条 当事人根据农村土地承包经营纠纷调解仲裁法第四十九条规定，向人民法院申请执行调解书、裁决书，符合《最高人民法院关于人民法院执行工作若干问题的规定（试行）》第十八条规定条件的，人民法院应予受理和执行。

第十一条 当事人因不服农村土地承包仲裁委员会作出的仲裁裁决向人民法院提起诉讼的，起诉期从其收到裁决书的次日起计算。

第十二条 本解释施行后，人民法院尚未审结的一审、二审案件适用本解释规定。本解释施行前已经作出生效裁判的案件，本解释施行后依法再审的，不适用本解释规定。

后　记

党的十八届四中全会指出，法律的生命力在于实施，法律的权威也在于实施，"天下之事，不难于立法，而难于法之必行"。《土地矿产典型案例评析与法律实务操作指南》系列丛书正是国土资源部法律中心弘扬最新国土资源立法精神、推动国土资源法治实施的成果。

《土地矿产典型案例评析与法律实务操作指南》伴随着中国法治化的不断推进，欣喜地迎来了第七辑的出版。多年以来，国土资源部法律中心坚持不懈地针对国土资源管理的热点、难点、疑点问题，结合理论研究和工作实践，每年对土地矿产的典型案例和实务问题进行收集、整理、评析，为国土资源主管部门解决实际工作中常见的疑惑提供思路和方法；为各级政府、法院等依法、及时、有效地调处土地矿产争议或处理实务问题提供参考和帮助；为研究机构、高校、法律服务机构、土地登记代理机构以及致力于研究土地矿产问题的人士提供工具书和教学参考资料；为土地矿产权利人了解和掌握有关制度和政策、维护自身合法权益提供学习资料。多年的探索，为大家解释了一批国土资源管理实践中的疑难问题；多年的坚持，为广大读者搭建了一个了解国土资源法治化进程的平台；多年的努力，为我们赢得了一批热爱国土资源法治事业的热心读者。

本书包括两部分内容，一部分重点围绕当前社会关注、群众关心的热点问题，就土地征收、国有土地利用、集体土地利用、土地登记、矿产资源管理、执法监察所涉及的 68 个典型问题进行深入评析；另一部分是附录，收录了 2013 年、2014 年国家最新出台的相关法规、文件以及司法解释。可以说，本书内容覆盖全面，评析解答有理有据，具有很强的针对性和指导性。

在本书编写过程中，得到了许多领导、同仁、专家学者的大力支持和无私帮助，从案例、实务问题的收集整理到评析与解答，无不凝聚着每一位编写者的智慧和力量，无不倾注着每一位参与者的心血和汗水。张云松、滕恩荣、孟磊、陈敦、梁明哲、李红艳、林国斌、段峰桐、门瑞雪、王芙蓉、蔡飞、柳陈胜、陈怀珠、刘占国、王振华、田磊、何军、卢可、唐辰、吴永高等来自法院、高校、地方国土资源部门、律所、企业等领域的专家对书稿的修改完善提出了宝贵意见。在此，谨向为本书提供支持和帮助的各位领导和同志们致以诚挚的谢意！

"长风破浪会有时，直挂云帆济沧海"，我们将继续以创新的理念、务实的精神、不懈的努力，为国土资源法治实施，为建设法治国土贡献绵薄之力！

本书的观点仅为作者个人观点，并不代表官方。此外，受各方面条件的限制，书中难免存在疏漏和不足，欢迎读者批评指正。

本书编写组
2014 年 12 月

图书在版编目（CIP）数据

土地矿产典型案例评析与法律实务操作指南. 第 7 辑/
国土资源部不动产登记中心（国土资源部法律事务中心）
编著. —北京：中国法制出版社，2015. 3
　ISBN 978 - 7 - 5093 - 6109 - 2

　Ⅰ. ①土…　Ⅱ. ①国…　Ⅲ. ①土地法 – 案例 – 中国
②矿产资源法 – 案例 – 中国　Ⅳ. ①D922. 305②D922. 625

中国版本图书馆 CIP 数据核字（2015）第 031142 号

责任编辑：戴　蕊（dora6322@ sina. com）　　　　　　封面设计：周黎明

土地矿产典型案例评析与法律实务操作指南（第七辑）
TUDI KUANGCHAN DIANXING ANLI PINGXI YU FALÜ SHIWU CAOZUO ZHINAN（DIQIJI）

编著/国土资源部不动产登记中心（国土资源部法律事务中心）
经销/新华书店
印刷/三河市紫恒印装有限公司
开本/710 × 1000 毫米　16　　　　　　　　　　　印张/15. 75　字数/ 231 千
版次/2015 年 4 月第 1 版　　　　　　　　　　　　　2015 年 4 月第 1 次印刷

中国法制出版社出版
书号 ISBN 978 - 7 - 5093 - 6109 - 2　　　　　　　　　　　　定价：45. 00 元

北京西单横二条 2 号　　　　　　　　　　　　　　值班电话：010 – 66026508
邮政编码 100031　　　　　　　　　　　　　　　　　传真：010 – 66031119
网址：http：//www. zgfzs. com　　　　　　　　编辑部电话：010 – 66065921
市场营销部电话：010 – 66033393　　　　　　　邮购部电话：010 – 66033288

（如有印装质量问题，请与本社编务印务管理部联系调换。电话：010 – 66032926）